多田富雄コレクション

1 自己とは何か

【免疫と生命】

【解説】中村桂子・吉川浩満

藤原書店

多田富雄（1934-2010）

（1995年4月26日。撮影・宮田均）

文化勲章を受章した石坂公成氏を囲んで。左より、木村義民夫妻、大谷明、中村敬三、山田正篤、石坂照子、石坂公成、多田、廣瀬俊一、奥平博一の各氏（1974年）

第2回東京理科大学生命医科学研究所シンポジウムにて。左から、マックス・クーパー、多田、リー・ヘルツェンバーグ、レン・ヘルツェンバーグ
（1999年夏。撮影・宮田均）

恩師ゾルタン・オバリーと。
（1998年、インドにおける国際免疫学会議にて）

多田富雄、この人を見よ——序に代えて

多田富雄とは何者であり、いかなる仕事を成し遂げ、いかなる生を生きたか。

一九三四年、茨城県結城で、医師の家系に生まれた多田富雄の少年時代は、詩人としての感性に満ちた時代であった。十五歳で演劇部に入り、詩を書き、能の名人、喜多六平太、梅若実の芸に圧倒された。十九歳で千葉大学に入学すると、小鼓を学び、また安藤元雄・江藤淳らと共に編集した同人誌『ピュルテ』で詩と評論を書いた。

一九五五年、二十一歳で千葉大学医学部に進み、免疫学の創生期に研究者として出発、二度のアメリカ留学を経て、三十七歳のとき国際免疫学会でサプレッサー（抑制性）T細胞を発表。以後、免疫学の業績で数々の海外の賞を受賞し、国内でも一九八二年朝日賞を受賞、五十歳で文化功労者となる。

一九九一年、五十六歳で脳死を主題にした新作能『無明の井』を日本で初演、その後アメリカで上演。一方、免疫学の最先端の研究に基づき、常に「非自己」を取り込みながら「自己」の定

義を更新し続ける「免疫」の仕組みの本質（スーパーシステム）を、哲学にまで敷衍した著書『免疫の意味論』（一九九三年）により大佛次郎賞を受賞。自然科学・人文学を問わず多くの知識人や広汎な読者に影響を与えた。

そのころからエッセイや対談、能評と多才ぶりを発揮し、『独酌余滴』（一九九九年）で日本エッセイスト・クラブ賞を受賞したほか、次々と著作を刊行、同時に国際免疫学会連合会長として免疫学の振興と後継者の育成に尽力した。

二〇〇一年春、重度の脳梗塞に倒れ、右片麻痺と構音・嚥下障害を負う。若き頃に培った詩の創作で回生を遂げ、左手一本での著作活動が始まる。新作能・詩・随筆の執筆、国家によるリハビリテーション切り捨てに対する闘争、そして「自然科学とリベラルアーツを統合する会（INSLA）」の設立など、精力的な活動を展開した。

倒れたことで「生」をより深く実感し、死に至るまで書き続け行動した十年の渾身の活動は、奇跡であり、多くの人々に希望を与えた。

死に至るまで「歩き続けて果てに息《や》む」という姿勢を貫き、NHK「100年インタビュー」で、

「僕は、絶望しておりません。長い闇の向こうに、何か希望が見えます。そこに寛容の世界が広がっている。予言です。」

と、最期の言葉を残して、二〇一〇年四月二十一日逝った。享年七十六。

＊　＊

こうした多彩な活動から生まれた膨大な著作の全体像を、テーマ別に厳選し、『多田富雄コレクション』として以下の全五巻で刊行する。

第1巻「自己とは何か——免疫と生命」　免疫学の最先端から、普遍的な「自己とは何か」「生命とは何か」という哲学的領分に深い衝撃を与えた多田富雄の仕事の精髄を収めた。

第2巻「生の歓び——食・美・旅」　世界を旅し、食を楽しみ、美術を愛し、生を愉しんだ名エッセイストとしての面目躍如の名文のコレクション。

第3巻「人間の復権——リハビリと医療」　重度の脳梗塞により半身不随、構音・嚥下障害を負いながらも書くことで再生を果たし、より深化した生の軌跡をまとめた。

第4巻「死者との対話——能の現代性」　多田富雄は、青年時代から能に深く影響を受け、自ら鼓を打ち、新作能を多数書き残した。死者の眼差しで生を見返す能の視点は、科学者としての奥行きも深めるほどのバックボーンとなった。

第5巻「寛容と希望——未来へのメッセージ」　詩人として出発し、生命科学の領分で世界的な業績を打ちたて、生を楽しみ、病苦を一身に引き受けて「寡黙なる巨人」として再生したその足跡と、渾身の力で残した若き世代への遺言である。

この『多田富雄コレクション』は、多田富雄が蒔いた多岐にわたる上質の種に満ちている。次世代に受け継がれ、新たな実りを結ぶことを切望する。

二〇一七年春四月

編集部

編集協力・笠井賢一
多田式江

多田富雄コレクション1——目次

多田富雄コレクション 1

自己とは何か——免疫と生命

凡例

一　底本における明らかな誤字脱字は訂正した。

一　可能な範囲で表記の統一を行った。

一　振り仮名は、底本における有無に関わらず、読者の便宜を考慮して加除した。

一　本コレクション編集部による補足は〔　〕で示した。

I

免疫という視座

——「自己」と「非自己」をめぐって

免疫とは何か——脳の「自己」と身体の「自己」

免疫とは何か

「免疫」とは、読んで字のごとく疫《やまい》を免れるための体の機構である。ここで疫と言っているのは、主として伝染病のことである。

人類は、ペストや天然痘《てんねんとう》など、生存を脅かす伝染病の流行に幾度となく曝《さら》されながらも、何万年もの歴史を生き延びてきた。医療も抗生物質もなかった時代、どのようにして人類が生き残りに成功してきたかと言うと、それは私たちの体に、病原微生物の侵入から体を守り、病気から回復するための免疫機構が備えられているからである。人類ばかりではなく、すべての生物はお互いの侵入から自分を守り、独立した種の生存をはかってきた。現在の地球生態系は、生命体が互いに角逐し合い、共存し合いながら作り出し、維持してきたものである。

私たちは、一度ハシカに罹《かか》ると一生のうち二度とハシカには罹らない。おたふくかぜも同じである。一度罹って治っても、また感染する伝染病もあるが、一般に二度目に罹ったときは軽くすむ。これは免疫という現象に、「記憶」があるからである。

一度伝染病に罹ると、その後二度と同じ伝染病に罹らないか、罹ったとしても軽くすむことは、すでにギリシャ時代から知られていた。また生物は、ある種のウイルスや細菌などの感染に対して生まれつき持っている自然の抵抗力がある。例えばイヌのジステンパーに人間は罹らないし、ブタのコレラにはニワトリは罹らない。こういった自然に持っている体の抵抗力も、「免疫」の働きである。

「免疫」はどのようにして体を伝染病から守るのだろうか。もともと「免疫」は、侵入したものが病原性の微生物のときにだけ働くわけではない。私たちの体には、病原体であろうとなかろうと、自分以外のものが自分の中に侵入してきた場合に、それを目ざとく見つけ、排除することによって自分を守り、自分の全体性を維持してゆくという働きがあるのだ。

「免疫」が自己以外のものを排除する働きであることを端的に示すのが、臓器移植の拒絶反応である。慢性腎炎などで腎臓の機能が失われてしまった時には、一般に二つの治療法がある。一つは、血液中にたまった老廃物を機械的に排除するというやり方で、これが人工透析である。しかし人工透析では、老廃物以外の有用なものも失われてしまうし、そのために起こってくる体の抵抗力の減退などさまざまな障害が問題になる。

第二のやり方が、他人の腎臓を移植する、いわゆる臓器移植である。しかし移植されたものが、自分と同じ種である人間の臓器であるにもかかわらず、その腎臓は一般には数日のうちに拒絶反応のため排除されてしまう（図1）。拒絶反応に関しては別に詳しく述べるが、免疫系の細胞が他人の腎臓と自分の腎臓を鋭敏に見分けて、他人の腎臓のほうはすばやく排除してしまうからである。

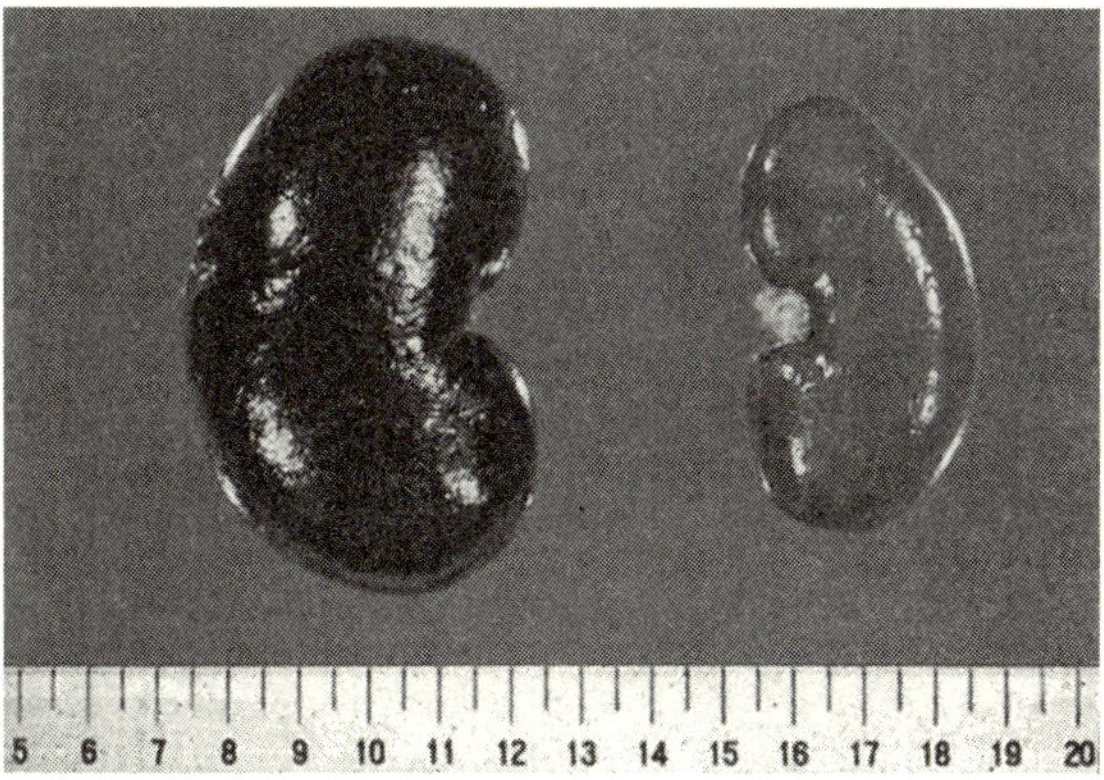

図1　腎臓移植の拒絶反応

左側が移植後4.5日目の腎臓。右は移植されなかったもう片方の腎臓。移植された腎臓は出血と壊死で黒く腫脹し、腎臓の機能はすでに廃絶している。

移植された腎臓は、自分にとっては病原体のように有害なものではないにもかかわらず、それが自分とはわずかに異なっているという理由で排除してしまうのである。この反応を抑えるためには強力な免疫抑制剤を使って免疫に関与する細胞の働きを抑えなければならない。同じことは異なった血液型の輸血の場合にも起こる。自分と同一の血液型の赤血球は有効に利用されるが、血液型が違っていた場合にはそれが自分のものではないことを免疫系の細胞が判断して、強烈に破壊し排除しようとする。破壊された血液成分によって、時には致命的な障害が起こる。

「自己」と「非自己」

こうした例を見ると、免疫がたんに微生物から体を守る生体防御のための働きではなくて、基本的には「自己」と「自己でないもの（非自己）」を識別して、「非自己」を排除して「自己」の全体性を守るという機構であることがわかる。

なぜ「自己」に対しては反応を起こさず、「非自己」に対してはこれほど不寛容に排除の反応を起こすのか、というのがこれからの議論のスタートである。こうした生体反応を理解することによって、「自己とは何か」「非自己とは何か」という哲学的な問題にさえ立ち入ることになる。

キメラという名の怪物

「自己」と「非自己」の問題を考えるために典型的な実験を一つお目にかけよう。私の友人でもあるニコル・ル・ドゥァラン博士と彼女の共同研究者絹谷《きぬたに》政江博士が行なった実験である。

彼女たちは受精後四〜五日目のニワトリの卵を使って興味ある実験を行なった。このころの卵の中ではニワトリの胚《はい》が発生しかかっている。まだ翼などはできていないが、やがて脳神経系になる神経管と呼ばれる管状の組織がすでに形成されている。心臓も形成されて、もう搏動《はくどう》を始めている。

神経管というのは発生の初期に外胚葉《がいはいよう》の部分がくびれてできる管状の構造である。脳も末梢神経もここから作り出される。同じ時期のウズラの卵の中では、ウズラの神経管が形成されている。

ル・ドウァランたちは、この時期のニワトリの神経管の一部をウズラの神経管に取り換えてしまったのである。神経管の周囲には、やがて皮膚や網膜の色素細胞などさまざまなタイプの細胞に分化する能力を持つ神経冠細胞という原始的な細胞が分布している。この細胞は、末梢神経などが延びてゆく時、それに沿って皮膚などに分布していって色素細胞を作り出す。ウズラの羽が茶色なのはこの細胞のためである。眼に分布すれば、網膜の色素細胞になる。

このように多様な細胞に分化する能力のある原始的な細胞を「幹《かん》細胞」と呼ぶ。翼に分布する末梢神経が脊髄から分かれた部分にある腕神経叢《そう》周辺の神経管の一部を切り取ってウズラとニワトリで入れ換えてしまうと、やがて生まれてくるニワトリのヒナには、ウズラの神経冠細胞が末梢神経に沿って分布するので黒い羽が生えてくる（図2）。こうしてウズラのような黒い羽が生えたニワトリが生まれる。

図2　ウズラの羽を持ったニワトリ

神経管キメラ（ウズラ→ニワトリ）ではウズラの黒い色素細胞が羽に分布している（愛媛大学医学部絹谷政江氏提供）。

このように、異なった種の細胞が同じ個体内に共存している状態を、生物学ではキメラと呼ぶ。言うまでもなくギリシャ神話に出てくる怪物、ライオンの頭を持ち、背中にヤギの首が生え、しっぽはヘビという想像上の怪物につけられた名前である。日本でも、『平家物語』巻四に出てくる鵺《ぬえ》はキメラの一種である。

ところがこのニワトリは、二週間ないし二カ月ほどのうちに全部死んでしまう。それはニワトリの脊髄に入り込んだウズラの神経細胞が、ニワトリの免疫系によって「非自己」と認識され排除されてしまうからである。ニワトリの免疫系は、ウズラの神経細胞を自己のものではない（「非自己」）と判断して、それを拒絶する反応を起こしたのである。

ウズラの脳を持つニワトリ

ル・ドゥァラン女史らはもっとショッキングな実験をした。神経管の先端には、やがて脳に分化してゆく膨らみ（脳胞《のうほう》）が出来てくる。この脳胞で同じような移植の実験を行なうのである。脳胞のさまざまな部分をウズラから採って、ニワトリの同じ部位に移植する。さっきの実験と同じように、ウズラの脳胞が移植された部分の皮膚にはウズラ由来の色素細胞が分布するから頭が黒いニワトリが生まれてくる（図3）。

ウズラの脳を移植されたニワトリは、どのような行動を起こすだろうか。ニワトリのヒナはピー、ピーと一声ずつ鳴くが、ウズラのヒナはキッキキーと分節を作って断続的に鳴く。ニワトリは一声鳴くと同時に一度だけ首を振るが、ウズラは鳴き声と同時に断続的に首を振ることが知られている。さて、ウズラの脳を持ったニワトリは、どちらの鳴き声で鳴くだろうか。

声紋を記録するソノグラフを使って調べると、移植された脳が一定以上を占めた場合には、そのニワトリはウズラと同じように断続的に鳴くことがわかった。首も断続的に振る。つまりこのニワトリの行動様式は、ウズラ型に転換していることがわかった。

このようにしてウズラの行動様式を持ったニワトリも、数週間以内にすべて死んでしまう。それはこの動物の行動様式を決めていたウズラの脳を、ニワトリの免疫系が「非自己」と判断して排除してしまうからである。移植されたウズラの脳の中にニワトリの免疫系の細胞が入り込んでさかんに脳を破壊している。ニワトリは眠りがちとなり、やがて麻痺を起こして死ぬ。

この実験は何を意味しているのだろうか。個体の行動様式、つまりその動物の「自己」を決定していた脳を、ニワトリの免疫系が「非自己」として排除してしまったのである。このニワトリの中には、自分の行動様式を決定する脳の「自己」と、身体の全体性を監視している免疫系の「自己」が共存していたのだが、免疫系にとっては身体の一部にすぎない脳は、身体の「自己」の全体性からみれば異物と判断され排除されてしまったのである。

図3　ウズラの脳を持ったニワトリ

脳胞キメラ（ウズラ→ニワトリ）は、ウズラと同じように断続的に鳴く（愛媛大学医学部絹谷政江氏提供）。

現代の生物学は、身体の全体性を決定している免疫系というもう一つの「自己」を規定するシステムを発見し、そのメカニズムを研究しているのである。身体の「自己」を維持する機構こそ、私たちをウイルスや細菌などの病原微生物から守り、生命の全体性を保証している免疫系なのである。言うまでもなく臓器移植の拒絶反応は、免疫系の働きで起こった、「非自己」を排除する反応である。

このようにして、伝染病の予防と治療という経験的な事実から出発した「免疫」は、全体としての個体の生命を維持し、個体の全一性（アイデンティティ）を保証する機構として再認識され、二十世紀で最も先端的な学問として「免疫学」を生み出すようになった。それは、医療におけるさまざまな問題を提起し、また解決してきたばかりでなく、「自己」とは何か、生命の全体性とは何か、といった哲学的な問題にもかかわることになった。

免疫のもう一つの側面――アレルギーと自己免疫

近年、社会的にも重要な問題となっているアレルギーは、花粉やダニなど、自分以外のものが体に侵入した場合、それを排除するために起こる免疫反応の一つの現われであることがわかってきた。それ自身は病原体ではなく、通常はほとんど無害の微量の花粉などに対して、それを排除するための過剰の反応が起こったのが「アレルギー」である。

さらには、この「自己」と「非自己」の識別が狂ってしまった場合には、「自己」の組織や細胞まで排除しようとする自己免疫疾患が起こってくる。「非自己」を排除して「自己」を守るはずの免疫が、際限なく自己を破壊し続ける難病として現われるのである。自己免疫疾患と総称される、現代の医学の中で最も治療が困難な一群の病気である。

こうして免疫は、たんに伝染病を免れるための体の仕組みというのではなくて、基本的に「自己」と「非自己」を識別して、「自己」の全体性を守る体の働きとして捉え直されてきたのである。移植の拒絶反応やアレルギー、アトピー、自己免疫疾患など、さまざまな現代の医学上の課題がそこには横たわっている。

免疫の働きを利用することによって、人類は地球上から天然痘のような伝染病を撲滅することに成功したが、新たにエイズや、エボラ出血熱のような新しい感染症が現われてきた。こうした新しいタイプの伝染病に対する対応も、免疫学に期待されているものの一つである。

いま免疫学は、分子生物学、細胞生物学などで確立された新しい技術を用いて、こうした問題を一つひとつ解決しようとしている。そこには、驚きと刺激に満ちた生命科学の「知」の世界が広がっているのである。

免疫の発見――伝染病と人間

免疫の登場

免疫という現象が最初に気づかれたのは遠くギリシャ時代のことであった。ギリシャの歴史家トゥキュディデスは、ペロポネソス戦争を記述した『戦史』という本の中で、人類が最初に気づいた免疫現象を記載している。

紀元前四三〇年五月の初めに、スパルタ同盟軍と交戦していたアテネの軍隊に突然疫病が発生した。その後二年以上にわたってアテネを苦しめたペストの登場である。後年、それはペストではなく、症状からみれば腸チフスだったのではないかとも言われるが、もともと、あらゆる恐ろしい疫病を総称してペストと呼んでいたので、ここでも一応ペストとしておこう。

症状は、突然の発熱と、目や咽喉の出血性の炎症に始まって、胸痛や激しい咳、胆汁の嘔吐など、激しい苦悶症状が現われて、最終的には痙攣が起こって死ぬ。体は赤みを帯びた鉛色となって、皮膚に小さな膿疱《のうほう》が多発する。患者は体中が燃えるように熱く、冷たい水に飛び込んで自殺した者もいたと、トゥキュディデスは詳細に記載している。多くの人は六〜八日で死ぬが、一部の人は体の末端が腐ってきて盲目になったり、痴呆状態になった者もいたという。

この疫病によってアテネは大混乱に陥り、伝染が蔓延するに従って、さまざまな社会現象が頭をもたげる。病気の発端者となった犯人を捜し出してリンチにかけたり、あるいは感染を恐れて友人たちがお互いに離反したり、看病する人が逃げてしまって、神殿の周りが死体の山になったことなどが生々しく描かれている。

トゥキュディデスのこの記述は、その後何度もヨーロッパを襲ったペストの悲惨さを典型的に物語っているので、歴史家が疫病を記載するためのお手本とさえされている。

二度なし現象の発見

しかしトゥキュディデスが記載したのは、たんにその病気の症状と社会現象だけではなかった。彼はこう書いている。「疫病から生命をとりもどしたものたちは、死者や病人にたいして深い憐れみを禁じえなかった」。しかし、「本人は当座の喜悦に眩惑《げんわく》されて、もういかなる病気で死ぬことも絶対になかろうなどと、浅はかな希望をいだくものすらあった」（トゥキュディデス『戦史』久保正彰訳、世界の名著五、中央公論社、一九八〇年）。

この記述は、罹患後の患者に免疫が成立して、一度罹った病気が治れば同じ病気には二度と罹

図4　ピーター・ブリューゲル「死の勝利」
（マドリッド、プラド美術館蔵）

らないこと、しかし他の病気に対する抵抗力がそれで増したわけではないことを正確に観察して書かれたものである。トゥキュディデスが記載したこの事実は、後述のように十九世紀末の微生物学者ルイ・パスツールによって、「二度なし（non récidive）現象」として再発見される。

ペストの歴史

人類の歴史というのは、病気との戦いの歴史であると言って差し支えない。その後もペストは何回も世界各地に脅威をもたらした。例えば一三四〇年代後半にはヨーロッパに大流行が起こった。この流行でヨーロッパは人口の三分の一を失い、それを回復するためには何世紀もの時間を必要としたと言われている。イタリアのピサの、カンポサントにあるブッファルマコの描いた「死の勝利」という絵は、この流行のころの事件を描いたものと言われている。馬に乗って旅する聖職者たちが、山陰で大量の死体を目撃する。馬の鼻息と表情が、その恐怖を物語っている。

ペストによる大量の死はその後の絵画にも何度も現われている。図4は、ピーター・ブリューゲルの「死の勝利」である。ボッカッチョの『デカメロン』は、ペストの流行を避けるために七人の女性とその連れが僧院にこもって語り合った物語をもとにしたものである。この時のペスト流行の余波は東洋にもおよんで、モンゴル人の元《げん》王朝が漢民族による明《みん》王朝に取って代わられたのも、中国北部までペストが広がったためとさえ言われている。

こうした大流行に際して、患者の世話や死体の始末をした修道僧の中には、ペストに罹ったが比較的軽くすみ、その後は二度とペストに罹らなかった者もいた。そのことが神の恩寵によるものと記録されているが、これは「免疫」のおかげである。

種痘の発見

こうした人類の経験をもとに、牛痘《ぎゅうとう》に罹った乳搾りの女が、天然痘の流行に際して罹患しないということを観察したイギリスの医師ジェンナーが、牛痘の膿《うみ》を子供に接種することによって、天然痘を予防することができることを発見したのは一七九八年のことであった。牛痘の接種（種痘）は、当時最も恐れられていた天然痘を予防する方法としてまたたく間に世界中に広まり、約二百年後の一九八〇年には地球上から天然痘という病気そのものが撲滅されたのである。天然痘の病原体はワクシニア・ウイルスであるが、ジェンナーが生きた十八世紀には、ウイルスという生命体の存在すら知られてはいなかった。それにもかかわらず、この時期にウイルスに対する免疫を利用した治療法が発明されたことは、まことに興味深いことである。

パスツールの発見したこと

十九世紀末は、次々と病原性微生物が発見された時代であった。フランスの微生物学者ルイ・パスツールは、ジェンナーの種痘という方法が、他の病原体による伝染病の予防にも普遍的に有効であろうと考え、当時恐れられていたいろいろな家畜の病気に対し、弱毒化した細菌を用いた「免疫法」によって、予防法を確立した。この時もまだウイルスは発見されていなかったが、狂犬病のようなウイルス性疾患も、この方法で予防することができることをみごとに証明した。

パスツールは、ジェンナーの行なった牛痘の人体接種法に基づいてこの予防法を発見したので、ジェンナーに敬意を表してこれをワクチン療法と名づけた。Vaccine《ワクチン》という言葉は、牛痘に罹ったVacca（牡牛《おうし》）からきている。こういう経過を通して、「免疫」という現象が、普遍的な生体反応として科学の対象となったのである。

パスツールは、実際に病原微生物による病気に一度罹ったり、あるいは弱毒化した微生物などのワクチンを接種したことを契機にして免疫が成立し、その結果として同じ病原体には二度と感染することはないという事実をもとに、免疫現象を「二度なし（non récidive）」という言葉で説明しようとした。すなわち、免疫は、一度病原体に曝されることによって、生体が後天的に変化することにより獲得される生命現象と理解されるようになったのである。

ではなぜ「二度なし」なのか、という免疫成立のメカニズムについては、パスツールは何も説明していない。しかし、この免疫が「獲得」されるという発見を契機に、近代免疫学がスタートを切ったと言って差し支えない。

「抗毒素」の発見

病原体に一度接することによって、体は何を獲得するのだろうか。一八九〇年ごろ、ドイツのコッホ研究所に日本から留学していた北里柴三郎は、エミール・フォン・ベーリングとともに、ジフテリア菌や破傷風菌《はしょうふう》など、毒素を産生することによって病気を起こす細菌に対する免疫について調べていた。致死量に満たないジフテリア毒素や、弱毒化した毒素を繰り返し注射しておいたウサギは、やがて致死量を上回る毒素を注射しても死ななくなる。つまり細菌毒素に対する免疫が成立したわけである。

この実験モデルを使って、北里は重大な発見をする。免疫が成立したウサギの血清《けっせい》を採って別のウサギに注射しておくと、ジフテリアの毒素を注射しても死ななくなることを見つけたのである。すなわち、ジフテリア毒素に曝された動物では、毒素の毒性を中和するような物質が新たに作られ、それが血清中を流れていることを証明したのである。北里は、この物質を「抗毒素」という名前で呼んだ。後に「抗体《こうたい》」と呼ばれるようになった、血液中の反応物質の発見であった。毒素に曝されることで抗体が作り出されることは、ジフテリアのみならず破傷風でも証明された。

ベーリングはこうした抗体を動物に作らせ、それをジフテリアや破傷風に罹った人間に注射することによって病気を治療することを考え、ジフテリアや破傷風の毒素を何度も投与したウマから大量の抗毒素を含んだ血清を採って治療に応用した。つまり、化学的処理によって毒性を低下させたジフテリアや破傷風の毒素をウマに何度も注射すると、毒素を中和する能力のある抗体が作り出されるわけだが、その抗体を含むウマの血清を採って、ジフテリアや破傷風に罹った人に注射するという方法である。この方法は、ウマの血清を、治療薬として人間に注射するので、「血清療法」という名で呼ばれる。また、他の動物で成立した免疫を人間に人工的に移すという意味で、「受け身の免疫」または「受動免疫法」とも呼ばれる。この方法は、消毒法もなく衛生状態も悪かったヨーロッパで、とくにクリミア戦争などの国家間の戦争が続発していた二十世紀初頭、患者救済に大成功を収めた。抗毒素血清は、治療薬として大々的に売り出され、多くの患者を救った。現代風に言えば、バイオテクノロジーを利用した治療法の始まりといえよう。

免疫の記憶と特異性

受動免疫で注目されたことは、ジフテリア毒素に対する抗毒素はジフテリア毒素を強力に中和するが、破傷風の毒素を中和することはなく、破傷風の抗毒素はジフテリアの毒素を中和することはできないという事実である。つまり毒素と抗毒素の中和は、お互いに明確な「特異性」を持っていることがわかったのである。私は前章「免疫とは何か」で、免疫には「記憶」があることを述べたが、獲得性免疫の特徴は、「記憶」と「特異性」であることを強調しておきたい。

抗毒素免疫法の発見によって、エミール・フォン・ベーリングは一九〇一年の第一回ノーベル生理学医学賞を受賞した。すでに日本に帰っていた北里柴三郎は、それを受けることができなかった。しかしこの発見の中心となった研究を行なったのは、ベーリングではなくて北里であったことは明らかなのである。

抗毒素の発見は、たんに医療上有用な治療法をもたらしただけではなく、「免疫」という生命にとってきわめて重要な生体反応の少なくとも一部が、血清中を流れる特定の物質、つまり「抗体」によって起こっていることを証明した点で重要であった。それならば、この物質を探究することによって免疫現象の本質が解明できるはずである。北里による抗毒素の発見は、まさに近代免疫学の出発点だった。

抗原と抗体

抗毒素と呼んだ血清中の物質がタンパク質であることは、やがて証明された。毒素と抗毒素を試験管の中で混ぜ合わせると、両者が反応してタンパク質の沈澱が起こることからわかったのである。さらに、このような血清中に含まれる反応性の物質は、毒素のような病原性物質のみならず、異なった種の動物の血液成分を注射しても、それに対応するものが作り出されることがわかった。そのため免疫現象によって新たに血清中に作り出されるタンパク質を「抗体」、抗体を作らせる働きを持つ外来性の物質を「抗原《こうげん》」と呼ぶようになった。「抗原」は免疫反応を誘導する物質、そして「抗体」は「抗原」によって、新たに血清中に作り出された物質ということになる。

抗原と抗体は、試験管内で反応して沈澱を作ったり、赤血球などの粒子状の抗原の場合はそれを凝集させるような働きなどがある。試験管内で起こるこのような反応を「抗原抗体反応」と総称している。「抗原抗体反応」は、免疫という生物現象を試験管の中で物理化学的、そして定量的に分析する方法をもたらした。それによって、免疫を物質のレベルで解明する、いわゆる「免疫化学」という領域を発展させた。また抗原と反応した抗体は、血清中にある一連の生物学的活性を持った物質（補体《ほたい》、complement, C）を次々に活性化させ、多彩な生体反応を起こさせる。これを一般に「補体結合反応」と呼ぶ。補体は今日では、二〇種類以上のタンパク質成分からなり、次々にカスケード的に活性化反応が起こり、さまざまな生物反応を引き起こすことがわかっている。

補体成分の一部（C3の分解産物など）は、血液中の好中球やマクロファージに働いて、細胞の運動性や貪食《どんしょく》能を高めたり、生体内で抗原抗体反応が起こった部位に炎症を引き起こすなどの働きがある。また補体成分のC9が活性化されると、細胞膜に穴を開けて破壊することなども知られている。細菌など粒子状の抗原の表面と補体成分が結合すると、マクロファージなどの貪食細胞に取り込まれやすくなる。この現象を「オプソニン化」と呼ぶ。その複雑な活性化の経路については、いまここでは述べないが、「古典的経路」と「代替的経路」の二つの補体活性化経路があることだけを指摘しておきたい。

抗原抗体反応が生体内で起こることによって、抗原が破壊されたり排除されたりして病気から免れることになるわけだが、一方では抗原抗体反応によって補体のさまざまな成分が活性化されて、血管炎や腎炎などの炎症が起こる場合がある。また、細胞が破壊されたり、細胞の機能が変化したりして一群の病的な生体反応が起こる場合がある。免疫反応が生体にとって不利に働くような場合、それを「アレルギー」と呼んでいる。「アレルギー」については本書「拒否の病理としてのアレルギー」で述べる。

抗体を作らせたり免疫反応を人工的に起こさせるために、外部から異種のタンパク質などを注射する操作を、「免疫する、immunize」という言葉で表わす（名詞は immunization）。ワクチンを注射することは、人工的に「免疫する」方法であった。

二つあった免疫

免疫する、すなわち抗原を投与することによって、体の中でどんなことが起こるだろうか。抗毒素の発見と同じ十九世紀末に、パスツールの研究所にいたロシア生まれの細菌学者メチニコフ（Ilya Ilich Mechnikov）は、細菌などの微生物を動物の皮下に注射すると、注射した局所に大型の細胞が多数集まってきて、注射した細菌をさかんに取り込んでいること（貪食）を発見し、その細胞を大食《たいしょく》細胞（マクロファージ）という名前で呼んだ。何度も注射を繰り返すと、大食細胞の数も増え、貪食の機能も高まることから、免疫現象は血液の中に抗体タンパク質が合成されることのほかに、ある種の細胞が活性化されて、細菌を貪食し排除することによるという考えを提出した。その後の研究で、マクロファージによる貪食に引き続いて、リンパ球という血液細胞が活発に働いて、複雑な免疫反応を起こし、その結果として抗体が合成されることが明らかにされてゆく。

このようにして、血清中の抗体が中心となって起こる免疫と、細胞の反応によって起こる免疫という二つの側面が注目されるようになったが、この両者は、互いに協力しあって「非自己」を排除するために全体として働いていることがやがてわかってくる。しかし、どちらか一方が主役で、他はあまり表面に現われないこともあるので、しばしば、抗体によって起こる免疫反応を「体液性免疫」、マクロファージやリンパ球など細胞の反応が表面に出て起こる免疫反応を「細胞性免疫」と区別することもある。例えば、上述のジフテリアや破傷風の免疫は、「体液性免疫」によるが、結核菌やレプラ菌に対する免疫反応は「細胞性免疫」が主役である。

免疫という戦略

二つのタイプの免疫があるといっても、それらは別々に働いているわけではない。免疫に関与する細胞についてはあとで詳しく述べるが、抗原が入ってくると、まずマクロファージ系の細胞がそれを取り込んで、さらにその情報をTリンパ球と呼ばれる別のタイプの細胞に伝え、情報に反応して分裂増殖したTリンパ球が、サイトカインと呼ばれるさまざまな活性因子（本書「免疫の内部世界」参照）を放出し、その指令でもう一つ別のBリンパ球という細胞が抗体というタンパク質を合成するという複雑な過程で免疫現象が成立するのである。さらに抗体は、補体の助けを借りてマクロファージに抗原を貪食させたり、抗体を作るBリンパ球の受容体として細胞による抗原の認識にも使われる。だから二つのタイプの免疫は、全く別のものではなくて互いに関連して働き、協力して免疫という戦略に参加しているのである。

免疫反応の主役を演じるのはリンパ球と呼ばれる血液細胞である。末梢の血液中では、白血球の中で三〇％から七〇％ていどがリンパ球と呼ぶ丸い小型の細胞である。外見では区別がつかないが、異なった働きを持っている。リンパ球には、抗体を合成することはしないが、細胞自身さまざまな免疫反応に直接参加したり、免疫反応を調節したりするT細胞と、そのT細胞からの指令をもとに、抗体タンパク質を合成するB細胞や、自然の抵抗性に関与するナチュラル・キラー細胞（NK細胞）などがある。T細胞には、免疫反応の効果物質や指令物質を出すヘルパーT細胞やサプレッサーT細胞と、標的となる異物細胞に直接取り付いてそれを殺すキラーT細胞がある。それらが複雑にからみ合って展開する、大がかりな「非自己」の排除と、「自己」の維持のための作戦が免疫反応なのである。

そこには現代の生命科学が、細胞、分子、遺伝子それぞれのレベルで、総力を結集して解明しようとしている生命の戦略が見られる。私はこれからの章でこうした「自己」を守る戦略に関与する細胞や、分子、遺伝子の驚くべき働きを眺めながら、私たちの体の「自己」というものがどのようにして作り出され、運営されているのかを考えてみたいと思う。

免疫をめぐる「知」の歴史

免疫学における大問題

免疫という現象が、近代科学の射程距離に入ってからも、抗原が入ってくると、それと特異的に、つまり鍵と鍵穴のようにピッタリと合って結合できる抗体というタンパク質分子が、どのようにして合成されるのか、という問題は長い間謎のままであった。何しろ抗原となるような物質（非自己）は、まわりに無限にあるはずだから、それと一対一に対応する抗体分子が作られるとすれば、こちらもおびただしい種類のタンパク質分子になる。人間が持っている構造遺伝子の数は十万にもおよばないのだから、従来の一遺伝子―一タンパク質というセントラルドグマでは説明できない難問であった。

この問題に最終的な答えを出したのが利根川《とねがわ》進博士である。しかしそこにゆきつく前に、免疫がどのようにして成立するのかを追究した、免疫学の「知」の歩みを振り返ってみたいと思う。

「自己」と「非自己」という概念

最初に抗体産生の理論を提唱したのはドイツの医学者パウル・エールリッヒ（P. Ehrlich）であった。エールリッヒは、梅毒の特効薬となったサルバルサン酸をはじめとした化学療法の研究で名高いが、免疫学でも重要な貢献をし、一九〇八年にノーベル賞を受賞している。

エールリッヒは、免疫がなぜ「自己」と「非自己」を識別するかについて、重要な発言をしている。実験的に、自分の赤血球を注射されたヤギは、自分の赤血球を破壊するような抗体は作らない。しかし別のヤギ（血液型の違った）の赤血球を注射されると、それを破壊するような抗体を作ることがわかった。その抗体は、決して自分の赤血球には働かない。自分の赤血球に対してはなぜ抗体ができないかについて、エールリッヒは"Horror autotoxicus"（自己中毒の恐怖）という言葉を残している。生体は、自分で自分を毒するような反応を忌避する本性がある、という意味である。しかしなぜ忌避するかに関しては、当時何もわかっていなかった。

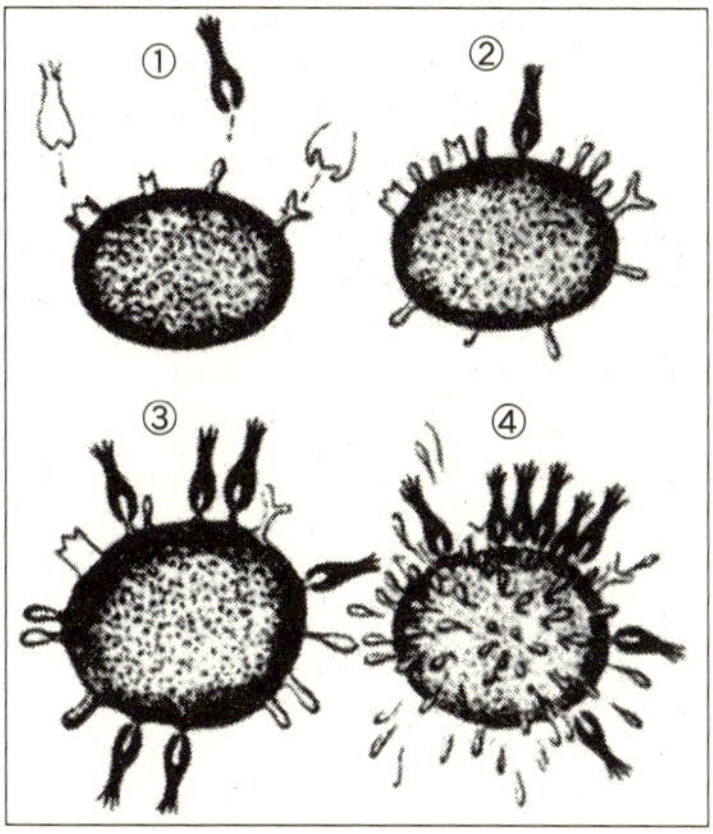

図5　側鎖説の模式図

抗原が細胞上の側鎖に結合すると（①と②）、抗原に対応する側鎖が増加し分泌される（③と④）。

それでは、「非自己」に対してはどのようにして抗体を合成するのか。エールリッヒは、側鎖説《そくさ》(Seitenkettentheorie)という興味ある学説を立てた。

体の中には、異物と結合する側鎖という構造を持った細胞があって、その側鎖に異物が結合すると側鎖の数が増え、やがてそれが千切れて血液の中に飛び出したものが抗体である、という単純な理論である(図5)。

この側鎖は、一つの細胞に何種類も存在するように書かれているので、現在の考え方(クローン選択説)とはもちろん違うが、細胞の表面に異物と特異的に結合するような受容体が存在すること、その受容体そのものが抗体になるという考えを最初に示した、きわめて先見性の高い学説であったことには異論があるまい。

指令説あるいは鋳型説

それに対して、一九三〇年代になると、抗体というタンパク質が特異的に抗原と結合するような構造を持っていることが明らかにされてから、抗体の合成をタンパク質の構造の観点から考える学説が現われた。タンパク質の構造の研究でノーベル賞を受賞したライナス・ポーリング(L. C. Pauling)とハロウィッツ(F. Haurowitz)によって提唱された「指令説(Instructive theory)」である。彼らは、抗原が生体内に入ってくると、それを取り込んだ細胞の中で抗原を鋳型にしたタンパク質の合成が起こるという仮説(Template theory)を立てた。もしそうならば、抗原とピッタリ合うような抗体の立体構造が作り出されてくるのを説明するのに都合がよいが、原則的にタンパク質の立体構造は、アミノ酸の一次配列によって決定されているということが証明されて、異物を鋳型にして、自由自在に新たな立体構造が作り出されるというポーリングとハロウィッツの学説は、またたく間に葬り去られてしまった。

イェルネの自然選択説

同じころ、ニールス・イェルネ（N. K. Jerne）というもう一人の天才的な科学者によって、「自然選択説」が提出された。イェルネは乱暴にも、血液の中にはあらゆる抗原と反応できるような抗体が、もともと一揃い流れていると考えた。それを自然抗体と呼ぶ。侵入した抗原は、対応する自然抗体の分子と結合して抗原抗体複合物を作る。この複合物形成が刺激となって、同じ抗体を合成する能力が高まるというのがイェルネの考えた抗体産生の学説である。

イェルネのこの学説は、それから三〇年近くたってノーベル賞を受賞した「ネットワーク説」の中で甦るのだが、抗体産生理論としてはあまり相手にされなかった。それは、自然抗体だけでは細胞レベルの現象を説明することができなかったためである。しかしイェルネの基本的な考え、すなわち「選択説」そのものは、次に現われたバーネットの「クローン選択説」に引き継がれることになる。

クローンという考え方

オーストラリアのウイルス学者マクファーレン・バーネット（F. M. Burnet）は、抗体産生の仕組みを、徹底的に細胞のレベルで説明しようとして、次のような学説を提出した。抗体合成は細胞が行なうのだから、抗体を作るための免疫反応を、細胞の動態として把握しようとしたのである。

まず、免疫反応に関与する細胞の一つひとつは、対応する抗原と反応することのできるたった一種類の受容体を持っていると考える。受容体というのは作用体と特異的に結合できる、いわばアンテナのような分子である。抗原が侵入して、対応する受容体に結合すると、その刺激によって細胞は分裂、増殖を始める。一つの祖先細胞から同じ遺伝的性質を持った子孫が次々に作り出された場合、それらを分枝《ぶんし》（クローン）と呼ぶのである。

バーネットは、抗体分子が一揃い血液中を流れているとするイェルネの考えを転用して、それぞれの個体には、さまざまの異物と反応できる一揃いの受容体が、もともと自然に備わっていると考えたのである。その受容体は、抗体として血液の中を流れているのではなくて、細胞の表面にある。抗原は、多様な受容体を持った細胞群の中で、自分と反応する受容体を持った一つの細胞に結合し、それを刺激する。つまり抗原は、対応する受容体を持った細胞を選び出し、それを刺激して増殖させる。選び出された細胞は、増殖すると同時に分化し、やがて同じ受容体を大量に合成するようになり、それが血液中に放出される。これが抗体である。だから受容体は、作られる抗体と同じ特異性を持っているはずである。

一方、そうして増えた細胞クローンの一部は、抗体を産生してそのまま死んでしまうのではなくて、抗体産生細胞に分化することなくリンパ組織内に長く貯蔵され生き残った場合、免疫記憶細胞になる。生体が同じ抗原に二度目に曝されると、すでに用意されていたこの記憶を持ったクローンが多数同時に反応することになり、免疫反応は、急速にしかも拡大された形で起こる（二次免疫応答）。

クローン選択説の知

エールリッヒの考えた「側鎖説」と、イェルネの「自然選択説」をみごとに合体させて、細胞レベルでの現象、それも細胞クローンの選択、増殖、タンパク合成として説明したみごとな学説であった。自ら実験して証明したというのではなくて、すべての現象を冷静に知的に眺めることによって到達したすばらしい結論であった。そして、この学説の正しさは、後年実験的に証明されていったのである。

バーネットはさらに、自分の成分と反応するようなクローンは前もって排除、ないしは増殖を禁止されていると考えた。生まれて間もなく自己の抗原に接触したクローンは、反応が禁止されたり消去されてしまう。クローン選択説は、「免疫学的寛容」をこのように巧みに説明したのである。禁止されていた自己反応性のクローンが、何かの誘因で働き出すと「自己免疫」が起こる、と考えたのである。バーネットのこれらの考えのすべては、今日「クローン選択説」（図6）と呼

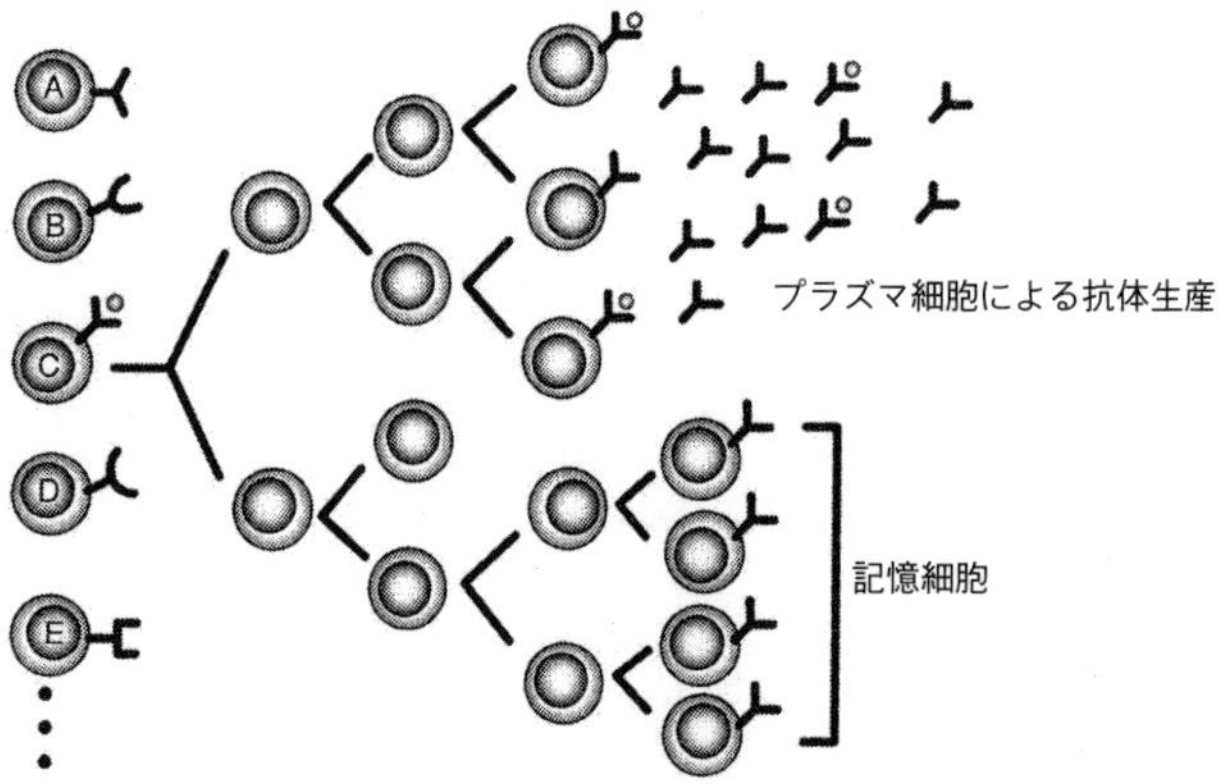

図6　クローン選択説

生体にはさまざまな抗原と対応する受容体を持った多数のクローン（A、B、C、D、E……）がもともと用意されている。それぞれのクローンは一種類の受容体しか持っていない。抗原が、その一つのクローン（ここではC）の受容体と結合すると、このクローンは選択的な刺激を受けて分裂し、プラズマ細胞に分化して抗体を合成したり（図上部）、記憶細胞となって二次免疫に備える（図下部）。抗原で選択されなかったクローンは動かない。ここではB細胞を例にして説明しているが、抗体を作らないT細胞でも事情は同じである。

ばれ、さまざまな免疫反応の現われを理解するための重要な理論となっている。バーネットは、この理論で一九六〇年にノーベル賞を受賞した。

クローン選択説は、抗体の合成や細胞性の免疫反応、一次および二次免疫応答、免疫学的記憶、免疫寛容、自己免疫などといったさまざまな免疫現象を統一的に理解する入り口となった。しかし、どのようにして多様な受容体を持つクローンが前もって用意されているのか、どのようにして「自己」と反応するクローンが禁止されたり排除されたりするのかなどについては当時の知識では説明できなかった。

しかし、免疫に関与する細胞や分子について、ほとんど知られていなかったところに、このような免疫現象全体を説明できる理論が提出されたことは、まさに驚嘆に値する。免疫学は、こうした「知」の天才たちの系譜によって、生物学の中でも最も知的冒険に満ちた学問として発展していったのである。

胸腺の発見

バーネットの予言したクローンの集合体としての免疫系の理解は、一九六〇年代になって次々に証明されていった。その一つが胸腺《きょうせん》という臓器の発見である。

胸腺は、読んで字のごとく胸腔《きょうくう》内にある腺状の組織である。人間では心臓に覆いかぶさるようにして存在する脂肪組織の中にある小さな臓器で、最大でも三五グラムていどである。この胸腺が、免疫系できわめて重要な意義を持っていることが明らかにされたのは、一九六一年にミラー(J. F. A. P. Miller) という研究者によってであった。

ミラーは、オーストラリアのメルボルンでバーネットの教えを受けて育った若い研究者であった。初めは血液学者として、白血病の発症機序を研究していた。自然にリンパ性白血病を起こす系統のAKRというマウスの胸腺を、生後数時間のうちに除去してしまうと、もはやリンパ性白血病が発症しなくなることがわかった。

この実験自体は、胃を取ってしまえば胃がんにならないというのと同じことなのだが、ミラーはこのマウスを長期に観察して、胸腺摘出動物は成長が悪く、早死にすることを発見した。免疫系が働かないため、繰り返し感染を起こし、そのため衰弱して死んだのである。

ミラーは、胸腺のないマウスに、ヒツジの赤血球を注射してみた。ヒツジの赤血球という異物に対してマウスは抗体を作ることができないことがわかった。

ミラーの研究は、これだけではすまなかった。胸腺を取ったマウスに、別の正常なマウスから採った胸腺の細胞を注射しておくと、みごとに免疫反応が起こったのである。ミラーは、この実験によって、胸腺という臓器が免疫にとって不可欠なものであることを、直接に証明したのである。

それから数年後の一九六六年、コロラド大学医学部のクレーマン（H. Cleman）という若い研究者が、放射線障害についての研究をしている過程で、次のような発見をした。大量のX線を照射したマウスは、放射線障害による造血不全のため間もなく死んでしまう。しかしこのようなマウスに、他の健常なマウスの骨髄細胞を移入すると（骨髄移植）、造血系が回復して生き長らえることができる。しかしこのマウスにヒツジの赤血球を注射しても、それに対する抗体を作り出すことはできなかった。骨髄移植と同時に胸腺の細胞を移植してやると、マウスは抗体を作ることができた。つまり抗体を作るという免疫反応を起こすためには、胸腺の細胞が必須であることが証明されたのである。

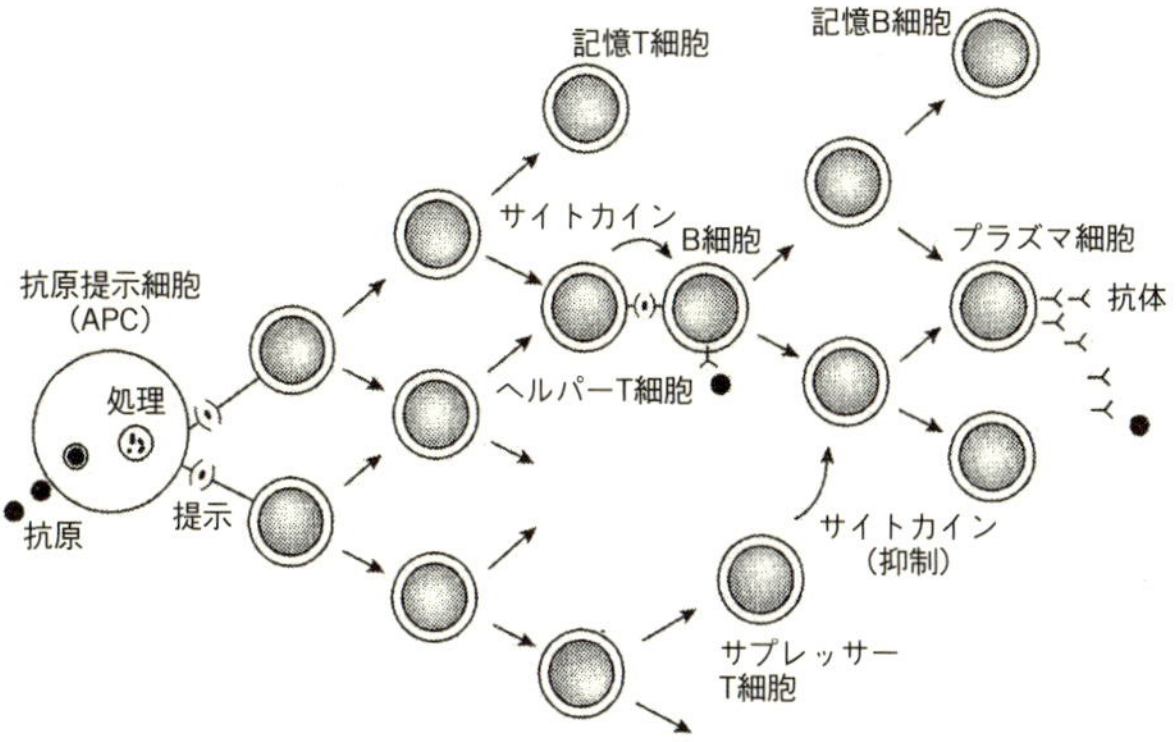

図7　抗体産生における細胞間のやりとり

抗原が体内に侵入すると、まずマクロファージなどの抗原提示細胞（APC）に取り込まれて、タンパク分解酵素などで処理される。そこで生じた抗原の断片は、MHCに結合して細胞表面に提示され、それをT細胞が認識する。提示された抗原と反応したT細胞は、分裂増殖して、同じ抗原で刺激される細胞の抗体合成を補助したり（ヘルパーT細胞）、抑制したり（サプレッサーT細胞）する。そうした働きは、主としてT細胞が作り出す何種類ものサイトカインによって媒介される。ヘルパーT細胞からの複数のサイトカインの働きを受けたB細胞は、抗体産生細胞（プラズマ細胞）に分化する。

T細胞とB細胞の相互作用

ミラーとクレーマンたちの実験によって、免疫反応は、胸腺（Thymus）で作られたT細胞と、骨髄（Bone marrow）由来のB細胞の、二種類の細胞の共同作業が必要であることが明らかになった。クレーマンは、ヒツジの赤血球を注射しておいたマウスから採った骨髄細胞と、胸腺細胞を試験管内で培養して、ヒツジの赤血球に対して抗体が作り出されるかどうかを実験した。そして胸腺細胞、骨髄細胞それぞれ単独では抗体を作らなかったが、両方が共存すれば抗体が合成されることを直接証明した（図7）。これらの実験は、免疫というブラックボックスの中を直接見た最初の実験となり、その後二〇年余にわたる細胞免疫学の発展の基礎となった。

その後の研究で、抗体を合成する細胞はB細胞で、T細胞はそれ自身では抗体を合成する能力はないが、抗体合成を助ける働きを持っていることがわかった。さらに一九七〇年代に、T細胞にはB細胞の抗体合成を補助するヘルパーT細胞、逆にそれを抑えるサプレッサーT細胞、ウイルス感染細胞やがん細胞に直接取り付いて、それを殺す能力を持つキラーT細胞などいくつかのタイプがあることが明らかにされていった。

第三の主役——抗原提示細胞

免疫反応が起こるためには、さらに第三の細胞が必要であることがわかった。抗原が体内に侵入すると、まず最初に異物処理を行なう大食細胞（マクロファージ）と呼ばれる細胞が働き出す。マクロファージの免疫における重要性を発見したのはメチニコフだが（本書「免疫の発見」参照）、マクロファージの働きはたんなる貪食機能だけではなかった。あとで述べるように、マクロファージは取り込んだ異物を消化して、T細胞に抗原を認識させるという重大な働きを持っていたのだ。

体内には、マクロファージの仲間として異物処理のための細胞がさまざまな形で分布している。血液中の白血球や単球、組織内のマクロファージ、さらに特殊な方法で抗原を処理する能力を持った樹状細胞などが皮膚、粘膜、結合組織、リンパ組織など全身に張り巡らされている。これらの細胞は、免疫反応を起こすために必須の働きを持っているのである。異物としてこれらの細胞に取り込まれた抗原を処理して分解し、抗原の情報を免疫細胞、ことにT細胞に提示する働きを持っている。そのため抗原提示細胞（antigen-presenting cell, APC）という名前で呼ぶことも多い。文字通り、取り込んだ抗原を消化してT細胞にその情報を提示する細胞のことである。この抗原提示では、もう一つの特筆すべき分子、主要組織適合遺伝子複合体（major histocompatibility complex, MHC）の産物が重要な役割を果たすが、これについては章を改めて詳しく述べる。現代の免疫学では、APCの働きが一つの重要な話題となっているので、まず「APC――抗原提示細胞」という名前だけ覚えておいて欲しい。

このようにして免疫反応には、さまざまな細胞が、異なった役割を担いつつ参加していることがわかってきた。一九七〇年代の初めまでに明らかにされたこうした細胞群が、複雑な情報のやり取りをすることで、「自己」と「非自己」が区別され、「非自己」を排除して自己の全体性を守っているのである。免疫反応は、こうした細胞群の秩序のとれた共同作業として成立しているのである。

組織適合抗原と免疫――「私」のバーコード

人間は多型性を持っている

免疫系は「自己」と「非自己」を、どのくらい厳密に識別しているのか。それを示す端的な例が、移植の拒絶反応である。

人間は、人種や顔かたちが違っていても、人類という共通のゲノム（遺伝子の総体）の産物であるから、基本的には同じ一群のタンパク質からできているはずである。人種や家系によってほんの少しずつ構造が違うタンパク質もあるが、一般には、その多型性はきわめて限られたものである。

組織適合抗原とは

それなのに、どうして移植は成立しないのだろうか。それは、一人ひとりの細胞の表面に、ほんの少しずつ異なった構造を持つ、例外的な多型性を持った一群のタンパク質分子が存在しているからである。この分子が、すべての体の細胞を同じ自分のものであると標識しているのである。つまり、すべての細胞の表面には、自分であることを示す旗印がついていることになる。

免疫系の細胞、ことにT細胞は、体中を常に循環しながら、自分の旗印に何か異常がないかを監視している。もし旗印が違う細胞があれば、それを「非自己」と認識して排除する。当然移植された臓器の細胞には、自分のとは違った旗印がついている。T細胞は、それを見つけて攻撃し、強力に排除する。これが移植の拒絶反応である。

移植の成否を左右する旗印となるタンパク質を組織適合抗原（histocompatibility antigen）と呼んでいる。そのうち最も強力な移植抗原となるものを主要組織適合遺伝子複合体（ＭＨＣ）と呼ぶ。複合体と呼ぶ理由は、それが一種類ではなくて、少なくとも六種類の、多型性を持った分子のグループだからである。この分子は、人間では、第六染色体の上に直列に並んでいる一群の遺伝子で決定されている。ＭＨＣと呼ぶときは、この遺伝子複合体を指すことも、その産物を指すこともあるので注意されたい。

マウスの組織適合抗原

実験用の近交系マウス（近親交配を重ねることで純化されたマウス）の系統が確立されると、毛色が違っているにもかかわらず、皮膚の移植が成立しやすい組み合わせと、そうでない組み合わせがあることがわかってきた。強い拒絶反応を起こすような組み合わせの細胞を、互いに注射して免疫すると、相手の細胞と反応してそれを傷害するような抗体が作り出されることがわかった。そういう抗体を使って、純系マウス（同じ系統内で完全に遺伝子が均一なマウス）のタイプを調べてみると、移植の可否、つまり組織適合性を左右するような抗原分子の一部は、すべての体細胞の表面に存在していることがわかった。初めは二種類の多型性分子が見つかったが、あとでもっと多数の分子があることがわかった。それがマウスの組織適合抗原で、マウスの場合はH―2抗原と呼ばれている。

ヒトHLA抗原

ヒトの場合には、同じ血液型の輸血を繰り返し受けたヒトの血清中には、赤血球ではなくて、白血球と反応するような抗体ができていることが気づかれた。この抗体を使うと、ヒトの白血球にも、血液型と同じような型が存在することがわかった。白血球の上にある抗原という意味で、ヒト白血球抗原（human leukocyte antigen, HLA）と呼ばれている。HLAのほうも、白血球のみならず多くの体細胞表面に検出される。このHLAの型がどんな意味を持っているのか、初めはわからなかったが、やがてヒトの臓器移植の成否を左右する重要な抗原であることがわかってきた。マウスで発見されたH―2抗原と同様に、MHCとして、複数個の遺伝子複合体で決定されており、細胞の表面に分布する抗原であることがわかった。

免疫応答能力を左右する遺伝子

さらに、このMHCのタイプと、特定の異物に対して特異的な免疫反応を起こす能力が遺伝的に強く相関していることがわかった。組織適合抗原には、個体の免疫反応能力を左右する遺伝子（免疫応答遺伝子）として働いているものがあることがわかったのである。たとえば、ある系統のマウスはニワトリの卵のアルブミンに対して抗体を作るが、別の系統のマウスは全く抗体を作らない。比較的単純な、人工的に合成した抗原を使うと、強く反応するマウスと、ほとんど反応しないマウスに、きれいに二つに分かれる。複雑な構造の抗原に対しても、多かれ少なかれ遺伝的な反応性の差が認められる。強い免疫反応を起こす能力は、H―2抗原のタイプに連鎖して、しかも優性に遺伝することもわかってきた。

なぜ組織適合抗原が、免疫反応性や移植の拒絶反応を左右するのだろうか。組織適合抗原そのものが免疫反応性を左右しているのだとしたら、どんなやり方で反応性を変化させているのだろうか。

こうした問題は、長い間不明のままだったが、一九八〇年代の後半になって組織適合抗原の立体構造が解明され、やがてまたたく間に明らかにされた。その部分についてはあとで述べる。

バーコードとしてのMHC

一九七〇年代初めに、組織適合抗原分子のあらましの構造がわかった。MHCには二種類あって、すべての体細胞表面に存在するクラスⅠ抗原と、主として抗原提示細胞(APC)の上に分布するクラスⅡ抗原である。いずれの抗原も、二本のポリペプチド鎖からなっているが、クラスⅠ抗原は、分子量45,000の長いポリペプチド(H鎖)と、分子量11,000の短い鎖(β_2ミクログロブリン)が複合したものであった。クラスⅡ抗原のほうは、分子量がそれぞれ30,000〜35,000の二本のポリペプチド、つまりα鎖とβ鎖からなる二量体であった。アミノ酸の配列を調べてみると、H鎖、α鎖、β鎖の一定の部分に、何カ所か著しいアミノ酸の入れ換えが起こっている部分があることが判明した。このアミノ酸の入れ換えによって、MHC分子には、体を構成する他のタンパク質では見られないような、例外的な多型性が生じていたのである。図8には、二つのクラスのMHC分子の模式図を示した。

スーパーマーケットなどに行くと、商品には値段や分類などを示すバーコードというのがついている。異なった太さの線を何本も並べて、特殊な機械で読み取ることによって、何万という品物の値段や分類がわかる。それほど多様な情報をバーコードは示すことができるのだ。MHC分子上の一定の箇所でアミノ酸の入れ換えが起こっていることは、このバーコードの差をイメージすればよいだろう。バーコードに相当するMHC分子が、人間の細胞の上に六つずつセットになって印してあると思えばよい(図9)。ヒトの第六染色体の上には、このバーコードを決定する遺伝

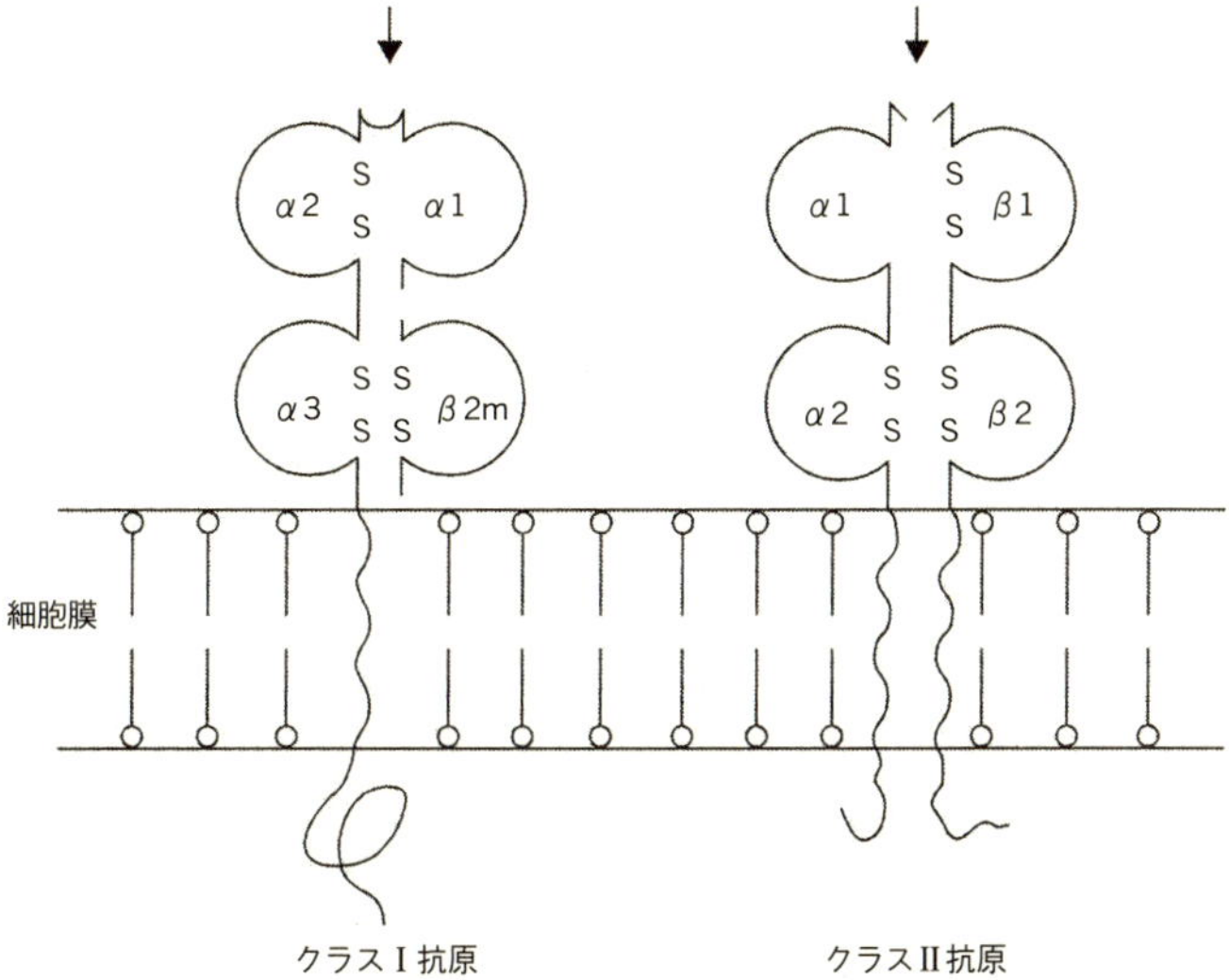

図8　クラスⅠ抗原およびクラスⅡ抗原の模式図

MHC クラスⅠ分子は長い α 鎖と短い β 鎖からなる。一人ひとりちがうのは、α 鎖の α_1 および α_2 の部分である。クラスⅡ分子は α 鎖と β 鎖からなり、α_1 および β_2 の部分で著しい多型性を作る。抗原の断片を結合して提示するのは、↓で示した部分である（60 ページ参照）。

図9　6種類のバーコードで規定される遺伝的多型性

ヒト組織適合遺伝子複合体（HLA）をバーコードに見立てて図示した。ヒト第6染色体の短腕には6つのHLA遺伝子座が並んでいる。クラスⅠ抗原を決定するHLA-A、HLA-B、HLA-Cと、クラスⅡ抗原を決定するHLA-DP、HLA-DQ、HLA-DR遺伝子座である。それぞれがかなりの多型性を持つので、一人の人間は、母親由来と父親由来の合計12個のバーコードで印をつけられていることになる。この12のバーコードのすべてが、他人と一致する確率はきわめて低い。T細胞はそれぞれのバーコードを読むことによって、自分と違うバーコードの場合は、「非自己」として排除の働きを発揮する。体内に異物が侵入すると、異物（抗原）の断片はMHCに結合して提示される。それは、このバーコードに抗原情報が余分な線として書き加えられると考えれば理解しやすい。

子群が六カ所に分かれて載っているのである。それらの遺伝子は、HLA-A、HLA-B、HLA-C、HLA-DP、HLA-DQ、HLA-DRと呼ばれる。そのうち、HLA-A、B、Cの三つがクラスI抗原のH鎖を決定し、DP、DQ、DRの三つが、クラスII抗原を決定している。これらは同じ第六染色体の上にあるので、通常は連鎖して子孫に伝えられる。

このような多型性を持ったタンパク質の発見、そしてそれが移植や免疫応答に深く関与しているという発見に対して、一九八〇年に三人の学者にノーベル賞が授与された（G. Snell、J. Dausser、B. Banacerraf）。しかしこのタンパク質がバーコードとして働くためのもっともっと深い意味がわかったのは、それよりずっとあとのことである。

一九八七年にこのタンパク質の一つが結晶化されて、分子の立体構造が明らかにされた。すると、この分子の持っていた驚くべき秘密が、またたく間に明らかになったのである。

ＭＨＣの立体的な形

現在知られているクラスI分子の立体構造を、図10に示した。図10Aの下のほうが、細胞膜と考えていただきたい。つまりこの分子は細胞の表面にα_3を基軸にして、α_1とα_2を花のように開かせて立っていると考えればよい。テープのように模型化して示したタンパク質の鎖は、α_3の部分で何度か往復運動をしたのちに立ち上がって、上方で二本のラセンのような構造を作っていることに注目されたい。

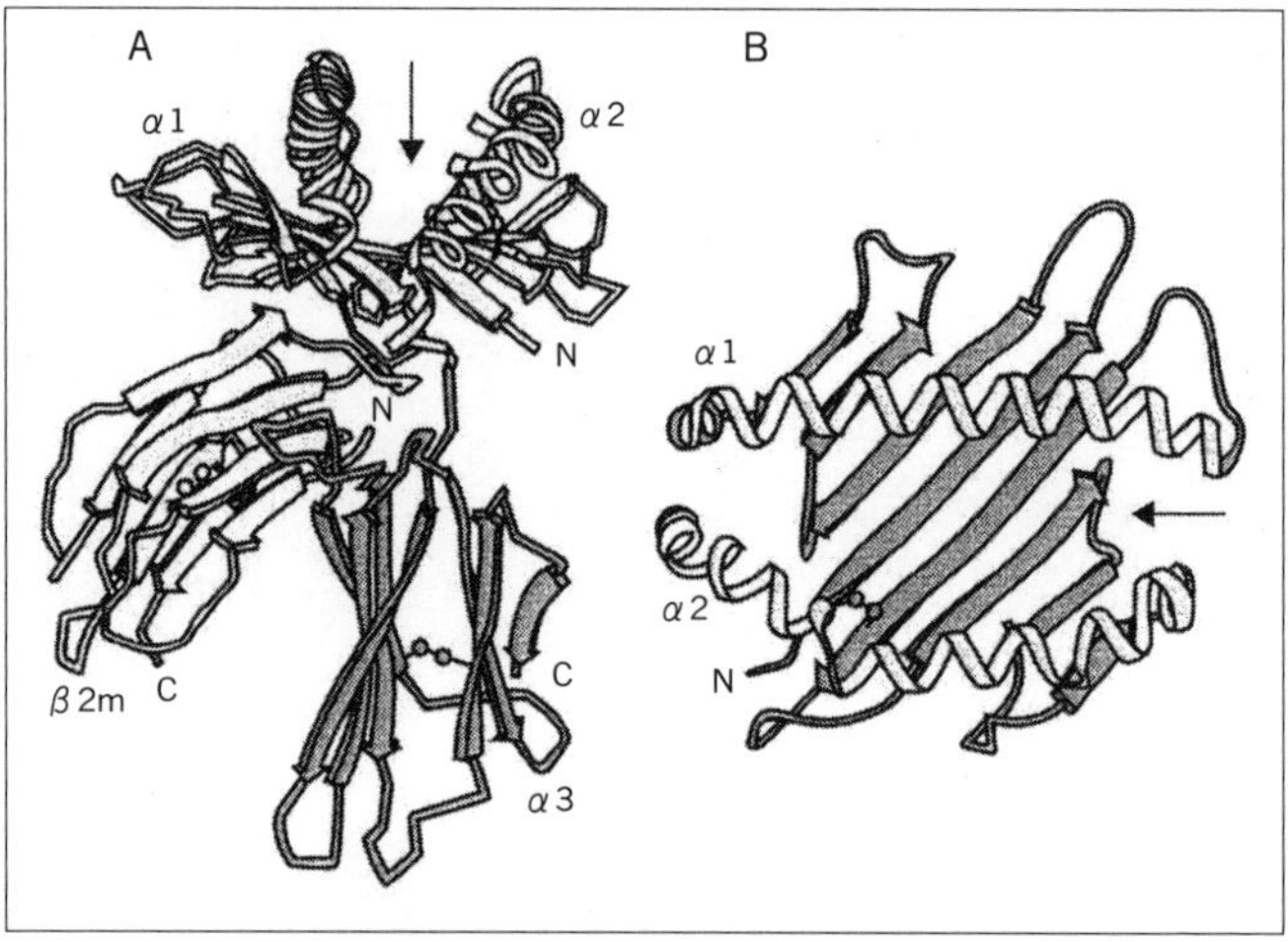

図 10　MHC クラス I 分子（HLA-A2）の立体構造
（Björkman ら、*Nature* 329:506 1987 より）

結晶化された HLA-A2 分子から、クラス I の立体構造がわかり、MHC の意義が明らかになった。図 A の C の部分が細胞膜に結合している端である。N は細胞膜から離れている端である。図 A の上方には 2 本のラセン構造が見える。図 B はそれを上から見たところ。2 本のラセンに挟まれた裂け目部分が見えるだろう（矢印）。ラセンの部分でアミノ酸が一つでも違うと、裂け目の形が変わる。この裂け目部分に抗原分子が入り込んで T 細胞に提示される（図 11 参照）。クラスⅡ分子もほぼ同じ形をしている。

図10Bは、それを真上から見たところである。二本のラセンが相対するような形で配置され、下にはポリペプチドのテープが往復しながら作った平板状の構造が見えるであろう。つまりこの分子には二つのラセンで挟まれた裂け目のような構造があるのだ（図10の矢印）。

アミノ酸の入れ換えが起こっていたのは、主としてこのラセン部分と裂け目の底にあたる部分であった。

タンパク質化学では、ラセン状に巻かれているポリペプチドの構造をαラセン（αヘリックス）構造と呼ぶ。このラセン構造は、ラセン上のアミノ酸の種類がちょっと入れ換わるだけで巻き方が鋭敏に変わる。したがって、この部分のアミノ酸の入れ換えが、個体ごとに高頻度に起こっていたという事実は、ラセンの巻き方が一人ひとりで少しずつ違っていたことを示す。すると、ラセンで囲まれた裂け目部分の立体構造は、鋭敏に変化していたはずだ。クラスⅡ抗原のほうも、α鎖およびβ鎖の先端部分に二つのαラセンが相対して位置していることがわかった。やはりクラスⅡ分子でも、主としてラセン状の部分にアミノ酸の入れ換えが高頻度に起こっていたのである。

移植の拒絶反応は、宿主のT細胞が、移植された細胞の上にあるMHCのαラセンの巻き方が違うことを認識することから始まっていたらしい。二本のラセンの間には、当然、他人のタンパク質断片が挿入されている。T細胞の表面には、このMHC分子の変化を鋭敏に認識するT細胞受容体（TCR）がある。TCRの化学的構造については次章で述べる。TCRという受容体は、スーパーマーケットのバーコード読み取り機の、赤い光を発している読み取り装置として働いていたのである。一つの細胞の上には六種類ものバーコードがついている。しかも父親由来と母親由来の二組がある。その一つひとつを、T細胞は受容体を介して読み取っていたのである。六種類×二組、つまり一二組のバーコードのすべてが、他人と一致することはきわめて稀である。T細胞は、この一つひとつのMHCのバーコードをTCRで読み取って、自分と違うバーコードを持つ細胞を見分けて、攻撃するのである。

MHCと「自己」成分の結合

もう一つ驚くべきことがわかった。それは、二本のαラセンに挟まれた裂け目の部分には、必ず何ものかが挟み込まれていたのである。図11はそれを示す。二本のαラセンの間に明確な構造を持たない小さな物質が入り込んでいるのが見える（中央の白っぽい部分）。

これが、「自己」のタンパク質の断片であることがやがてわかった。つまりMHC分子は、必ず自己の成分の一部をラセンの間に入れ込んだ形で、細胞表面に現われていたのだ。T細胞は、MHC分子に自己のタンパク質の断片が入り込んでいる複合体を、「自己」と認識していたのである。たとえて言えば、自己のバーコードの中に余分な線が書き加えられているのを鋭敏に発見していたのである。

MHCを介した「非自己」の認識

人間の体にある六〇兆個もの細胞の上には、すべてMHCと「自己」の成分が結合したものが、数万分子ずつ現われている。これが「自己」の旗印だったのである。

T細胞は、「自己」のMHCに結合した自己のタンパク質断片に対して、「寛容」になっていたのである。もし体に異物が侵入したり、細胞が変化して異常なタンパク質を作ってしまうと、どうなるのであろうか。異物のタンパク質は、細胞内で部分的に消化されて、断片化する。このタンパク質の断片（ペプチド）がMHCの裂け目に入り込むのである。もともとあった「自己」のタンパク質を押しのけ、その代わりに入り込んで細胞の表面に現われる。つまり異物は、MHCのバーコードに入り込んで、バーコード情報を変化させるのである。前章で「抗原提示細胞（APC）」と呼んだのは、異物を細胞の中に取り込んで消化し、その断片をMHCの裂け目に入れ込んで、それを細胞表面に提示している細胞のことだったのである。

こうして提示された抗原の断片だけをTCRは認識する。バーコード読み

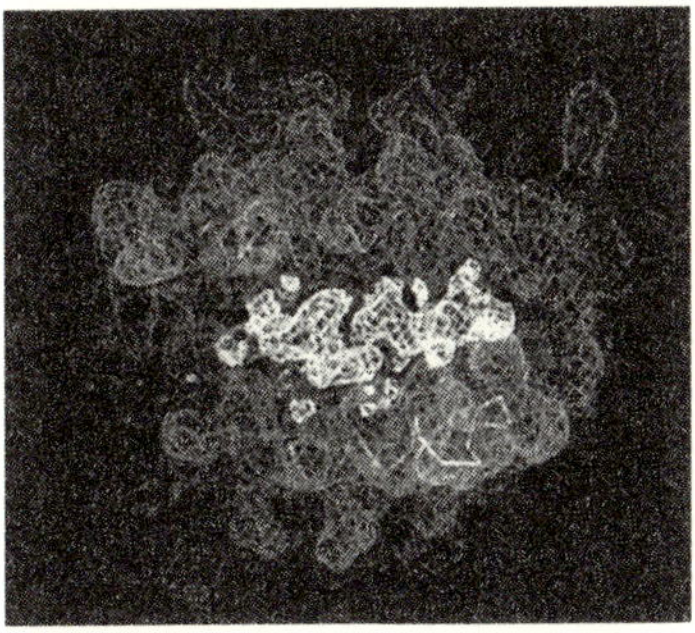

図11　MHCクラスI分子に結合して提示される抗原分子の断片

上下には、図10で示したMHCの2本のラセンが配置されていると考えていただきたい。その間の裂け目部分に抗原分子（白い不定形のもの）が入り込んでいるところを示す。ラセンに囲まれた裂け目部分の形が違えば、提示される抗原の種類も異なる。一人ひとりが、免疫反応性に差があるのはこのせいである。

取り装置は、バーコードが異物で乱された時のみ鋭敏に反応するのだ。細菌やウイルスの成分など、抗原分子そのものを認識する能力はない。TCR分子は、もともとのバーコードである自己のMHCと、それに結合した「非自己」タンパク質断片（ペプチド）だけを認識できるような読み取り機だったのである。

ヘルパーT細胞は何を認識するのか

MHC分子には、クラスI分子とクラスII分子があることはすでに述べた。それぞれのMHC分子に対応するT細胞は、機能的に異なっていることがわかった。

クラスIIMHC分子に入り込んだ異物だけを認識して反応を起こすのが、ヘルパーT細胞である。クラスII抗原は、主として異物を取り込む能力を持つマクロファージやB細胞の上に現われている。取り込まれた抗原は細胞の中で分解されて、クラスIIMHC分子に結合して細胞表面に提示される。これをヘルパーT細胞のTCRが認識する。その際、ヘルパーT細胞の上にある補助分子CD4がクラスII分子に接着し、認識能力を高めることが明らかにされているが、ここでは深入りをしない。

キラーT細胞は何を認識するのか

自己の細胞がウイルスなどに感染すると、細胞の中で増殖したウイルスは、宿主のタンパク合成装置を利用して、ウイルス粒子を構成するタンパク質を作り出す。ウイルスのタンパク質の断片は、もともとの自己のタンパク質の代わりに、クラスI分子の裂け目の中に入り込んで細胞の表面に提示される。クラスI分子は、体中のあらゆる細胞の上に表現されている。T細胞は、これまで寛容になっていた自己のタンパク質の断片とは違った異物が入り込んだMHCクラスI分子を、TCRを介して異物と認識する。この認識に際して、キラーT細胞上のCD8分子が、クラスIMHCに接着して認識を高める。

サプレッサーT細胞については、これが、クラスI、クラスIIのどちらを認識するのかはよくわかっていない。それは、サプレッサーT細胞の中には、抗原と直接反応する受容体（TCRのα鎖）を持つCD8のものと、クラスIIによって刺激を受けるCD4を持っているものなどが含まれているからである。今後の解明が望まれている。

免疫反応におけるMHCの役割

ヘルパー、およびキラーと名づけられた二種類のT細胞は、このようにして「非自己」と結合した二種類のMHCのバーコードを認識する。つまり、異物を結合した「自己」のMHC分子は、他人の細胞上にあるような「非自己」のMHCと同じように異物として認識して、排除作戦を開始するのである。

クラスIIMHC分子に入り込んだ抗原を認識したヘルパーT細胞は、この異物を認識することによって刺激され、増殖を始めるとともに、サイトカインなどの活性因子を合成し、放出する。放出されたサイトカインは、周辺のCD8キラーT細胞に働きかけ、それを増殖させたり、キラー活性を強化したりする。こうした二種類のT細胞が共同してウイルス感染細胞や異物化したがん細胞などを排除して体を守るのである。

B細胞のほうは、細胞表面の抗体分子によって抗原を直接認識する。抗体は抗原と直接反応する能力があることは前にも述べた。しかしそれだけでは、抗体の合成は起こらない。同じ抗原で刺激を受けたヘルパーT細胞が、サイトカインなどの指令物質を作り出し、それが働くことによって初めてウイルスなどの抗原を中和する抗体を作り出すのである。

こうして、抗原提示細胞、ヘルパーT細胞、キラーT細胞、B細胞の四種類もの細胞が共同作業を行なった結果として、ウイルス粒子が抗体で中和されると同時に、ウイルスに感染した細胞がキラーT細胞によって破壊されて、病気は治る。この時、ウイルス抗原を認識した細胞の一部が免疫記憶細胞として残り、次の感染に備えるわけである。

記憶細胞にはT、B両細胞があり、長い間記憶を保持する。

MHCは免疫反応をどのように調節するか

これまで述べたT細胞による抗原認識の経過を眺めれば、なぜMHCが免疫応答遺伝子として、個体の免疫反応能力を調節していたのか理解できるであろう。抗原が有効にT細胞によって認識されるためには、抗原の断片がＭＨＣ分子の上の二本のラセンに囲まれた裂け目に入り込むことが必須である。ＭＨＣの型によってこの裂け目の形が変わるわけだから、そこに入り込んでＴ細胞に提示されるべき抗原の種類が異なるはずである。このＭＨＣの型は、すでに述べたように、ヒトの第六染色体上にある遺伝子で決定され、メンデル型の遺伝をしている。このＭＨＣ分子が、抗原断片との親和性を介してそれぞれの抗原に対する免疫応答性を左右していたのだ。

例えば、スギの花粉を吸い込んだ場合のことを考えてみよう。あるＨＬＡタイプを持っているヒトは、花粉の抗原の断片を効率的にＨＬＡの裂け目に入れ込み、Ｔ細胞を刺激することができるが、別の型のＭＨＣを持つヒトは、花粉の抗原を提示してＴ細胞を刺激することはできない。

同じ環境下で、同じ空気を呼吸しているにもかかわらず、一部のヒトだけがスギ花粉症になるのはこのためである。他の抗原でも事情はほぼ同じである。ＭＨＣのタイプが違えば、一人ひとりがいろいろな抗原に対して、強さの異なった免疫反応性を持つことになる。さまざまな身近な抗原に対して、必ず何人かの人がアレルギーを起こすのも、このＭＨＣの多型性のためである。また、どんな伝染病の流行に際しても、必ず高い免疫反応性を示す人がいたおかげで、人類は絶滅を免れてきたのである。

一方、自己抗原を強く提示する能力のあるＨＬＡを持つヒトは、自己免疫疾患を起こしやすくなる。ＨＬＡのタイプが、さまざまな自己免疫疾患の発症と相関しているのは、このためである。またがんの抗原が、ＨＬＡに入り込んでよく提示された場合には、キラーＴ細胞を刺激して、がんは早期に排除されるはずである。しかしがん細胞は、しばしば細胞表面のＨＬＡ分子を少なくして、免疫の監視から逃避することも知られている。

ＭＨＣの意義

ＭＨＣは、個体の個別性と全体性を保証する分子である。ＭＨＣ分子に何らかの異変が生じたときには、Ｔ細胞は鋭敏にそれを認識して、排除する。だから免疫とは、個体の全体性を監視している機構であるといってもよい。

ＭＨＣが、さまざまな病気に対する感受性に関係していることがよく知られている。リウマチ性疾患や感染症に対する罹りやすさが、ＨＬＡのタイプと関係していることは、これまでの議論を参照すればよく理解できるだろう。若年性糖尿病や甲状腺炎などの自己免疫病や、花粉症などのアレルギー性疾患と、ＨＬＡの特定のタイプが相関していることが知られている。

ＨＬＡは、人類が多様性を持つ集団として社会を形成し、長い歴史を生き延びてくるための重要な要素だった。ＭＨＣの多型性は、親子の鑑別や、犯罪での個人識別などにも応用されている。さらには、人間の個性や行動様式との関連でも注目されている。

ＭＨＣは、人間を含む哺乳類のみならず、魚類あたりまでの脊椎動物に見られる。ＭＨＣが出現するのとほぼ同時に、われわれの持っている高度の免疫系も発生したのである。ＭＨＣは、高等脊椎動物の進化をあとづけるためにも重要な分子となっている。

免疫の内部世界——胸腺とT細胞

すべては胸腺から始まった

胸腺という臓器があることは本書「免疫をめぐる『知』の歴史」で述べた。胸腺は、文字通り胸腔の中にある小さな腺状の臓器で、人間では最大となる十代でもたかだか三五グラムていどの臓器である。十代後半からすでに退縮を始め、四十代では一〇グラム以下、老人では痕跡ていどになってしまう。

胸腺の存在は、すでにギリシャ時代から知られていたが、胸腺の持つ重要な役割がわかったのはごく最近、一九六〇年代のことである。それまで胸腺は、何の役にも立たない無意味な臓器と考えられていた。生理学や病理学はもとより、専門の免疫学の教科書にも名前さえ現われなかった。

一九六〇年代に胸腺の免疫学における意義が解明されて以来、胸腺が作り出すT細胞の免疫系における役割が明らかにされ、予想を超えたT細胞の機能が次々に発見されるにおよんで、免疫学は現代の生命科学のリーダーの一つとなったのである。

胸腺は何をしているのか

最初に見つかった事実は次のようなことだった。

胸腺は、さまざまな機能分担を持つ成熟したT細胞を作り出し、その中で免疫システムにとって有用な細胞だけを選び出し、他の不用な細胞や有害な細胞を消去してしまうという、免疫の中枢的な働きをしている臓器であるということであった。胸腺で作り出されるT細胞は、骨髄からきたB細胞が抗体を作るのを補助したり抑制したりするT細胞群と、ウイルス感染などで異物化した細胞を殺す役割を持つT細胞という二系統の細胞に分かれる。機能的に見て、抗体産生やキラーT細胞を補助したり、サイトカインを介して炎症反応に関与するようなT細胞をヘルパーT細胞、移植片の拒否や異物化した細胞の排除に働くようなT細胞をキラーT細胞、さらに、免疫反応を逆に抑制するようなT細胞をサプレッサーT細胞と、それぞれ呼んでいる。こうした機能は、胸腺の内部でT細胞が分化する過程で決定される。胸腺から出た細胞は、胸腺内で決められた機能を忠実に実行するだけである。

B細胞が抗体を産生するためには、ヘルパーT細胞からの補助が必要である。ウイルスなど細胞内に寄生する微生物の排除はキラーT細胞の役割である。キラーT細胞が働き出すためにも、必ずヘルパーT細胞からの指令が必要である。ヘルパーT細胞は、あとで述べるようないろいろなサイトカイン、インターロイキンを合成して、それを使って他の細胞の機能を調節しているのである。免疫反応は、こうした多様な細胞の相互作用で演じられる劇である。サプレッサーT細胞は、この劇の幕を閉じる役割の一部を担っている。

情報因子としてのサイトカイン

ここで、すでに何度も登場した免疫系の大切な因子サイトカインについて概説しておこう。サイトカインというのは、細胞が作り出して他の細胞に情報を与える活性因子群の総称である。これまでにも、ヘルパーT細胞がサイトカインを合成してB細胞の抗体合成を指令したり、B細胞がサイトカインによって分裂増殖したり、抗体合成を始めるなどと書いた。

サイトカインは、刺激を受けた細胞が作り出して他の細胞に働きかける分子である。その点では、内分泌系の細胞が作り出して他の細胞に影響を与えるホルモンも同じであるが、ホルモンが定められた内分泌臓器で作り出されて、遠隔の臓器細胞に働きかける（エンドクライン）のに対して、サイトカインは内分泌系以外のさまざまな細胞が作り出し、主として隣接した周辺の細胞にのみ働きかける（パラクライン）。

サイトカインの中には、主として免疫血液系の細胞が作り出すインターロイキン群のほかに、細胞増殖因子や分化因子、造血因子、炎症因子など多様なものが含まれる（表1）。

一つひとつのサイトカインについての解説はしないが、それぞれのサイトカインは独自の作用を持って他の細胞の増殖、分化、運動、生存などに影響を与える。サイトカインの特徴として、一つのサイトカインが相手の細胞に応じて多様な働きを示す場合がある。そのため、サイトカインの働きは「場」によって異なり、一つのサイトカインが、ある時は細胞増殖因子として、他の時は炎症性因子として働くなどの例が見られる。また後に述べるように、免疫血液系のみならず、個体の発生や、体の形を作り出す際にも、サイトカインが細胞間の情報のやりとりに使われる。

サイトカインは、それぞれのサイトカインに対応する受容体に結合して細胞の中に情報を伝える。その情報によって、細胞内の特定の遺伝子が働き始めるのである。また一つのサイトカインによって別のサイトカインが作り出されるとか、サイトカインの働きを調節するサイトカインが作り出されるなど、生体は多様なサイトカインのネットワークによって調節されている。

表1　サイトカイン
（細胞が作り出す活性因子群）

インターロイキン 1, 2, 3, 4, ……16……
細胞増殖因子、抑制因子
インターフェロン（IFN）α, β, γ
コロニー刺激因子
ケモカイン
炎症性因子 TNF など

サイトカインは、細胞が作り出す生物活性を持った可溶性の因子の総称である。この中には白血球やリンパ球が作り出すインターロイキンや、細胞の増殖や分化を誘導する増殖因子、抑制因子、造血因子など多様なものが含まれる。サイトカインは細胞から細胞に情報やシグナルを伝達する分子と考えてよい。それぞれの分子は、対応する受容体を持っている細胞にだけ作用する。

T細胞の多様性

一九六〇年代、胸腺がT細胞を作り出していることが明らかになったころには、T細胞というのは一種類の細胞であろうと考えられていた。しかしその中には、すでに述べたようなヘルパー、キラー、サプレッサーなどの多様な働きを持つ細胞が含まれていることがわかったので、それらの細胞を区別できるような標識はないかが模索された。細胞表面の分子を鋭敏に検出できるように色素をつけた抗体で染め分けることによって、まず血液中のT細胞に二種類のものがあることがわかった。ヘルパーT細胞とキラーT細胞である。

サイトカインを産生することによって免疫反応を調節しているヘルパーT細胞は、独特の標識となる分子が細胞の表面に存在する。CD4と呼ばれる分子である。CD4分子は単にヘルパーT細胞を標識しているだけでなく、MHCクラスⅡで提示された抗原の認識に重大な役割を持っていることも、やがて明らかにされた。

一方、がん細胞や、ウイルスに感染した細胞を破壊するキラーT細胞は、CD8という細胞表面分子を持っており、こちらはMHCクラスI分子と結合して、キラーT細胞が殺す相手の細胞の上に提示された抗原の認識を高める役割を持つことがわかった。CD4およびCD8抗原を、それぞれに対する抗体を用いて検出することによって、二種類のT細胞が明瞭に分離でき、さらに定量的に測定できるようになった。

CD8とCD4分子は、T細胞がMHC上に提示された抗原をT細胞抗原受容体（TCR）で認識する際にMHC分子と結合することによって、独自のシグナルを細胞内に送り、T細胞の活性を高めることも知られるようになった。TCRについてはあとで述べる（八八ページ参照）。抗原認

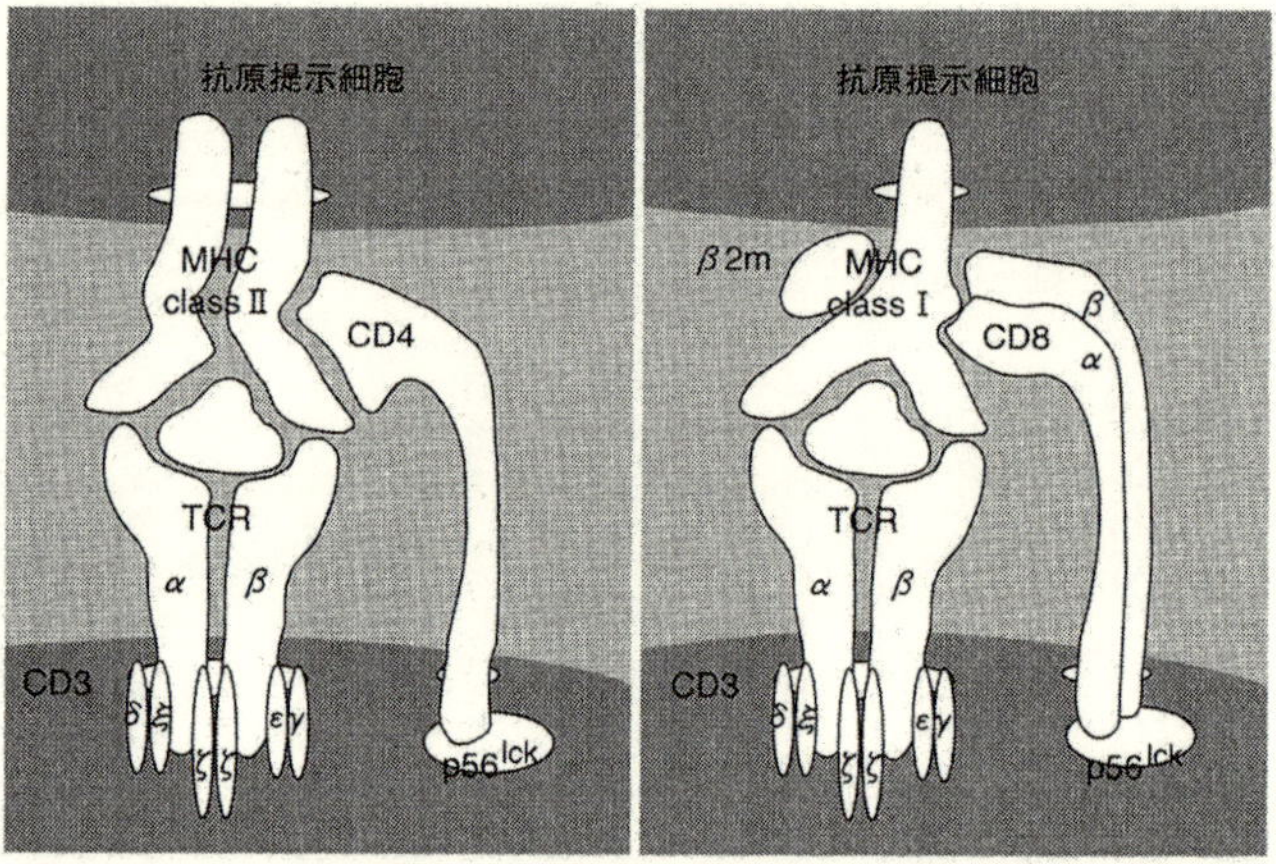

図 12　ヘルパーＴ細胞（左）とキラーＴ細胞（右）による抗原の認識

Ｔ細胞は、α鎖β鎖からなる抗原受容体（TCR）を持っている。ヘルパーＴ細胞はクラスⅡ MHC 分子上に提示された抗原を TCR で認識するが、その際 CD4 分子がクラスⅡ MHC に結合してこの認識を保証する（図左）。一方キラーＴ細胞は、MHC クラスⅠ分子で提示された抗原を認識するが、CD8 分子がクラスⅠ分子の一部に結合して認識を高める（図右）。CD4、CD8 がないと、TCR の抗原に対する結合力はきわめて低いために認識が成り立たなくなる。TCR には CD3 分子が結合しており、それが認識のシグナルを細胞内に送る。CD4、CD8 分子にも $p56^{lck}$ のようなシグナル分子が結合している。この両方からのシグナルによってＴ細胞は活性化される。

識におけるCD4およびCD8分子の役割を、図12に示した。

さらに同じCD4分子を持つヘルパーT細胞のうちでも、細胞が作り出すサイトカインの種類によって、Th1細胞とTh2細胞という、二種類の機能的に異なった細胞群が存在することも明らかにされた。

Th1とTh2――サイトカイン・ネットワークの世界

Th1は、抗原と反応すると、ガンマインターフェロンやIL-2というサイトカインを作り出す。こうしたサイトカインによってある種の免疫反応を高めると同時に、Th1細胞自身が炎症性の反応に参加したり、ウイルスや細菌に抵抗する免疫に直接関与する。

Th2細胞のほうは、IL-4、IL-5、IL-6などのサイトカインを作り出し、主としてB細胞の抗体産生を補助し、作られた抗体のクラス転換に働く。そのため、Th2細胞が優位に活性化された場合は、一般的に抗体の合成が高まるが、同時にIgE抗体の生産も起こって、即時型アレルギーを起こしやすくなる。

さらに、Th1細胞が作り出すガンマ・インターフェロンは、Th2の働きを抑制的に調節し、Th2が作り出すIL-4やIL-10というサイトカインは、Th1の活性化を抑制するという相互調節作用が知られている。詳しくは、本書「拒否の病理としてのアレルギー」を参照されたい。

Th1、Th2、マクロファージなど、免疫系の細胞が作り出す多種類のサイトカインは、さまざまな免疫細胞の働きを相互に調節し合うので、「サイトカイン・ネットワーク」を形成しているといわれている。サイトカインは、こうした多様な免疫細胞がお互いに交流し合うための情報物質でもあるわけである。

胸腺の中でのT細胞の分化

多様な働きを持ち、「非自己」の識別に最も重要な役割を果たすT細胞は、胸腺の中でどのようにして作り出されるのだろうか。神秘的な胸腺の内部を眺めてみよう(図13)。

胸腺という臓器は、胎生期の初めに、まず上皮性の細胞が増殖することによって作り出される。上皮細胞がつながり合って、メッシュ状の構造になったところに、造血幹細胞が流れ着き、まずそこで急速な分裂・増殖を繰り返す。新生児や若い動物の胸腺には、さかんに分裂を続けている細胞が充満している。この分裂の間に、細胞は次々に何種類もの分子を細胞表面に表現してゆく。その中には、CD4およびCD8分子がある。やがて分裂をやめた若いT細胞は、メッシュとなっている胸腺内部を移動してゆく間に、周囲の上皮細胞や抗原提示細胞からいろいろな信号を受け取って、成熟したT細胞へと分化してゆく。その過程で、一つの劇的な事件が起こる。次に述べるT細胞の「選択」という現象である。

胸腺内でT細胞が分化してゆく過程で、細胞表面に現われる分子のうち最も重要なのが、異物の認識に使われるTCRという受容体である。TCRは「T細胞受容体(T cell receptor)」(「T細胞

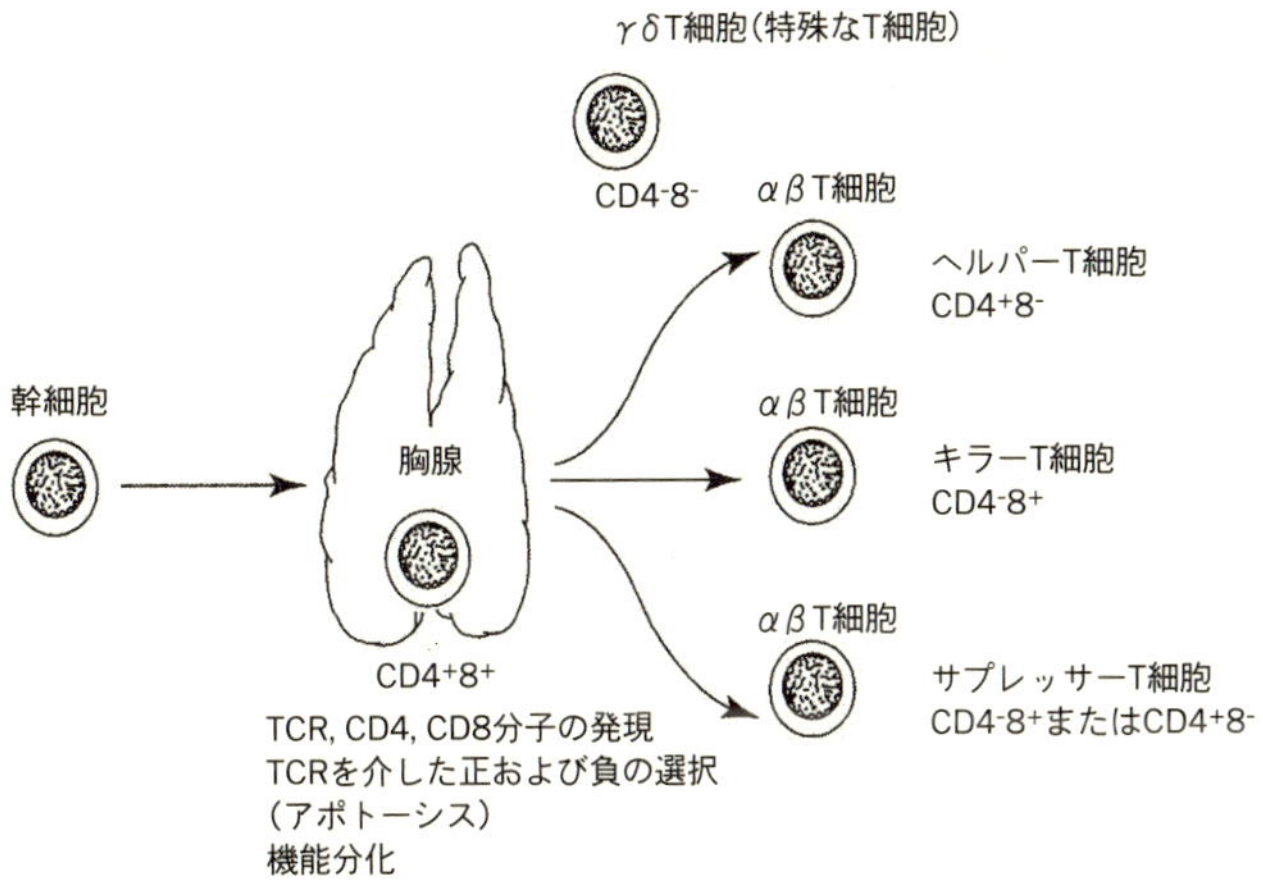

図 13　胸腺内での T 細胞の分化

骨髄にあった造血幹細胞の一部は胸腺に流れ着いてそこで分裂を始める。その間に TCR αβ、CD4、CD8 などの分子が細胞表面に出現する。この段階で T 細胞は分裂を中止して、細胞内に発現している MHC クラス I および II 分子による選択を受けて、CD4 か CD8 のいずれかを持つ細胞になって胸腺から出て行く。その間に多くの細胞（> 95%）が、アポトーシスを起こして死に、生き残ったわずかの細胞が免疫系に参加する。この T 細胞分化の過程で、CD4 を持つヘルパー T 細胞と、CD8 を持つキラー T 細胞、さらには CD8 または CD4 を持つサプレッサー T 細胞などの役割分担が決定される。この他にγδ T 細胞があるが、ここではふれない。

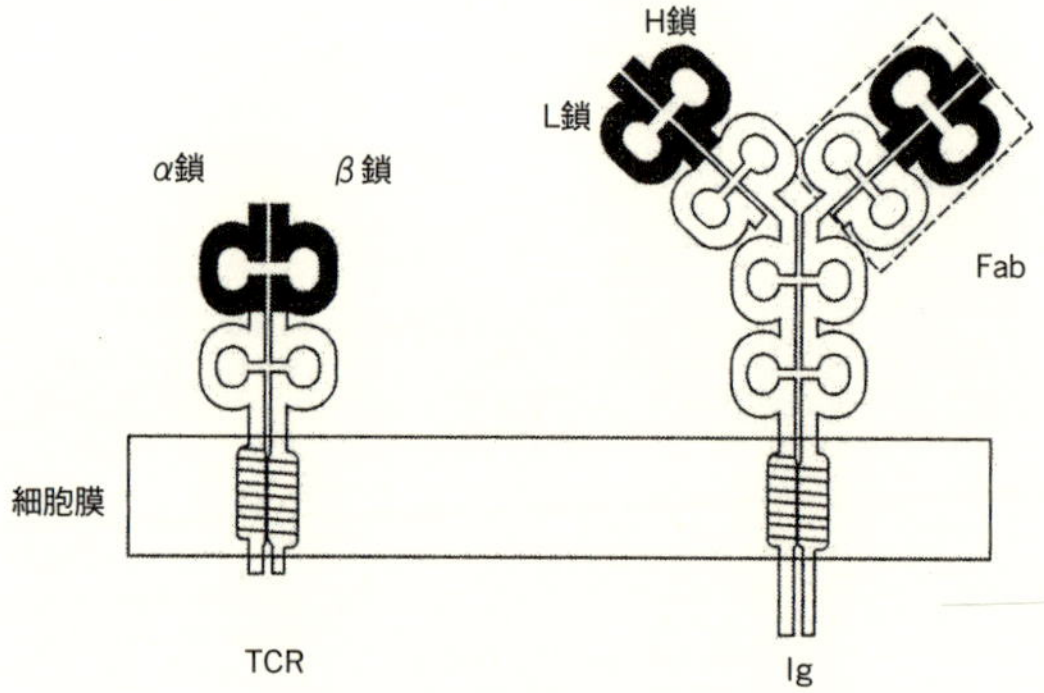

図 14　TCR と抗体（Ig）の比較

TCR は α 鎖と β 鎖からなる。Ig は H 鎖と L 鎖からなるが、抗原と反応する部分 Fab は TCR によく似ている。Fab の末端部分（黒）が抗原と結合する部分で、ここに多様性が集中している。

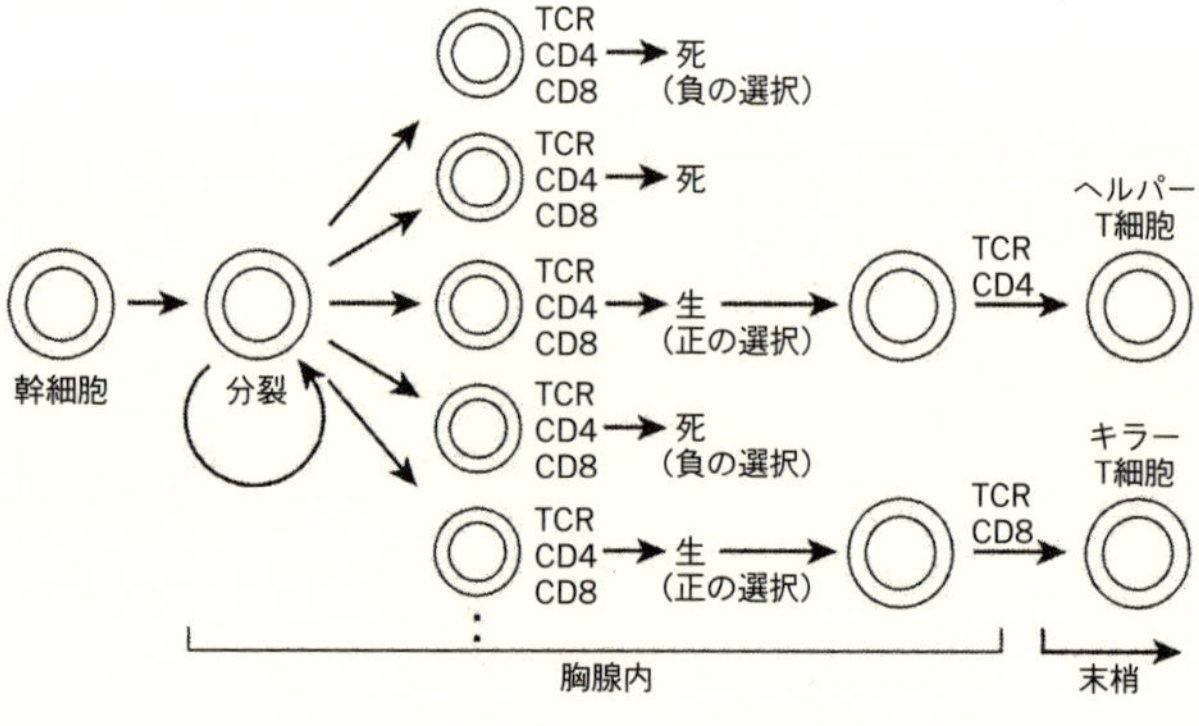

図 15　胸腺内での T 細胞の分化と選択

図 13 で述べたように、胸腺内で分裂した T 細胞は、CD4 と CD8 の両方を持つようになるが、胸腺内に発現している「自己」の MHC 抗原と強く反応した細胞や、反応性を全く欠くような細胞はアポトーシスを起こして死に（負の選択）、MHC 上に抗原が提示された場合にのみ反応しうる細胞のみが生き残る（正の選択）。この 2 つの選択を受けて、自己反応性細胞や欠陥細胞は排除されて、「非自己」である抗原と反応しうるポテンシャルを持つ細胞だけが生き残る。

抗原受容体（T cell antigen receptor）」とも言う）の略で、B細胞における抗体（Ig）と同じように、一つひとつの抗原を認識する、免疫系に独自の受容体である。BおよびT細胞は、多数のクローンからなっているが、一つひとつのクローンは一種類の抗原と反応する受容体のみを持っている。TCRは二本のポリペプチド鎖からなり、ちょうど抗体が抗原を結合する部分構造によく似ている（図14）。

この受容体分子は、Igと同様に、遺伝子の再構成（後述）によって作り出される多様な構造を持った免疫系に独自の分子である。TCRは、MHCの裂け目の中に提示された、抗原分子の一つひとつを正確に見分けることができる、いわば鍵穴に相当する構造を持っている。

TCRには二種類のものがあって、α鎖β鎖からなるTCRと、γ鎖δ鎖からなるTCRがある。いずれも二本のポリペプチド鎖が結合した鍵穴構造を持ち、きわめて多様な抗原の一つひとつを認識することができる、著しい多様性を持っている。

このTCRが細胞表面に現われるのと時を同じくして、CD4およびCD8分子の両方が、T細胞の表面に現われる。こうして胸腺の中には、TCR、CD4、CD8の三種類の分子を持った細胞が大量に作り出されるのである（図15）。

生か死か——T細胞の選択

やがてこの細胞は、CD4かCD8のどちらかを失って、どちらか片方だけを持つ細胞に変わってゆく。驚くべきことに、この時点で、胸腺で生まれたT細胞の九五パーセント以上がそのまま死んでゆくのである。細胞の死に方は、アポトーシス（プログラムされた細胞の死）と呼ばれる死に方である。細胞内で、死を実行させるような遺伝的プログラムが働き出し、最終的には核のDNAが断裂し、細胞それ自身もやがて分断されてまわりの細胞に飲み込まれ、消失してしまう。残るのは、胸腺で生まれた細胞のうち、たった三パーセント弱と言われている。

なぜ、こんなにもたくさんの細胞が死ななければならないのだろうか。そこには、細胞の生死を分ける二段階の厳しい選択（淘汰）が働いているのである。

まず大量に生まれたCD4、CD8を持つT細胞のうち、自分のMHC（その裂け目の中には自己のタンパク質の断片が入っていることは、前に述べた）と強く反応するような細胞には強い刺激が入り、アポトーシスを起こして死んでしまう（負の選択）。そういう細胞は、将来「自己」と反応して「自己」を破壊するかもしれないわけだから、胸腺内であらかじめ、容赦なく死なせてしまうのである。さらに、T細胞が免疫を起こす現場に出ていったとき、役に立つはずがない細胞も死なせてしまう。異物がMHCに入ったときにそれを発見し、排除することができる、つまり、いつかは働く見込みのある細胞だけを生き残らせるのである（正の選択）。T細胞は、自分のMHCに自己以外の異物の断片が入り込んだときだけ、それを「非自己」と認識して排除するわけだから、TCRに欠陥があって自分のMHCと反応できないような細胞は不要である。胸腺内にあるMHC分子と弱い反応性を示さない細胞も、生き残ることはできない。

あとで述べるように、ＴＣＲ分子の構造は、いくつかの遺伝子断片がランダムに組み合わされる、いわゆる遺伝子再構成によって作り出されるものである。したがって、どんな抗原と反応する受容体ができるかは、予測できない。遺伝子再構成という厄介なプロセスがうまくゆかなくて、型通りの受容体を作り出すのに失敗したり、自分のＭＨＣという枠組みさえ認識できないような欠陥受容体が作られた場合には、それを持った細胞は役立たずの無駄な細胞ということになる。そういう不適格な細胞は、胸腺内にいる間に、アポトーシスのプログラムを働かせて死なせてしまうのである。

機能を持ったＴ細胞の誕生

では、どのようなやり方で適格性を見分けるのだろうか。

胸腺内で分化する途中のある一定の時期に、ＴＣＲが自己抗原と強く反応すると、細胞内に強いシグナルが形成される。この時期の細胞は、この強いシグナルでアポトーシスの遺伝子が活性化される。こうして「自己」と強く反応する危険な細胞は自殺してしまうのである。

一方、やはりその時期の細胞は、「自己」のＭＨＣとごく弱く反応して刺激を受けなければ、生き延びることができない。ＴＣＲに不備があって、「自己」のＭＨＣと全く反応しない細胞も生存できないのだ。こうして、異物がＭＨＣ分子の上に提示された時だけ反応できるごく一部の細胞のみが選び出されるのである。

このような二重の選別を受けて生き残ったT細胞は、まず「自己」抗原と反応する能力を持ってはいないはずだ。自己のクラスIまたはクラスⅡMHC分子に、何らかの「非自己」が入り込んだ時にのみ反応できる、いわば精鋭の細胞ということになる。この巧妙な仕組みによって、T細胞は「自己」と「非自己」を識別し、あらゆる「非自己」と反応できる能力を付与されるわけである。

このようにして大部分の細胞が死に、精選されたごく一握りの細胞（三パーセントていど）が「非自己」と対応できる実行部隊として、胸腺内から体内の現場に送り出されてゆく。胸腺内での選択に際しては、CD4かCD8のいずれかがTCRの反応性を試されるときに利用されるが、そのとき有効に利用されたCD4またはCD8の一方の分子だけが残って、もう片方のCD分子は消えてしまうのである。選ばれたT細胞が胸腺から末梢のリンパ組織に出てゆく際には、CD4を持つヘルパーT細胞と、CD8を持ったキラーT細胞という二種類の細胞だけになる。CD4 T細胞対CD8 T細胞の比は、おおよそ二対一の割合である。

「自己」を破壊することなく、しかもあらゆる「非自己」と反応できる一連のT細胞は、こうして「胸腺」という密室内で生み出される。胸腺は、多くのT細胞が生まれる誕生の場であるが、その大部分が死ぬ墓場でもある。「自己」の体制は、このようにして作り出されるのである。

免疫寛容はどこで作られるのか

「自己」と「非自己」の識別、そして「非自己」に対応する反応性の獲得は、すべて胸腺という密室の中で行なわれていることがわかった。自己と反応する細胞の排除、つまり「自己」に対する寛容は、基本的には胸腺の中で作り出されることになる。だからこの時、「非自己」の成分が胸腺内に存在すれば、T細胞はその成分まで「自己」と認識し、寛容になってしまう。生まれた時に抗原を注射しておくと、それに対して寛容になってしまうのはそのためであろう。胸腺内で作り出される寛容を、「中枢性の寛容」と言う。

しかし最近になって、「自己」と「非自己」の識別が、必ずしも胸腺内でのT細胞の選択だけによるものではないこともわかってきた。「自己」と反応する細胞の一部は胸腺内から抜け出すことがある。そういう細胞は、また別のやり方で寛容になっているのである（末梢性寛容）。

老化と胸腺

このような重要な役割を持っている胸腺も、加齢とともに急速に小さくなってゆく。すでに四十代になると胸腺の大部分が脂肪化してしまい、実質的な細胞の量は十代のころの一〇分の一ていどになってしまう。七十歳を超えるころには、重さもせいぜい一グラムほどで、細胞の実質は痕跡ていどになってしまう。加齢によって、さまざまな臓器に変化が起こるが、胸腺ほど明確な下降線をたどる臓器はない。

胸腺の退縮は、免疫系に深刻な影響を与える。老化した動物では、さまざまな免疫応答性が低下していることが知られている。人間でも、老人はウイルスや細菌感染に対する抵抗性が低下する。あとで述べる自然免疫の低下も大きな役割を占めるが、そのほかにも、胸腺が新しい細胞を供給することができなくなったことも関与している。また、胸腺から送り出されて末梢で分裂増殖しているT細胞自身の機能が低下したり、CD4、CD8 T細胞の比率が変化して、免疫調節能力にアンバランスが生ずることも重要な要素となる。

胸腺がどうして退縮するかという点に関しては、まだ解明が進んでいない。胸腺はさまざまなホルモン（胸腺ホルモン）を作り出す内分泌臓器でもあるが、同時に、胸腺自身も甲状腺ホルモンやステロイドホルモンなどの影響を強く受けている。ストレスで胸腺が小さくなることはよく知られているが、これは、ストレスによって副腎皮質《ふくじんひしつ》ホルモン（ステロイド）の分泌が高まり、その作用によるとされている。胸腺の退縮を含む免疫系の老化の研究は、これからの重要課題の一つであろう。

多様性の起源

抗原とは何か

「非自己」というのは、自分以外のあらゆるものを含むわけだから、「非自己」は無限に存在するといって差し支えない。しかし外界のすべてが、「非自己」として免疫系に認識されるわけではない。免疫反応を起こすことができる「非自己」の物質は、一般には高分子のタンパク質や多糖類などである。免疫系を刺激し、免疫反応を起こす能力のあるものを「抗原」と総称している。

しかし、低分子の単純な化合物も、タンパク質などに結合すると、しばしば抗原として働くようになる。高分子に結合することによって初めて抗原として働くような物質を、ハプテン（hapten）と呼んでいる。「くっついたもの」という意味である。ハプテンをくっつけて、抗原として認識させるような高分子部分を担体（キャリアー、carrier）と呼ぶ。ペニシリンなどの薬品が、一部の人に対して抗原となって、激しいショックを起こしたりするのは、ペニシリンがハプテンとなって人間のタンパク質に結合し、「非自己」と認識されるからである。化粧品や洗剤などに含まれる化学物質も、人間の皮膚のタンパク質と結びついて、アレルギーの原因となる。

免疫グロブリン(Ig)の異物を見分ける力

互いによく似た構造を持つ単純な化合物をハプテンとして、生体に免疫反応を起こさせてみると、免疫系がどれほど精細に異物を認識しているかがわかる。ABO式血液型を発見してノーベル賞を受けたランドシュタイナー(K. Landsteiner)という人は、抗体が非常に鋭敏に化学物質の構造の差を見分けることを、ハプテンを使って証明した。例えばベンゼン核にニトロ基が、二ついたジニトロフェノールと三ついたピクリン酸の違いさえ、抗体は見分ける能力を持っている。

このような識別能力を持つ、免疫系を特徴づける第一の分子が抗体である。抗体の構造が明らかにされたのは、一九六〇年代初めのことである。それまで抗体は、抗原と特異的に結合する力を持ったタンパク質というていどにしかわかっていなかった。抗体の構造が明らかにされると、その認識能力を決める部位や、さまざまな生体反応を起こす構造が解明された。抗体として働くタンパク質を総称して、免疫グロブリン(Immunoglobulin, Ig)という名前で呼ぶようになった。

Igは四本のポリペプチド鎖からなる複合タンパク質で(図16)、Y字型の構造をしている。Yの先端の二カ所の部分に、抗原と結合する構造を持つ(Fab)。すなわち抗体は、抗原と反応する手を二本持っているのである。それに対して、細胞に結合したり、他の活性タンパク質と相互作用を行なう部分（Fc）は、Y字型の根元の部分である。図16はY字型の分子の基本構造を図式的に示したものである。抗原と結合するFab部分の先端の約半分は、対応する抗原と直接結合する構造なので、抗原の種類に応じてアミノ酸の配列が異なる。そのため、この部分をV領域（可変部）と呼んでいる。その中でも高頻度にアミノ酸の入れ換えが起こっている部分を、超可変部と呼ぶ。

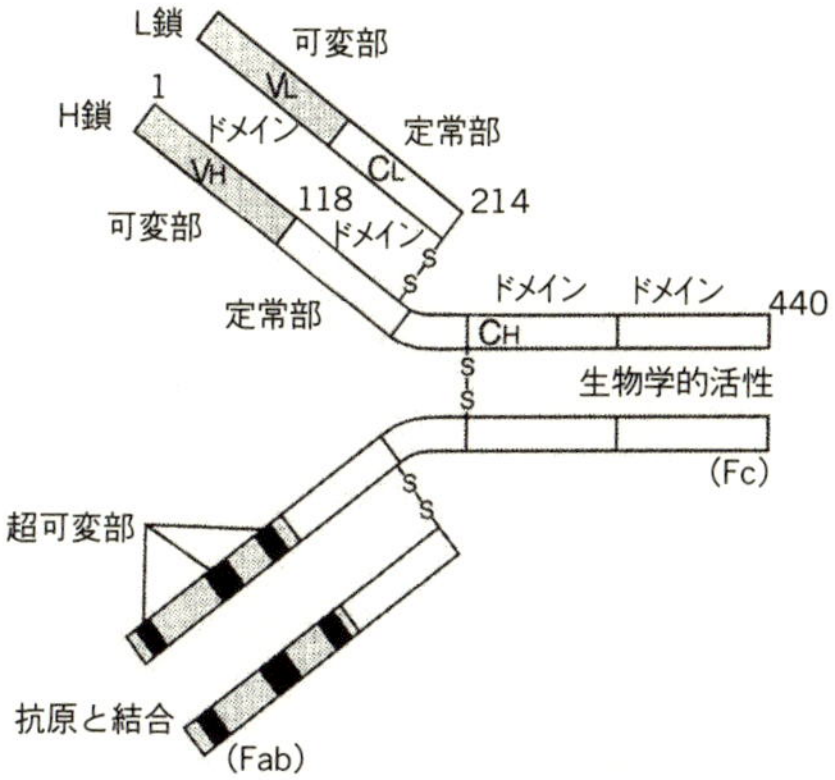

図16　抗体分子（免疫グロブリン）の基本構造

抗体分子は、2本のH鎖（重い鎖）と2本のL鎖（軽い鎖）からなる複合体である。それぞれのポリペプチド鎖は、アミノ酸が約110個ずつ連なったドメイン（領域）がつながった形で構成されている。L鎖の約半分、H鎖の約4分の1のドメインでは、アミノ酸の入れ換えが多く起こっているため可変部と呼ばれ、2つの鎖の可変部で構成される部分で抗原と結合する。他の部分は、それぞれのクラスのIgでは共通なので定常部と呼ばれる。抗原結合部と反対の端に位置するH鎖の、2つのドメインの部分が、それぞれのクラスのIgが持つ生物学的活性（炎症やアレルギーを起こしたり、補体を結合するなど）を決定している。この部分をFcと呼び、可変部を含む抗原結合性を持つ部分をFabと呼ぶ。電子顕微鏡による観察でも、抗体分子はY字型をしていることがわかっている。

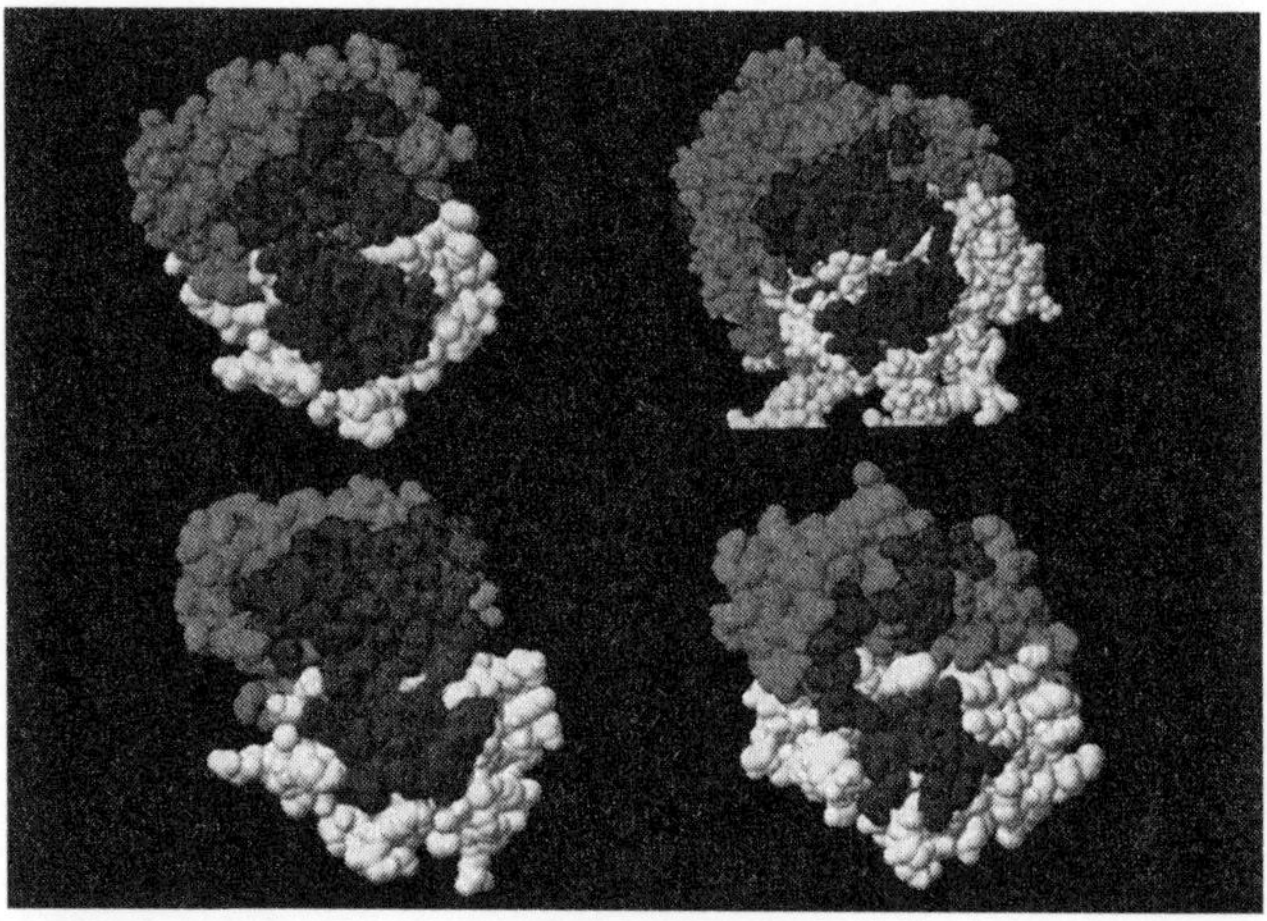

図 17　抗体分子可変部の CG

抗体分子の 2 つの鎖（H 鎖と L 鎖）の可変部で構成される部分（図 16 参照）は、抗原と結合する構造である。この部分が抗原という鍵に対して、それとぴったり合う鍵穴のような構造になっていることは、この部分のアミノ酸構成をもとにした CG を見ればわかる。この図は 4 つの特異性の異なる抗体分子の可変部の、抗原と結合する立体面を示したものである。それぞれの抗体が、かなり違った鍵穴構造を持っていることがわかる。この図の濃度の異なっている部分は、あとで述べる V、D、J 遺伝子で決定されているペプチドの領域である（図 20 参照）。

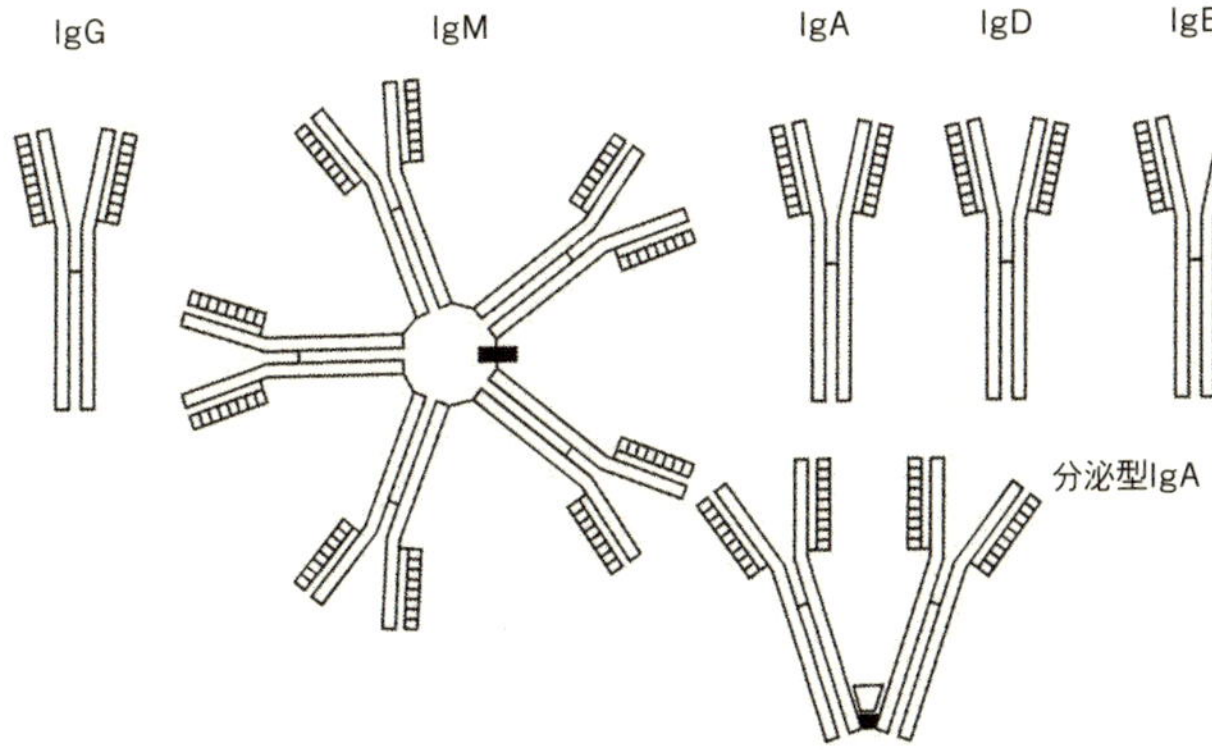

図 18　ヒト免疫グロブリンのクラス

抗体分子群を総称して免疫グロブリン（Ig）と呼ぶ。Ig には 5 種類あって、それぞれが異なった働きを持っている。例えば IgE はアレルギーを起こすし、IgA は 2 量体の形で外分泌液中に含まれ、粘膜の防衛に重要な働きを持つ。IgG は感染防御や炎症の主役である。IgM は 5 量体の形で血液中を流れ、初期の感染防御に役立っている。こうした異なった働き（生物学的活性）は、H 鎖の Fc 部分の構造で決定されている。L 鎖は共通である。

言うまでもなく、抗体の特異性を決めているのは可変部の構造である。図17にはこのV領域の立体構造をCGで示した。一方、V領域以外の抗体の部分は、そのクラスに属するすべての抗体分子で常に共通なので、C領域（定常部）と呼んでいる。

免疫グロブリンの仲間たち

抗体には、分子構造が異なった五種類の仲間があることがわかっている。それらをクラスと呼ぶ。それぞれのクラスは異なった働きを持つ。もともとB細胞の表面にあって抗原を認識する受容体として働くのはIgMであるが、それが分泌されて血清中を流れる時は、五分子が会合した形になっている（図18）。

血清中に最も多く含まれるのはIgGクラ

スで、感染防御や炎症などに関与している。IgGは、さらによく似通った四種類のサブクラスから構成されている。サブクラスというのは、分子量や基本的な構造は同じだが、わずかにC領域のアミノ酸組成に差があり、生物学的働きもわずかに違う。恐らくは、IgGの遺伝子が重複し、突然変異が起こったことによって生まれたものであろう。

胃や腸などの外分泌液中に主として含まれ、消化管や気道の感染防御にかかわっているIgは、IgA抗体である。これは、通常二分子ずつが会合した形で分泌されている。アレルギー性反応を起こす抗体は、IgEクラスの抗体である。

それぞれのクラスの抗体の生物学的性質を決めているのが、H鎖のC領域である。抗体分子は多様な抗原と結合するためのV領域と、抗体の生物学的活性を決定しているC領域からなる複合分子として作り出されていることは前に述べた。それぞれのクラスは異なるH鎖を持ち、したがって異なった生物学的働きを持っているわけである。

TCR（T細胞抗原受容体）とは何か

多様な抗原を認識するための免疫系の第二の分子が、T細胞抗原受容体（TCR）である。B細胞が異物を認識するために、免疫グロブリン（Ig）を受容体として使っていることは、すでに述べた。T細胞には、Igは見つからない。T細胞が抗原を認識する際には、このT細胞抗原受容体（TCR）を使っている。TCRの構造は、一九八三年になって初めて明らかにされた。

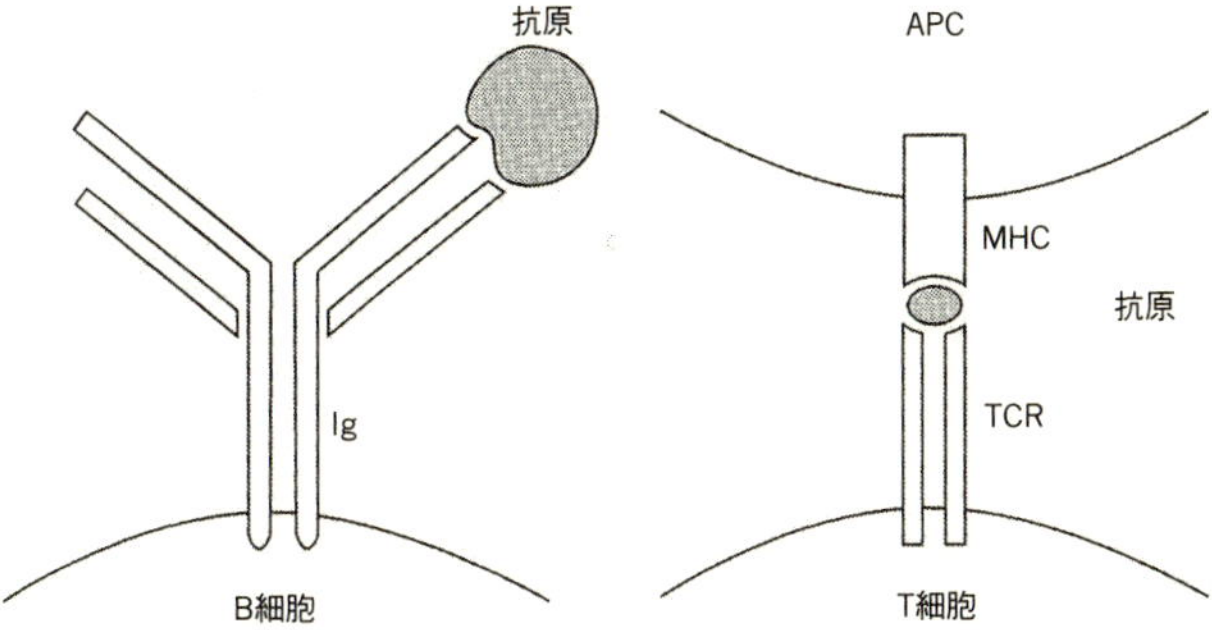

図19　抗体（Ig）とTCRによる抗原認識の違い

免疫系の持つ2つの重要な認識分子が、IgとTCRである。いずれも厳密な特異性を持つが、この2つの抗原認識のしかたは異なる。Igは血流中にあってもB細胞表面の受容体としても、直接に抗原分子に結合することで異物を見分けるが、TCRのほうは、APC上のMHC分子で提示された抗原の断片のみを認識する。TCRは抗原と直接に反応することはない。

TCRには、α鎖とβ鎖からなるTCRと、γ鎖とδ鎖からなるTCRの二種類がある。必要に応じてαβTCR、あるいはγδTCRと呼ばれる。いずれもT細胞表面にあって、抗体のように血液中に分泌されて流れることはない。

ここでは、大多数のT細胞が持っているαβTCRについて概説する。TCRは抗体と同じようなV領域とC領域からなっている。分子量も55,000ていどで、抗体分子のFabの形によく似ている（七六ページ、図14参照）。しかしTCRは、抗体と違って抗原と直接結合する能力を持っていない。

TCRは、本書「組織適合抗原と免疫」で説明したように、抗原そのものではなく、抗原の断片がMHC分子に結合して提示されたものだけを認識する。体内に入った異物は、まず抗原提示細胞（APC）の中で消化される。抗原の断片は、

ＡＰＣ内で合成されたＭＨＣクラスⅡ分子の裂け目の中に入り込んで細胞の表面に提示される。一方、細胞内でウイルスなどの寄生生物が新たに作り出したタンパク質の断片は、ＭＨＣクラスⅠ分子の裂け目の中に入り込んで細胞表面に提示される。ＴＣＲは、こうして細胞表面に現われたＭＨＣと抗原の複合体を認識するのである。図19にはＢ細胞上のIgとＴ細胞上のＴＣＲが抗原を認識する際の差異を示した。Ｂ細胞は抗原に直接結合して認識するが、Ｔ細胞のほうは、ＭＨＣの中に入り込んだ抗原しか認識できない。ちょうどバーコードの読み取り機が、何にでも反応するのではなくて、バーコードの変化だけしか読み取らないように、ＴＣＲは、ＭＨＣとそこに入り込んだ異物しか認識できないのである。

多様性はどのようにして作り出されるか

抗体もＴＣＲも、自己以外のあらゆる非自己を識別しなければならないわけだから、著しい多様性を持っている。この多様性こそ、免疫系を特徴づけるものである。

人間の遺伝子の中で、タンパク質を直接コードできるものは一〇万個以下だと言われている。それに対して、免疫系によって異物として個々に識別されるような抗原の数は億単位以上と考えられているから、それぞれに対応する抗体タンパク質も、億単位以上も存在しなければならない。限られた数の遺伝子で、どのようにして何千倍もの多様な認識構造を作り出すことができるのか。まるで神の技《わざ》のように、多様なものを次々に作り出す能力（generation of diversity, GOD）が、どこから来ているのか、これが免疫学の最大の謎であった。

その問題をみごとに解明したのが、利根川進である。

利根川は、抗体を合成しているB細胞の中で、遺伝子が動いていることを発見した。従来の分子生物学では、一つの遺伝子は一つのタンパク質をコードすると考えられていた（セントラル・ドグマ）。そういう遺伝子は、ゲノムの中の一定の位置にあって、生涯不変であると考えられていた。そのドグマを、利根川は覆したのである。

利根川博士は何を発見したのか

彼の発見はおよそ次のようなものである。

胚細胞や、肝臓、脳など、通常の臓器にある細胞の染色体では、離れて存在していたDNAの一部が、抗体を合成しているB細胞では近づいていることを、分子生物学の手法で証明したのである。その動いていた遺伝子こそ、他でもない抗体タンパク質の構造を決定する遺伝子だった。

利根川は、まず最も単純なIgのL鎖について、初め離れていたV領域を決定する遺伝子とC領域を決定する遺伝子が、B細胞の中でつながって存在していることを証明した。つまりL鎖は、離れていた二種類の遺伝子がつながり合って作り出されたのである。

この発見がきっかけとなって、抗体やTCRの持つ多様性がどのようにして作られるかが次々に明らかにされていった。免疫系は、他の臓器システムとは違うやり方で抗体やTCRの多様性を作り出していたのである。

Igの H 鎖遺伝子で、どのようなことが起こっているのかを概観してみよう（図20）。H 鎖を作るための遺伝子は、ヒトでは第一四染色体の上に直列に並んでいる。左のほうからみると、V 遺伝子が数百、やや離れて小さな D 遺伝子が、二〇個ていど並んでいる。その右方には四つの J 遺伝子があり、さらにその下流に、C 領域を決定している C 遺伝子群が並んでいる。B 細胞ではまず、D 遺伝子の一つと J 遺伝子の一つがつながる（DJ遺伝子のつなぎ換え）。さらにそれに V 遺伝子の一つがつながり（VDJのつなぎ換え）、それが C 遺伝子の一つといっしょに RNA に読み取られ、やがてタンパク質に翻訳されるのである。どのようにしてつなぎ換えが起こるのかというと、V、D、J、C それぞれの遺伝子の間にある DNA の鎖がループ状になって切り取られ、もともと離れていた遺伝子が隣接するのである。免疫細胞、ことに B 細胞は、このやり方で、胚細胞にはもともと存在しなかった完全な形での抗体遺伝子を、遺伝子断片のつなぎ換え（再構成）によって後天的に作り出すのである。どんな組み合わせの再構成が起こるかは、もともと決まってはいない。このため、いろいろな V 遺伝子と D、J 遺伝子がランダムに組み合わされるので、想像を絶するほどの多様性を持つ分子が生まれる。このやり方は、きわめて偶然性の高い現象である。

このようにして組み合わされた VDJC 遺伝子が、一本のメッセンジャー RNA として転写され、それがさらに処理されて一本の H 鎖に翻訳され、タンパク質として合成分泌されたのが Ig である。しかもこの際に、D 遺伝子と J 遺伝子の間のつなぎ換えの境目にはかなりの自由度があ

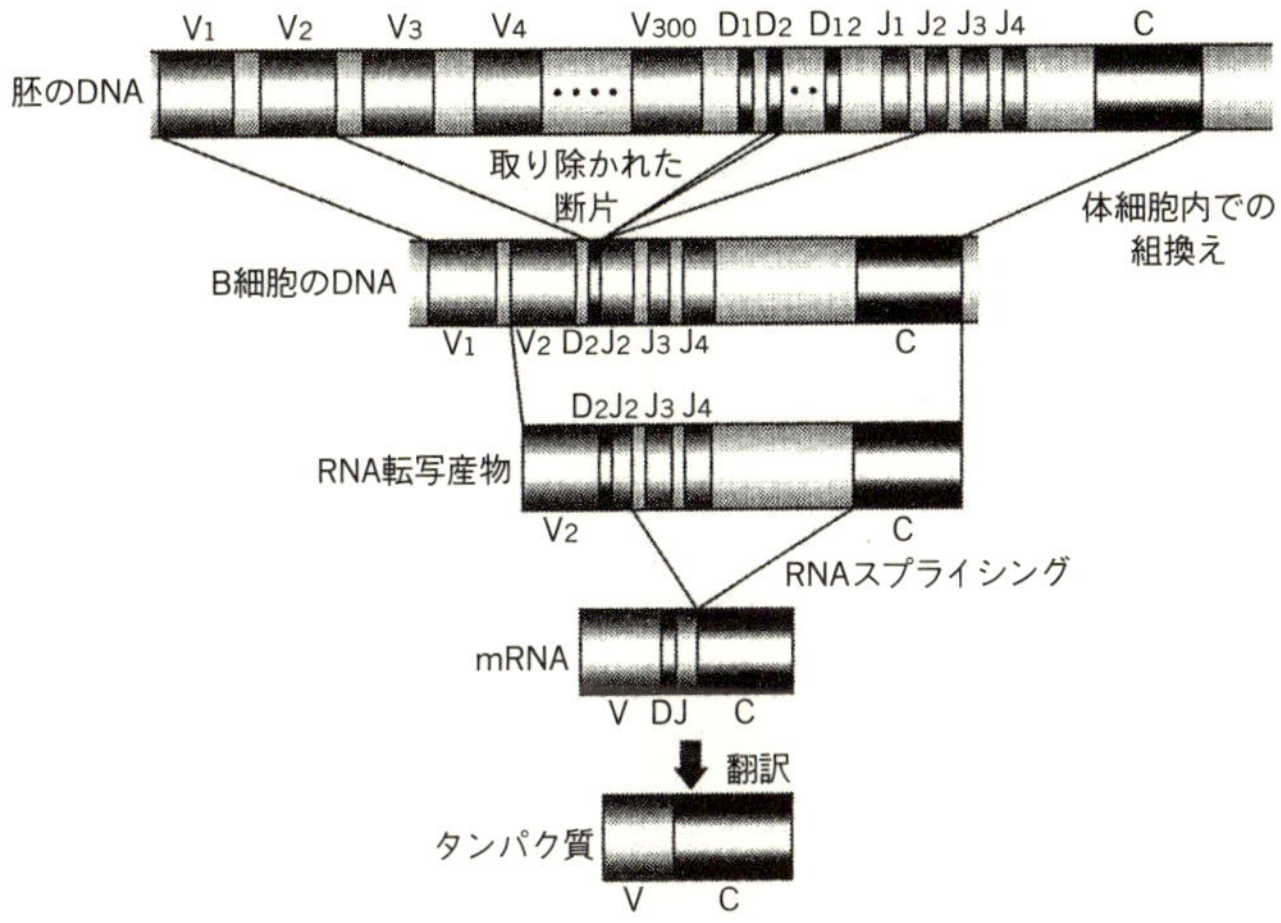

図 20　抗体遺伝子の組換え

それぞれの抗原に対応する可変部がどのようにして作られるかというと、複数の遺伝子のつなぎ換え（再構成）によっている。まず D 遺伝子と J 遺伝子のつなぎ換えが起こって、それがさらに V 遺伝子の一つとつながって、そこに C 遺伝子のどれかが近づいて、メッセンジャー RNA に転写される。さらにタンパク質に翻訳される際に RNA の一部が切り取られ、V、D、J、C 部分からなる 1 本のポリペプチドが作り出される。この図では H 鎖を例にしたが、同様なことは L 鎖でも、TCR α 鎖、β 鎖でも起こる。このやり方で、途方もない種類の抗体分子の多様性が作り出される。

り、同じD遺伝子を大きく利用したり、小さく利用したりすることによって、違ったアミノ酸情報を組み込んだV遺伝子ができあがる。このようなつなぎ換えの上で作り出される多様性は、すでにH鎖だけで数十万種類におよぶと言われている。

さらに、このつなぎ換えの起こった部分に、ヌクレオチド添加酵素（TDT）という酵素の働きで、もともとはゲノムの中に存在しなかったDNA配列（N配列）が一個ないし数個挿入される。挿入されるヌクレオチドの種類や数が違えば、さらに数百万倍の多様性を組み込むことができる。

多様性を数える

単純な計算式を書いてみよう。おびただしい多様性の作製が可能であることがよくわかる。

H鎖の多様性＝1,000（V遺伝子の数）×10（D遺伝子の数）×4（J遺伝子の数）
×2.5×10^{3}（N配列が入り込む可能性）＝10^{8}

同じようなことが、ややスケールは小さいがL鎖でも起こる。この両方の組み合わせで多様性が作り出されるわけだから、ごくラフな計算でも抗体は10^{12}もの多様性を持ち得るのである。もちろんB細胞の数そのものがそんなに多いわけではないので、実際にこのすべてが作り出され利用されているわけではない。しかし免疫系が、天文学的な数字の多様性を作り出すことができるシステムを持っていることはおわかりいただけると思う。

ＴＣＲのほうでも同じことが起こっている。ＴＣＲのα鎖およびβ鎖では、Ｖ遺伝子、Ｊ遺伝子などの数が異なるが、さらにＤ遺伝子のＤＮＡの読み方の枠組みを変えるという、通常は遺伝子の世界で禁止されているはずの例外的な冒険までして多様性を拡大し、想像を絶する多様な抗原認識部位を形成している。試算では10^{15}以上とされている。もう一つのＴＣＲのγおよびδ鎖でも同じである。γδTCRを持っているＴ細胞は、皮膚や消化管など、体の特定の部位に分布しているが、しばしば限局されたＶ領域を持ち、その働きはまだ正確にはわかっていない。しかしこちらは、10^{18}種類の多様性を持ち得ることが試算されている。これほどの多様性を認識できるのであれば、いかなる抗原が侵入したとしても、抗体とＴＣＲは対応できるはずである。

クラス・スイッチとは何か

さらにＢ細胞では、抗原と反応した細胞内でもう一つの重要な現象が起こる。それは、Ｂ細胞が抗原と反応して分裂をしてゆく過程で、Ｃ遺伝子を取り換えて、生物学的性質の異なるクラスの抗体を作るようになること（クラス・スイッチ）である。

Ｂ細胞は、もともとはIgM分子を細胞表面の受容体として持っている。最初の抗原刺激では、たんに同じIgM分子を五量体の形で合成し分泌するだけだが、刺激後、日時を経るとともにIgのクラスが変化する。ことにＴ細胞から与えられるサイトカインの指令によって、IgG、IgA、IgE

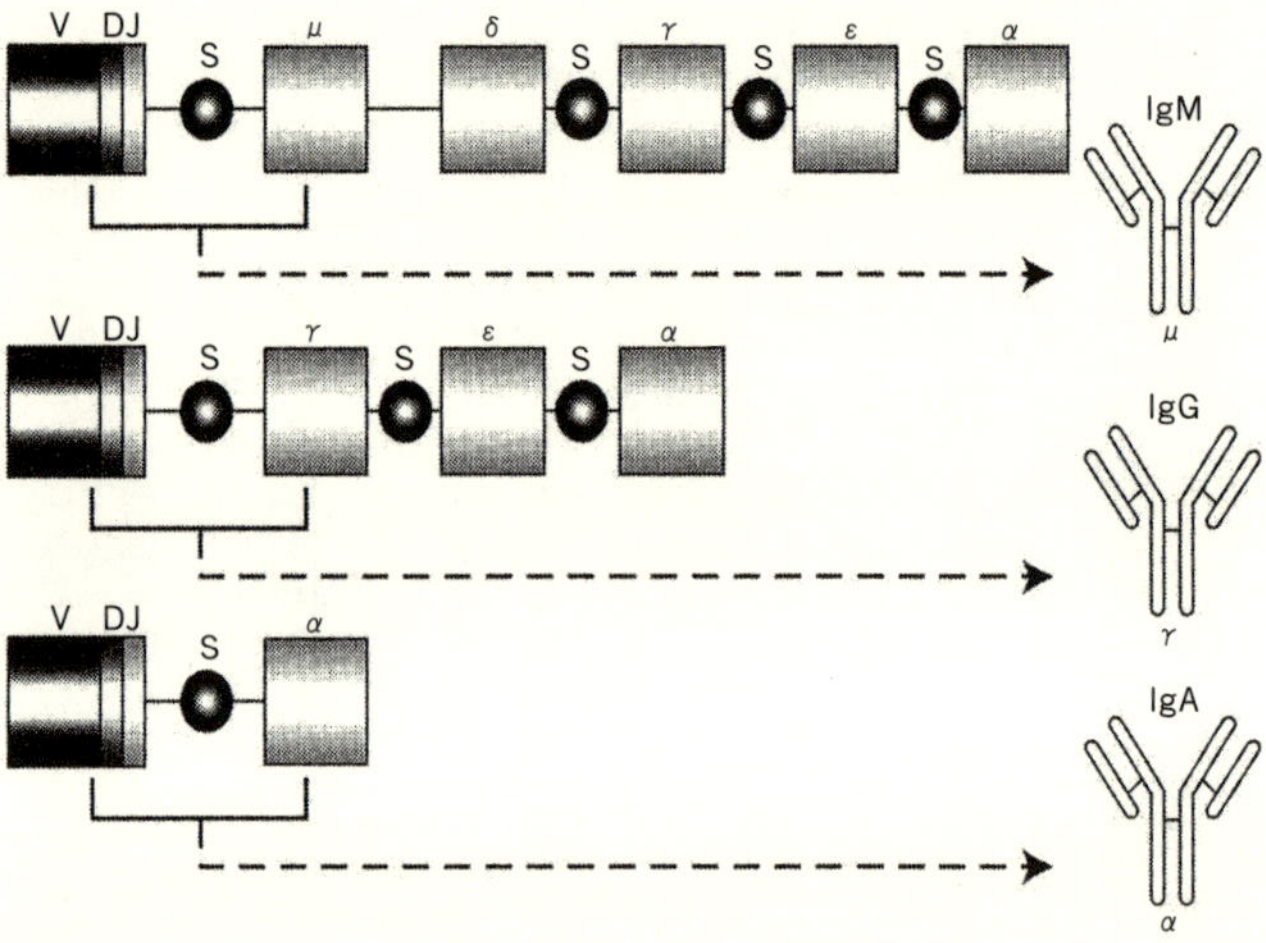

図 21　免疫グロブリンのクラス・スイッチ

Ig には 5 つのクラスがあるが、それは H 鎖の C 領域によって決定される。免疫応答の際に、抗体は一つのクラスの Ig から他のクラスの Ig へと転換してゆくが、その仕組みは、遺伝子のレベルで新たな V-C 間のつなぎ換えが起こるためである。例えば IgM から IgG への転換は、同じ VDJ 遺伝子が、μではなくてγ遺伝子とつなぎ換えられ、間にあったμとδの遺伝子が切り取られてなくなってしまうからである。IgA の場合は、間にあったμ、δ、γ、εなどの遺伝子がすべて切り取られる。このつなぎ換えがうまくゆくように、S 領域という特別な DNA の配列が配置されている。

などの異なったクラスの抗体を分泌する細胞に変化してゆく。これがB細胞のクラス・スイッチと呼ばれる現象である。それはIg遺伝子の再度のつなぎ換えによって起こる。

特異性を決定しているVDJ遺伝子というユニットが、初めはIgMを作るCμ遺伝子の近くにつなぎ換えられていたのが、IgGを作るためにCγ遺伝子の近くに移動する（図21）。このときCμ遺伝子はループを作って切り捨てられる。同様なことがCε遺伝子で起これば、抗体はIgEクラスにスイッチされる。これが強く起こるとアレルギーになるというわけである。

さらにB細胞は、抗原と反応して分裂増殖してゆく途中で、抗体のV遺伝子の一部に高頻度の突然変異を起こして、抗原との結合力を変えてゆくことが知られている。これが「抗体の成熟」と呼ばれる現象である。どんな突然変異が起こるかは予測できないが、V遺伝子の限られた部位にヌクレオチド一個ないし数個ていどの変異が起こって、それが蓄積されてゆくのである。

このような突然変異によって、抗体は抗原との反応性を失うこともあるが、そういう細胞は抗原の刺激を受けないので自然に消失してゆく。抗原との結合力が高まるような変異を起こしたB細胞は、抗原で刺激されやすくなるのでますます増殖し、中和効率のよい抗体を合成し続けるようになる。何度も抗原に暴露されることによって、こうした変異体が増え、抗原と結合する能力（親和性という）のより高い抗体が作り出されるようになる。免疫系はこうして、より有効に抗原と反応できる体制に、自分自身を変えてゆくのである。

自己免疫を避けるメカニズム

　このようにして、免疫系は他の細胞では通常禁止されているような乱暴なやり方まで使って、新たな多様性を次々に作り出していたのである。このやり方は、基本的にはランダムな遺伝子断片の組み合わせや突然変異の利用なのだから、全く予想のつかないタンパク質を作り出してしまう危険もある。免疫系はきわめて危険なシステムなのである。

　このやり方は、もともと先見性を欠いている。多様な「非自己」と反応する細胞群を、ランダムに作り出すという点では、きわめて効果的に多様なものを作り出すことができるが、誤って自己と反応するような受容体を作り出す危険も、常にはらんでいる。その危険をどのようにして排除しているのか。つまり、「非自己」と反応するTCRや抗体だけを残して、「自己」を破壊する受容体を持つ細胞をいかにして淘汰できるかというのが、免疫系のもうひとつの大問題であった。つまり、「自己」と「非自己」を、最終的に識別できる原理は何かということである。

　胸腺内で作り出されたT細胞のうち、自己反応性のT細胞を含む九五パーセント以上の細胞が、アポトーシスを起こして死んでしまうことは前に述べた。しかし、それでもこの選択をすり抜けて出てゆく細胞もある。

　B細胞のほうも、幹細胞から分化してゆく一定の段階で自己と反応すると、アポトーシスを起こして自殺してしまうことが知られている。しかしB細胞の場合は、もともと胸腺のような特別な教育機関があるわけではないので、しばしば自己反応性の細胞も生き残りやすい。自己反応性の細胞は、実際の反応の現場で、さまざまな戦略を使って自己破壊を回避しているのである。

例えば、末梢の現場で自己と反応してしまったB細胞やT細胞は、反応すると同時に強いシグナルが細胞内に作られ、アポトーシスを起こして死んでしまう。さらに、自己免疫を抑制するような細胞を利用したり、さらには抗原と反応することによって無反応性に陥る（アナジー）などの方法を使って、自己破壊を回避していることがわかってきた。そのメカニズムについては本書「自己免疫の恐怖」で述べる。

免疫系は多様性を作り出すために、通常では禁止されているような危険な方法を選んでしまった。そのため、逆にそれを統御する、きわめて複雑な調節機構まで発明しなければならなかったのである。

拒否の病理としてのアレルギー

アレルギーは国民病

いまアレルギーは、日本の国民病と言われている。人口の四五パーセントもの人が、何らかのアレルギーを持っているらしい。ことに三月ごろ飛散するスギ花粉に対しては、一五パーセントもの人が一挙にアレルギー症状を起こす。一定の時期にこれほど多数の人が労働を制限されるとすれば、国の生産活動にもかかわる一大事である。厚生省の統計でも、アレルギーは戦後急速に増加し、その種類も多くなっている。なぜ経済成長とともにアレルギーが増加したのか。この章ではアレルギーの免疫学的メカニズムを点検しながら、現代人の生活環境と病気について考えてみたいと思う。

アレルギーとは何か

アレルギーという言葉は、一九一〇年にピルケー（C. P. von Pirquet）というオーストリアの臨床医が提唱した概念である。十九世紀末にはさまざまな病原体が発見され、それに対して血清療法やワクチンの接種などが行なわれるようになった。ウマの抗毒素血清という、人間にとっては異物であるタンパク質を、治療の目的で注射された場合、注射から数日から数週間ののちに、血清病と呼ばれる異様な病気が現われる。ことに、ウマの血清を二度目に注射された場合には、強烈な全身反応とともに、ショック死に至ることなどが報告された。これが、アナフィラキシー・ショックと呼ばれる反応である。その他にも、予防のために使われたワクチンを再接種した場合には、二次免疫反応が起こって、局所にしばしば激しい炎症を起こす。つまり、免疫が成立すると同時に、ある種の生体反応の強さや質が変わることが気づかれたのである。

臨床医であったピルケーは、それを仔細に点検して、一度異物に曝されることによって何かが体内で変化し、二度目以降同じ抗原と接触すると、最初とは量的にも質的にも違った反応が現われると考えた。つまり二次免疫が起こる条件下では、生体の抗原に対する反応の仕方が変化していることに注目したのである。一般には、二度目の反応のほうが強く現われるので、そういう反応を臨床的には過敏症と呼んでいた。しかしピルケーは、過敏になる場合も、逆に反応が弱められたりする場合をも含めて、抗原に曝されたという経験によって、体内で何ものかが変化したことを重視したのである。反応能力が変化したという意味で、ピルケーはアレルギーという言葉を作った。これは、ギリシャ語の allos（変化する）と ergon（力）を合成した造語である。

ここで気づかれるように、ピルケーが考えたアレルギーは、病的な反応に限らず、一度何かを経験したあとで起こる、反応の量的および質的な変化を意味するものだった。こちらのほうが、むしろ免疫現象を表現するのに適した言葉だった。

しかし、臨床的には病的な側面のみが注目されたために、免疫反応に基づく生体にとっては不利益な生体反応のみを、アレルギーと呼ぶようになった。しかも、即時型過敏症と総称されている、気管支喘息《ぜんそく》、じんましん、花粉症などを主として指すようになった。こうした病気は一般に、異物（アレルゲン）との頻回の接触によって起こり、気道や皮膚、消化管など、場所こそ違え、共通性の高い症状を示すことから、アレルギーの典型として注目されたのである。

アトピーとは何か

一九二五年には、コカ（A. F. Coca）というアメリカの臨床医が、遺伝的な背景を持ったアレルギー性過敏症を、アトピーという名前で呼ぶことを提案した。アトピーは、a（否定的な接頭語）と topos（場）というギリシャ語を組み合わせて作ったもので、「場違いな反応」とでも呼ぶべきものであった。このアトピーを起こすような抗体（レアギン）が血清中に存在することが、プラウスニッツ（C. W. Prausnitz）とキュストナー（H. Küstner）という、二人のドイツの医師によって決定された。レアギンを検出するための皮膚反応は、この二人の医師が自分の血清と皮膚を使って発見したので、二人の頭文字をとってP-K反応と呼ばれるようになった。

IgE抗体の発見

アレルギーを起こす原因となる抗体（レアギン）が、通常の感染免疫に関与する抗体と同じかどうか、もしそうでないとすれば、どんな免疫グロブリンに属するのかが、長い間疑問になっていた。その問題に最終的な解決を与えたのは、日本人の石坂公成・照子夫妻である。

石坂らは、一人の花粉症の少年の血清から、さまざまな分画法を用いてアレルギーを起こす抗体（レアギン）を精製していった。あとでわかったことだが、血液中のレアギンの量は、血清一ミリリットル中には、一万分の一ミリグラムていどでしかなかった。通常の抗体であるIgGの一〇万分の一ほどしかなかったのである。

石坂は、あるていど精製したレアギンをウサギに注射し、人間のレアギンと反応するウサギの抗体を作った。この抗体のうちから、それまでに知られていた免疫グロブリンのクラス、IgG、IgA、IgM、IgDと反応するものを除き、あらゆる既知のIgクラスと反応する能力を失わせた。こうして吸収したあとに残ったウサギの抗体は、もう他のIgとは反応しないのに、患者の血清中のレアギンとは反応し、その働きを完全に吸収してしまうことがわかった。このようにして、アレルギーの原因となる第五番目の免疫グロブリン・クラス、IgEが発見されたのである。

IgEの特徴は、血清中にきわめて微量にしか存在しないこと、皮下や気管支粘膜下などの組織中に広く分布する肥満細胞や、血液中の白血球の一種、好塩基球の表面に結合していることなどである。IgEは、これらの細胞の表面で抗原と反応することによって、細胞内に含まれていたヒスタミンやセロトニンなどの化学伝達物質を放出させ、さらには、細胞内に新たにロイコトリエンやプロスタグランジンなど、平滑筋を長時間にわたって収縮させるような物質を合成分泌させる働きがあった。

その後、IgEを大量に作り続けている多発性骨髄腫が発見されて、IgEというタンパク質の構造や細胞との相互作用など、アレルギーを起こす機序が次々に明らかにされていった。肥満細胞や好塩基球の細胞膜には、IgEと強く結合する受容体が存在し、IgE分子はそのFc部分でこの受容体と結合する。細胞表面で抗原抗体反応が起こると、この受容体を介した信号が細胞内に伝わり、細胞内部には新たな代謝経路が生まれ、アレルギーを起こす物質が合成され、分泌されるのである（図22）。この分泌の過程を調節している細胞内の仕組みも明らかにされて、アレルギーの治療は、いよいよそこに介入するところまできている。

アレルギーの複雑さ

ところがその後、IgEが結合するのは肥満細胞や好塩基球だけではなく、好酸球、マクロファージ、多形核白血球など、他の血液系細胞もIgEと弱い親和性で結合することがわかった。肥満細胞で作られる物質も、単に平滑筋を収縮させたり分泌を亢進《こうしん》させるような伝達物質だけではなく、

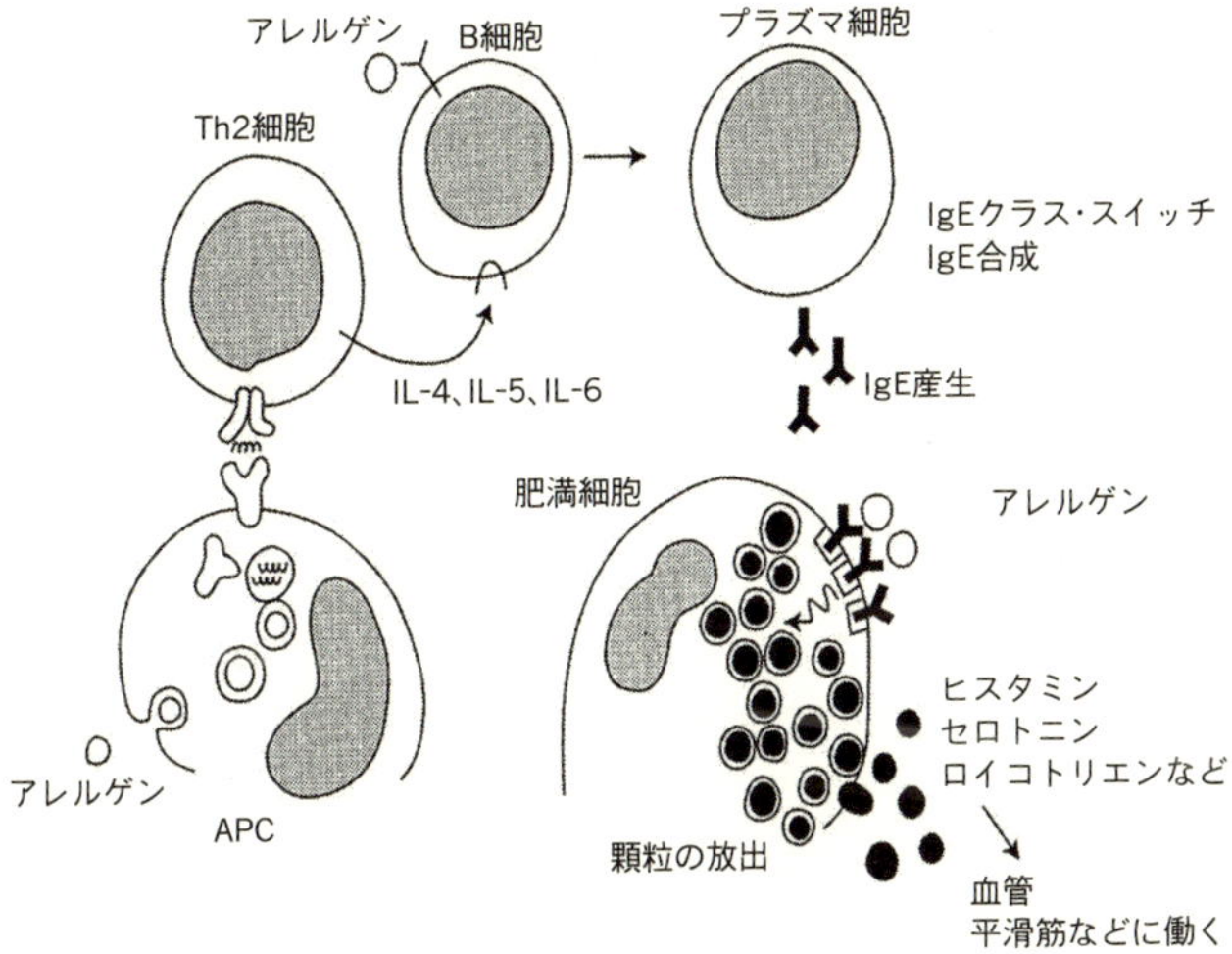

図 22　アレルギーの発症機序

アレルギーが起こるためには、IgE 抗体が作り出されなければならない。吸入などで侵入したアレルゲンは、まず APC に取りこまれ消化されて小さなペプチド断片となり、MHC クラスⅡ分子に結合して T 細胞に提示される。その細胞が Th2 型の T 細胞であったならば、IL-4、IL-5、IL-6 などのサイトカインを放出し、同じアレルゲンで刺激された B 細胞に、IgE 抗体の合成を指令する。作られた IgE 抗体は、組織中の肥満細胞の受容体に結合し、そこでアレルゲンとの反応が起こると、ヒスタミン、ロイコトルエンなどの伝達物質が放出される。それらが皮膚、気管支、粘膜細胞などに働いてアレルギーが起こるのである。

IL-4やIL-5などのサイトカインも含まれていた。こうしたサイトカインは、免疫細胞に働きかけてIgE抗体をさらに作り出させる他にも、他の炎症性の細胞を反応の局所に呼び出し、それらの細胞にさらにさまざまの炎症性のサイトカインを作り出させることによって、きわめて複雑な局所の炎症を作り出してしまうことがわかった。つまりアレルギーは、当初考えられていたよりもずっと多様な細胞とその産物を巻き込んだ、複雑な炎症性反応であることがわかってきたのである。そこには、神経細胞が作り出す神経ペプチドなども含まれ、抗原だけでなく、ストレスや刺激物質などの環境因子などもからんで、たんなる抗原抗体反応以上のものであることが注意されるようになった。したがって、当初考えられたように、IgEの産生を抑えたり、肥満細胞からの化学物質の分泌を抑制するだけではアレルギーは解決できないことがわかった。

さらに、IgE以外の抗体（IgG4など）や物理的刺激なども、別な経路で似たような性質の炎症性物質を遊離させ、アレルギー症状を引き起こすことがわかってきた。アレルギーは、ますます複雑で治療困難な病気として姿を現わしたのである。

アレルギーの悪循環

そうは言っても、免疫学的機序によって起こるアレルギーは、まずIgE抗体が作り出されるかどうかにかかっている。抗原の刺激があると、ヘルパーT細胞はIL-4、IL-5、IL-6などのB細胞に働くサイトカインを作り出す。その指令下でB細胞が抗体合成のための分化をし、IgEへのクラス・スイッチを起こすことによって、初めてIgE抗体が作り出されることはすでに述べた（九五ページ参照）。IgEへのクラス・スイッチには、IL-4というサイトカインが必須であることもわかっている。

すでに本書『免疫の内部世界』で述べたように、IL-4は、ヘルパーT細胞のうちTh2型の細胞だけが作り出す。逆にTh1が作り出すガンマ・インターフェロンは、Th2の分化を抑制することがわかっている。細菌感染などが起こると、主としてTh1型のT細胞が活性化されるが、Th2型のT細胞は、比較的無害なタンパク質抗原などに頻回に曝された場合に多く作り出される。

T細胞が花粉などの抗原で最初に刺激されるとき、その現場にIL-4が存在すると、Th2型のT細胞に変化してしまうことがわかってきた。つまりIL-4は、Th2を作るための一つの条件なのである。こうして生まれたTh2は、さらにIL-4やIL-10を作り出す。IL-10というサイトカインは、Th1の分化を抑える働きがある。だから一度Th2ができてしまうと、その後の反応はTh2型に傾き、Th1は抑えられる。そのため一種の悪循環が起こることになる（図23）。

最初にTh2を作り出させるような刺激が、どのようにして作り出されるのか。その鍵を握るかもしれないNKT細胞という新種の細胞も見つけられ、またアレルギーを起こす遺伝的な背景に関しても研究が進められているが、まだ解決の糸口はない。

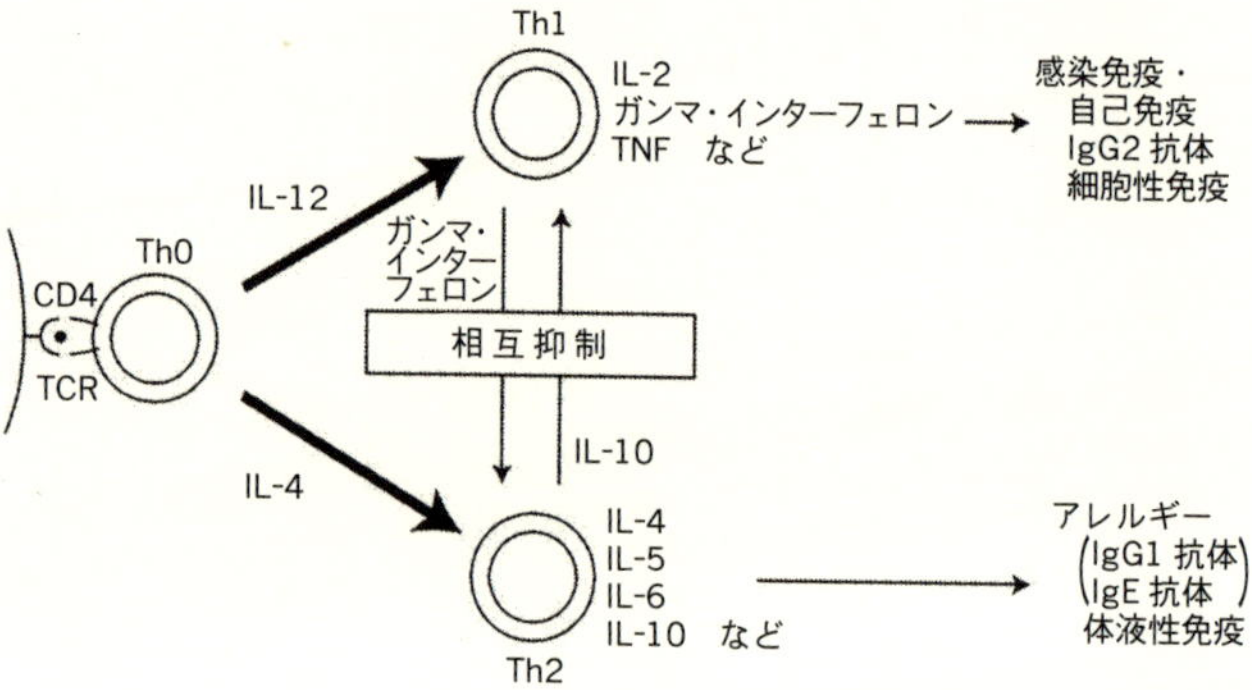

図 23　Th1、Th2 細胞とその相互作用

抗体合成を助けるヘルパー T 細胞は 2 種類ある。Th1、Th2 細胞と呼ばれる。Th1 は IL-2、ガンマ・インターフェロンなどのサイトカインを作り、感染防御や炎症性反応などに参加する。一方 Th2 は IL-4、IL-5、IL-6、IL-10 などを作り、IgE を含む抗体合成、クラス・スイッチなどに関与する。Th1 の作るガンマ・インターフェロンは Th2 の働きを抑え、逆に Th2 が作る IL-10 は Th1 を抑制する。また IL-4 の存在下では Th2 が優位に刺激され、IL-12 は Th1 が分化するのに必要なサイトカインである。アレルゲンが入ってきた時、IL-4 があると Th2 が優位となるためアレルギーを起こしやすくなる。Th2 が優位になると、それが作り出す IL-4 によってさらに Th2 の働きが強くなり、逆に IL-10 によって Th1 が抑えられるという悪循環に陥る。慢性のアレルギー疾患では、これが起こっているのではないかとされている。アレルギー治療の可能性は、この悪循環を断ち切ることにある。

アレルギーはなぜ増えたか

戦後日本では、上下水道が整備され、環境が清潔になり、それまで問題となっていた感染症が急速に姿を消した。環境が急激に無菌化したのである。また植生を無視した杉の植林がさかんに行なわれた。その杉は、青年期に達して大量の花粉をまき散らす。また住宅が洋式化され、湿潤な風土なのに部屋が密閉され、カーペットを敷いた洋風の住居様式が広がった。そこには、アレルゲン（アレルギーの原因となる抗原物質）を含むダニやカビが発生する。

異物が侵入する入り口である口腔や上気道には、細菌感染に対抗するためのリンパ組織が広く分布している。扁桃腺《へんとうせん》やアデノイドは、細菌感染に対応するために発達したリンパ組織である。もともとここでは、細菌に対する免疫反応が常に起こって、Th1型のT細胞が作り出される場だったはずなのだが、戦後感染の機会が急速に減少したため、Th1型のT細胞が刺激される機会が激減した。そこへ、タンパク質抗原である花粉やダニの成分などが繰り返し侵入してT細胞を刺激すれば、Th1型ではなく、Th2型のT細胞が優位になるはずである。排気ガスなどの環境汚染による慢性の気道の刺激で、肥満細胞などもこの部分に増加している。肥満細胞はIL-4を放出するので、その影響下でT細胞はますますTh2型に偏ってゆくと考えられる。一度このような条件が成立してしまうと、Th2型のヘルパーT細胞に依存したB細胞の反応、すなわちIgEの産生が高まるのは当然である。

栄養状態がよくなって細菌感染が減ったことも、この傾向を助長するだろう。自動車の排気ガスを含む大気汚染によって、粘膜からのアレルゲンの吸収や、肥満細胞への刺激が高まったという考えもある。戦後植えられた杉は、いまちょうど青年期に達して、ばく大な量の花粉をばらまいている。こうしたさまざまな要因が複合して、いまアレルギー性疾患が日本で増加しているものと考えられる。

自己免疫の恐怖

システムの反乱

あらゆる高次のシステムにとって、最も恐れられていることは、システム内部でシステム自体を破壊するような要素が働き出すことである。もともとシステムというのは、多様な要素が共同して有機的に機能している要素の集合体だから、その原理そのものを破壊するような働きが現われた場合には、システムは必然的に崩壊せざるを得ない。

例えばコンピューターに、プログラム自体を破壊するプログラムが組み込まれ、それが働き出した場合には、働けば働くほど内蔵されたプログラムは破壊されて、コンピューターの機能が崩壊してゆくはずだ。近ごろ問題になっているコンピューター・ウイルスなどはその典型的な例であり、それに対抗するためのワクチンが考えられている。同じことは国家、民族、都市、会社など、人間の作り出す複雑な共同体や組織体でも起こり得る。それが、民族紛争や宗教問題として現われる。

免疫は、「非自己」の侵入を排除して、「自己」を守るという基本原理で働いている複雑なシステムである。このシステムが、もし「非自己」と「自己」の識別を誤って、「自己」を排除するようになったら、自己を否定する恐るべき事態が生じる。

「自己」と「非自己」は、もともと先天的に決まっているのではなく、T細胞が胸腺という環境の中で発達してゆく間に、周囲の自己の成分、ことに自己MHCと反応しながら確立されてゆくことは、本書「免疫の内部世界」で述べた。「自己」を破壊する可能性のある細胞はこの段階で排除され、「非自己」と反応する能力のある細胞だけが選択されるわけである。

胸腺での負と正の選択は、単にT細胞上にランダムに現われたTCRが、自己MHCと強く反応するかどうか、あるいは全く反応する能力を欠いているかをテストしながら、相対的に決まったものである。そのため、T細胞の中には選択の目をかすめて流れ出た、自己反応性を持ったままの細胞も混じっている。

そうした自己反応性T細胞は、自己破壊をいつ開始するかもしれない、危険な細胞である。なんとかして彼らを抑えて、自己破壊を食い止めなければならない。そのために、免疫系はさまざまな戦略を用いて、微調整をしているのである。T細胞の活性化を左右するシグナル2を起こりにくくさせるとか、あるいは逆にそれを高めて、反応した細胞を自殺させるとか、抑制機序を働かせるなどである。

B細胞のほうも、骨髄内でB細胞が生まれ分化していく初期の段階で、周辺の自己成分と強く反応したものは、原則的にはアポトーシスによって死に絶えてしまう。そうでない細胞だけがリンパ組織に分布することによって、自己反応性が回避されているらしい。しかしB細胞には、胸腺のような厳格な教育機関がないので、T細胞よりもっと規準の甘い選択で放出されていると思われる。

ただ、B細胞が抗体を作り出すためには、必ずそれを助けるヘルパーT細胞が活性化されていなければならない。B細胞が自己に対して抗体を作るかどうかは、自己成分に反応するT細胞が、同時に近傍に存在するかどうかに依存している。自己反応性T細胞は、すでに述べたやり方で、基本的には胸腺内で除去されており、さらに末梢でも微調整的に除外されているわけだから、たとえB細胞が自己と反応するIg受容体を持っていたとしても、一般には自己抗体は作られない。

自己免疫疾患とは

一九四〇年代には、自己成分と反応するさまざまな抗体（自己抗体）が、血液中を高頻度で流れていることが報告された。その中に、強い組織障害を起こし、病気の原因となるものもあることが注目されるようになった。病《やまい》から免れるための免疫が、病を起こしていたのである。

免疫系が抗体やリンパ球を介して、「自己」を破壊するために起こる病変を、「自己免疫疾患」と呼んでいる。これまで数多くの自己免疫疾患が発見されている（表2）。

表2　代表的な自己免疫疾患

臓器特異的自己免疫疾患　病変の場	全身性自己免疫疾患、病変の場
バセドー（グレーヴス）病…甲状腺	SLE…………………結合組織、血管、
橋本甲状腺炎…………………甲状腺	（全身性エリテマトーデス）漿膜、皮膚、
インシュリン依存性糖尿病…膵臓（ランゲルハンス島）	白血球、脳など
アジソン病……………………副腎	慢性関節リウマチ……関節、結合組織、
悪性貧血………………………胃（内因子産生細胞）	血管など
潰瘍性大腸炎…………………大腸	シェーグレン病………唾液腺、涙腺、
ぶどう膜炎……………………眼	結合組織など
多発性硬化症…………………脳	ベーチェット病………眼、舌、
重症筋無力症…………………筋（アセチルコリン受容体）	結合組織など
天疱瘡…………………………皮膚	
強直性脊椎炎…………………脊椎関節	
自己免疫性溶血性貧血………赤血球	
男子不妊症……………………精巣（精子）	
グッドパスチュア病…………腎臓、肺（基底膜）	

自己免疫疾患は大ざっぱに、二つのタイプに分けられる。一つは、一定の臓器、例えば甲状腺、腎臓、胃などの臓器に限局して病気を起こす、臓器特異的自己免疫疾患で、もう一群は全身の血管、結合組織、関節、漿膜《しょうまく》など、体中のさまざまな組織に炎症が広がる、全身性自己免疫疾患である。

臓器に限局した自己免疫

臓器特異的自己免疫疾患では、甲状腺に障害を起こすバセドー病や橋本甲状腺炎のように、内分泌臓器の細胞や組織と反応する抗体や細胞で起こるものがよく知られている。インシュリンを分泌する膵臓《すいぞう》のランゲルハンス島のβ細胞が破壊されて起こる若年性糖尿病や、副腎皮質の破壊で起こるアジソン病なども、その仲間である。

自己免疫性溶血性貧血や、突発性血小板減少症のように、血液成分に対する抗体で起こる自己免疫性の血液疾患、脱髄性脳炎や多発性硬化症のような、脳神経組織を破壊するT細胞で引き起こされる神経系の病気などがある。

さらに、神経細胞のシナプスや、神経・筋接合部で、アセチルコリンなどの神経刺激伝達物質を受け取る受容体に対する自己抗体が結合して、神経系の情報伝達が行なわれなくなるため、筋肉が無力化したり萎縮する重症筋無力症や、同じように、インシュリンに対する受容体が抗体でブロックされて起こる糖尿病などもある。

その他にも、皮膚の細胞や胃の粘膜細胞に対する自己免疫疾患、睾丸《こうがん》の造精細胞などに対する抗体で起こる無精子症など、人体のほとんどあらゆる臓器組織で自己免疫疾患が起こり得ることが知られている。

全身に広がる自己免疫疾患

一方、全身性自己免疫疾患は、体中に張り巡らされた結合組織や血管などの細胞、さらには、細胞が作り出した線維成分や基質のタンパク質、多糖類などに対する抗体が作り出されることによって起こる。抗体は、直接細胞に結合して障害するだけではなく、破壊された細胞から流れ出た抗原物質と抗原抗体結合物を作って、血管、腎臓、皮膚、関節などの組織に沈着し、さらにそこに血液由来の炎症性の補体成分などが結合することによって、全身に広がる激しい炎症をもたらす。こういうタイプの炎症を、アレルギーの立場からはⅡ型、Ⅲ型のアレルギーとして分類している。

全身性自己免疫疾患には、全身性エリテマトーデス（SLE）、慢性関節リウマチ（RA）、シェーグレン病、ベーチェット病など、いまだに治療法の見つかっていない難病が含まれている。ことにSLEでは、生命の設計図であるDNAに対する自己抗体が大量に作り出される。抗体の標的となる細胞や核の成分は、体内にほぼ無尽蔵にあるわけだから、破壊が始まって自己抗原が作り出されると、それに対して次々に抗体が作り出されるという悪循環に陥る。作られた抗体は、細胞などが破壊されて流れ出た抗原と結合することによって、組織に沈着して障害を拡大してゆく。こうして病気は、無制限に広がってゆく。

全身性自己免疫疾患では、しばしば免疫細胞に対する抗体も見つかっている。免疫反応が、免疫系まで破壊してゆくのである。まさしくシステム自体がシステムを否定するような形で病気は進行してゆく。自己免疫疾患が難病中の難病として恐れられているのは、このためである。

自己免疫疾患はどうして起こるのか

自己免疫はなぜ起こるのだろうか。免疫系は、自己免疫が起こらないように、システム内部に幾重にも安全装置を備えているはずである。その安全装置が、なぜ働かなくなったのか。この問題は、自己に対する寛容がなぜ成立しているのかという問題の裏返しで、現代免疫学の最大の難問である。現在のところ、それに対する完全な答えはない。しかし、いくつかの可能性をあげてみよう。

「自己」の中の「非自己」——隔絶抗原

第一は、免疫系にとって自己と認識されにくい状態におかれていた自己成分が洩れ出た、という可能性である。免疫系の働きが完成するのは、生後間もなくのことである。この時期に、もし体内にその抗原が存在しなかったり、隔離されていたりすれば、発生途上の免疫系によって自己として認識されず、寛容が成立しなくなるはずである。ことに胸腺という臓器には、ある種のバリアがあって、血液中の成分はあまり入ってこない。

さらに内分泌臓器では、思春期以後になって初めて作り出すようなホルモンもある。未発達の内分泌臓器の細胞成分が、生後間もなくの時期の胸腺に流入する可能性は少ない。内分泌臓器は、免疫系の監視の目が届かないところで発達してゆくのである。

同じように脳神経系も、一般には脳血液関門と呼ばれるバリアで隔てられており、脳神経系の細胞や成分は、血液中を流れる免疫系細胞に接触するチャンスはない。リンパ球などの血液細胞は、脳神経系の実質の中に入り込むことはない。

すなわち、内分泌組織や脳神経組織は、免疫系から隔絶された位置に存在することになる。こうした臓器の成分は、一般に「隔絶抗原」と呼ばれ、免疫系にとっては、自己の体内にありながら「非自己」になってしまうのである。成長後に、たまたまそれが血流中に入り、免疫細胞に接触すると、「非自己」として認識されて自己免疫疾患が起こり得る。

その一例として、片方の目に外傷を受けたとき、しばしばもう一方の目にも炎症が波及する。交感性眼炎と呼ばれる。これは傷害されて流れ出た網膜の成分が免疫系を刺激して、正常なほうの目に対しても自己免疫反応を起こすからである。

免疫系の誤作動——交叉反応性

第二のメカニズムとして、「交叉《こうさ》反応性」ということが考えられている。ウイルスや細菌などの感染が起こると、当然それらは異物として認識され免疫反応が起こるが、たまたまその微生物の成分が自己成分とよく似た構造を持っていた場合には、作られた抗体や細胞が、自己成分にまで反応してしまう。ことに抗体が成熟し、抗原との結合力を高めてゆくプロセスの中では、自己成分と反応するような変異が起こる場合も考えられる。その場合は、強い自己破壊を起こすような抗体が作られてしまう。また、MHCに結合してTCRに認識されるウイルスタンパク質の断片などは、非常に小さなペプチドだから、それによく似た自己成分を見つけるのは難しくない。しばしば感染のあとに、自己免疫疾患が発症したり悪化したりするという事実からも、微生物の成分と自己抗原の交叉反応性は重要な要因となる。

免疫系の大混乱

第三に、細菌の毒素成分などには、免疫細胞一般に対する強い刺激能力を持つ成分が含まれている。そうした成分の中には、抗原に対応するB細胞やT細胞のクローンだけではなく、自己反応性細胞を含む多くのクローンをいっせいに刺激してしまうものがある。たくさんのT細胞クローンを刺激してしまうものの中には、細菌の毒素など、「スーパー抗原」と呼ばれるものが含まれている。スーパー抗原は、一群のT細胞クローンを、非特異的に、強力に刺激してしまう。刺激された細胞は、大量のサイトカインを放出したり、逆にいっせいにアポトーシスで死んでしまったりする。

サイトカインが大量に放出された場合には、もともと抑えられていた自己反応性B細胞やT細胞が、抗原とは無関係に活性化され、ついで対応する自己成分と反応することによって、クローンを拡大してしまう。実際、激しい感染症や強い炎症が起こると、さまざまな刺激物質やサイトカインがリンパ球を刺激し、シグナル2を作り出すような細胞表面の接着分子などが過剰に現われて、通常では禁止されているはずの自己免疫反応が起動してしまうことがある。

抑制の解除

第四の可能性は、自己免疫反応を抑制するサプレッサーT細胞機能の消失である。サプレッサーT細胞に関しては、ヘルパーT細胞ほど確立した定義がないが、CD4型のものとCD8型のものとがあって、いずれもサイトカインを作って免疫反応を抑制する。近年この細胞が、移植の拒絶反応やがん免疫の抑制にも関与していることが明らかにされている。

自己免疫においても、サプレッサーT細胞が発症を抑制しているという、いくつもの研究報告がある。例えば、生後比較的初期に胸腺を摘出された動物では、自己免疫性の臓器炎が多発するが、正常動物のT細胞を補うことによって、こうした病気は抑制される。つまり、生後間もなく自己免疫を抑制するようなT細胞が胸腺内で作られているらしい。

その他、抗体を介した抑制機構や、自己反応性T細胞のアポトーシスによる排除など、自己免疫を抑制する複数のメカニズムが研究されている。しかし自己免疫疾患がどうして起こるかは、まだ単一の機序として説明されてはいない。

自己免疫疾患治療の可能性

自己免疫を考えることは、自己に対する寛容がどのようにして成立、維持されているかを考えることでもあり、これからの免疫学の最大の課題の一つである。ことに自己免疫疾患は、強い遺伝的な背景を持ち、MHC（HLA）のタイプを含め、いくつもの遺伝子が関与する複雑な遺伝的素因に支配されていることが知られている。

自己免疫の機序が解明されることによって、人工的にその機序に介入する治療法の開発が生まれることが期待されている。例えば、特定のMHCに結合して自己免疫疾患を起こすような自己成分のペプチドが同定されているが、そういう自己ペプチドを人工的に修飾して、自己免疫反応を抑えたり、T細胞を無反応性に導いたり、アポトーシスで除去したりするような治療法が考えられている。さらに、B細胞をアポトーシスに導いて殺してしまう方法や、細胞間の接着をブロックして細胞の活性化を抑える方法など、いずれも現在、研究途上にある。自己免疫を助長するサイトカインの産生や、その受容体をブロックするなど、新しい治療手段も開発されつつあり、一部はすでに臨床に応用されている。

現在、免疫系を構成している細胞や細胞成分の一つひとつが同定されているので、この中に自己免疫発症の引き金になるような因子が最終的に決定されれば、必然的にそれを除去するような方法が開発されるであろう。その中には遺伝子治療も含まれる。自己免疫疾患の本格的治療法は、比較的近い将来に開発されると思う。

あいまいな「自己」——移植、がん、妊娠、消化管

「自己」と「非自己」の境界

「自己」と「非自己」の境界は、どれくらい厳密なのだろうか。

これまで述べたように、免疫系における「自己」と「非自己」の区別能力は、きわめて厳格なように見えるが、時にはひどくあいまいでもある。禁止されていた自己反応性が現われてしまったり、明確に異物であるにもかかわらず寛容になったりする。その境界は初めから決まっているのではなくて、後天的にシステム自体が作り出したものである。その中心となるT細胞についていえば、胸腺という密室の中でT細胞が成熟してゆく間に、自己のさまざまな成分と偶然に出合うチャンスがあったかどうかによって獲得されたものである。

胸腺内でのT細胞の選択があまり厳格ではなく、そのために自己免疫が起こり得るのを、接着分子などの副シグナルを利用して調整し、かろうじて回避していることについては、すでに述べ

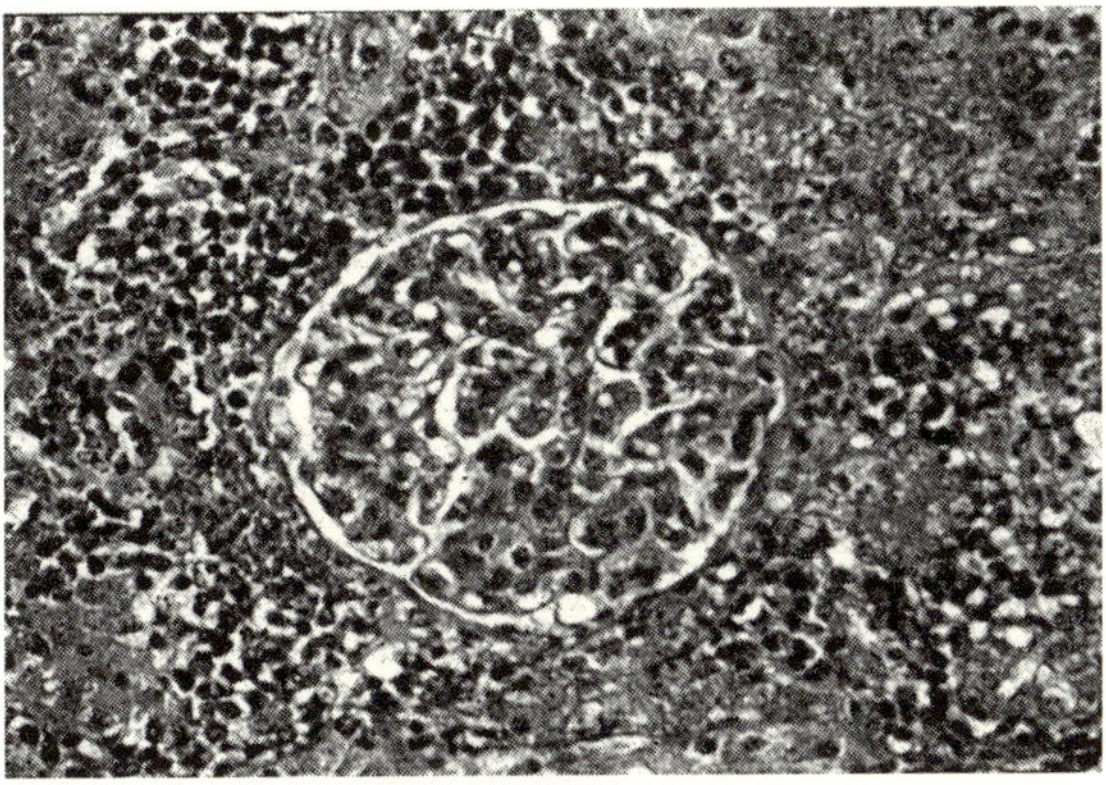

図 24　イヌの移植腎臓の顕微鏡写真

移植の拒絶反応が起こった腎臓（図 1）の組織像。中央の円い構造が、尿を濾過する糸球体。その周囲には尿細管が分布しているが、黒っぽい多数の細胞（免疫細胞）が浸潤して、組織が破壊されている。液性の成分が洩れ出て、破壊された血管からの出血も見える。

た。本章では、「自己」と「非自己」の境界に位置する、いくつかの免疫学的現象について考えてみたいと思う。

移植はなぜ拒絶されるか

免疫系が最も鋭敏に「自己」と「非自己」を区別して、きわめて不寛容に排除の反応を行なう例は、何と言っても移植の拒絶反応であろう。他人の臓器が移植された場合、どのようにしてそれを「非自己」と認識し、排除するのだろうか。臓器移植拒絶の現場を眺めてみよう。

図24は、イヌの移植腎臓が拒絶された際の顕微鏡写真である。移植された腎臓は四日ほどの間に組織が破壊され、出血が起こり、尿を作ることができなくなる。やがては臓器自体が壊死に陥り、排除されてしまう。反応の現場となった腎臓の組織では、尿を濾過する糸球体《しきゅうたい》とい

う血管構築が破壊され、たくさんの丸い細胞が集まっているのが見える。マクロファージやリンパ球などの免疫系の細胞である。尿を濃縮したり、有用なものを再吸収したりする役目を持つ尿細管は、集まってきた細胞によって完全に破壊され、原形をとどめない。すでにこの腎臓は、濾過と再吸収という、本来持っていた機能を喪失している。血管が破壊されたために、大量の出血も起こっている。

この現場では、マクロファージ、T細胞、B細胞などのさまざまな免疫系の細胞が総動員されて、「非自己」である移植された臓器を排除する大がかりな作戦が行なわれているのである。これらの細胞は、移植された臓器を拒絶して「自己」の全体性を守るなどという最終的な目的は知らずに、ただ、それぞれの細胞に決められている仕事を行なっているにすぎない。それなのに、拒絶反応はシナリオ通りに整然と進行し、拒絶が終わると細胞たちは現場から引き揚げ、反応は終息する。

T細胞の役割

この現場で、最初に異物と反応するのは、T細胞である。CD4 T細胞は、移植された臓器の細胞表面にある他人のMHCクラスII抗原を認識し、自ら増殖するとともに、さまざまなサイトカインを産生する。サイトカインは、移植された臓器の細胞に直接に働いて変調を起こさせるだけでなく、自分の免疫系の細胞、マクロファージや白血球などを現場に呼び寄せる。

同じように、血液中を流れていたCD8 T細胞は、移植された臓器に到達すると、細胞の表面にある他人のクラスI抗原を認識したのち、CD4 T細胞からのサイトカインの刺激を受けて増殖し、活性化されたキラーT細胞となって、移植された細胞に取り付いて直接破壊してゆく。破壊された細胞を貪食するために、マクロファージや白血球なども動員されるが、これらの細胞もIL-1など、別の炎症性のサイトカインを分泌する。B細胞は、他人の細胞成分に対する抗体を合成する準備を始める。こうしたさまざまな細胞の共同作業のもとに、移植された組織の破壊が進行し、臓器は急速に排除されてゆくのである。

超急性拒絶とは何か

移植された臓器が、ヒトではなく他の動物(たとえばブタやサル)由来のものであった場合には、もっと広範で急激な炎症性の反応が起こる。白血球などの細胞の他に、血清中の因子(補体など)が激しく働いて、いわゆる特異的な免疫反応が始まるよりずっと前、一般にはたった数時間以内に、臓器は機能を失ってしまう(超急性拒絶反応)。この際、補体成分が大切な役割を果たすことがわかっている。

免疫抑制剤とは何か

同種動物から移植された臓器の拒絶の際に、最初の引き金を引くのは、T細胞である。だから、

CD4 T細胞が認識する、MHCクラスⅡ抗原を多量に持っている消化管、膵臓、皮膚などの移植はきわめて困難である。主としてクラスⅠ抗原のみが現われている心臓や肝臓のほうが拒絶を受けにくい。

免疫抑制剤として開発されたサイクロスポリンやFK506などの薬は、主としてCD4 T細胞が抗原を認識したあと、TCRからの主シグナルが細胞内部に伝達される過程をブロックして、細胞の活性化を停止させてしまう。引き金となる細胞が働かなくなるので拒絶反応は抑制される。TCRを持たない他の細胞のシグナル伝達はあまり影響されないことから、すべての細胞に作用してしまったこれまでの薬剤に比べれば、副作用が少ない。しかし長期間の免疫抑制状態は、感染に対する抵抗性を減少させ、がんの発生を促すことが指摘されている。免疫抑制剤は、まだ理想的なところまでは完成していない。ステロイドホルモンやTCR付属分子に対する抗体などと、併用しなければならないことが多い。

移植医療の限界

現在のところ、臓器移植は、同種、つまり人間から人間への移植だけが可能な状態である。異種、つまりブタやサルなどの臓器では、超急性拒絶反応が起こって、移植の成功はまだおぼつかない。しかし、異種の動物（たとえばブタ）にヒトのMHC遺伝子などを導入して、いわゆるヒト化したブタを作ったり、ヒトの補体を働きにくくする遺伝子を導入することによって、異種移植を可能にしようという試みもなされている。しかし、こういう方法を使うことで、もともと動物内に寄生していたウイルスなどがヒトの中に入ってこないか、またその倫理的側面はどうかなど、問題も多い。

移植技術は年々進歩し、免疫抑制剤の開発も進んだため、移植は先端医療の一つとして確立されようとしている。しかし、他人に臓器を求めなければならないこの医療に、どこまで人間が依存し得るのか、また心臓や脳を含めて、どの臓器まで移植が許されるようになるのかなど、社会的、倫理的な問題が解決されていない。移植医療の哲学が求められているところである。

がんの免疫は可能か

がんは、体内に発生した一種の異物である。移植された臓器に対してはあれほど不寛容な態度をとり、大きな臓器そのものを排除してしまう力を持った免疫系が、自分の中に発生したがんに対しては、きわめて寛容である。なぜだろうか。

がん細胞では、細胞表面にある糖タンパク質などに変化が生じているので、生まれたそばから免疫系によって異物として排除されると考えられている。免疫系は、体内で起こる異物に対しても監視機構として働いているのである。

がんは何段階もの過程を経て発生するが、その比較的初期、まだ完全にがん化していない段階で、主として自然免疫に関与するＮＫ細胞や、マクロファージなどによって排除されているらし

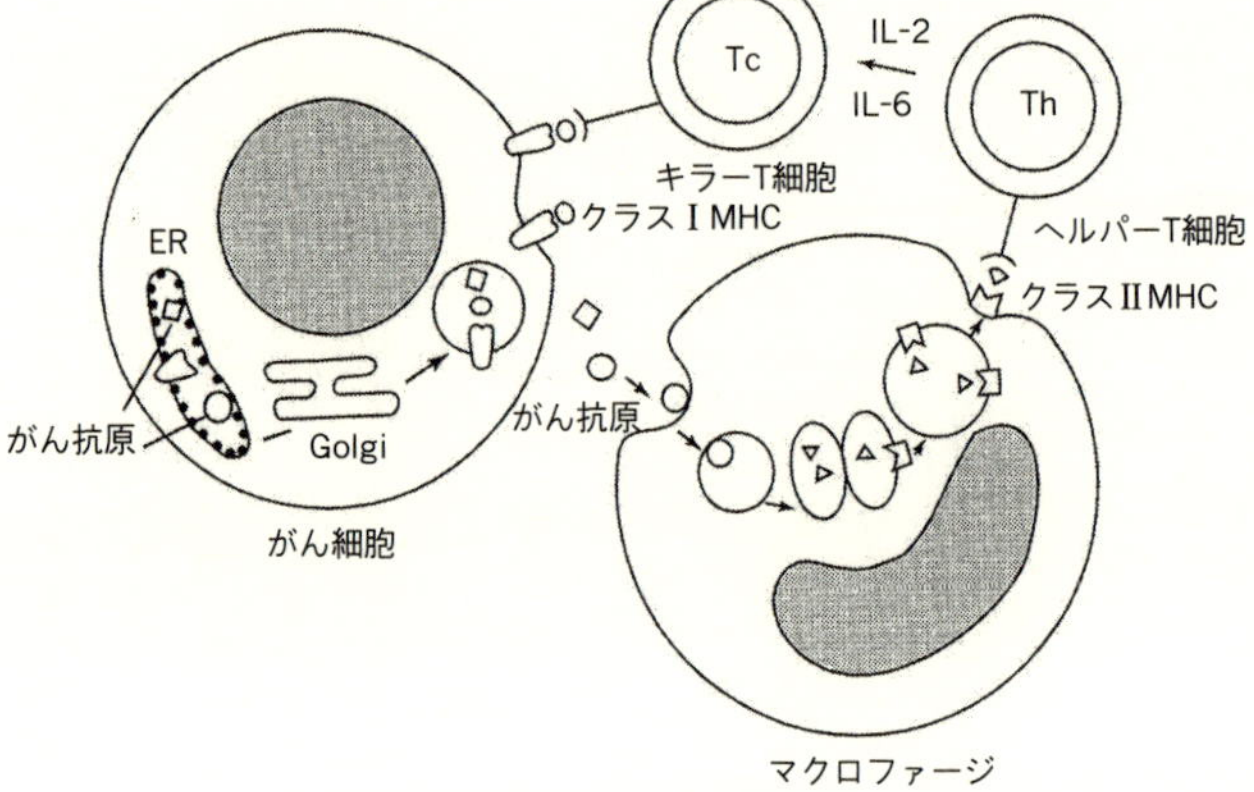

図 25　がん免疫の機序

がん免疫が成立するためには、まずがん抗原が2種類のT細胞に認識されなければならない。第1は、クラスⅠ分子で提示されたがん抗原を認識するキラーT細胞、第2は、マクロファージががん抗原を取り込んでクラスⅡ分子上に提示したのを認識するヘルパーT細胞である。ヘルパーT細胞が作り出すIL-2、IL-6などのサイトカインの指令があって、初めてキラーT細胞はがん細胞を攻撃し始める。この図には、がん免疫に関与する最少のメンバーを示したが、その他にもNK細胞や血清中の抗体も関与する。マクロファージ、Th（ヘルパー）、Tc（キラー）などの細胞がすべて働かなければがん免疫は成立しない。しかもそれぞれの認識にはMHC、接着分子、サイトカインなどの複数の分子の状態がからむ。これらの分子や細胞を操って、がんに対する強力な免疫を作り出すことが、これからのがん免疫の課題である。

い。

私たちの体内では、細胞分裂の際に誤りを生じて異物化した細胞が、日常数多く作り出されているらしいが、それらは、いち早く自然免疫系に属する細胞によって排除され、がんの発生にまでは至らない。老化に基づく自然免疫の低下は、老人のがんの発生に深く関連している。

しかし、ある一定以上にまでがん細胞が増殖すると、NK細胞による自然免疫系では排除できない。もっと強力な獲得免疫系が働かなければ、がんはどんどん大きくなってしまう。免疫系には、そうしたがんに対しても排除の反応を起こす能力があるはずである。それを有効に引き出し、働かせるにはどうすればよいか。図25には、特異的ながん免疫の機序を示した。

免疫からの逃避

ところが、がん細胞は、免疫系に認識されるような細胞表面のタンパク質をしばしば変化させて、免疫の監視の目をくぐり抜けてしまう。多くのがんは、正常細胞と同じ組成の細胞膜を持ち、しかも増殖能力だけが異常に高まった姿で現われるので、免疫系がそれを異物として認めるのは容易ではない。また多くのがん細胞では、T細胞による認識に不可欠な、MHC抗原の量が少なくなっていることも知られている。さらに、T細胞を活性化するために必要な、シグナル2を作り出す、B7などの細胞表面の接着分子を消してしまっていることもある。そうなるとT細胞は排除ではなく、寛容の道を選んでしまう。がん細胞は、免疫系のアタックを逃れるために、さまざまな戦略を使っていたのである。

がん免疫を成功させるための戦略

このようなずる賢いがん細胞を、免疫で排除するためには、その裏をかくような戦略が必要となる。抗原性が低下したがん細胞を、免疫系にどのようにして有効に認識させ、さらに、キラーT細胞を強く働かせて排除させるかというのが、がん免疫成功の鍵である。

現在、がん細胞を体外で培養して、抗原性を高めたり、特定の接着分子やサイトカインなどの遺伝子を組み込んだ上で再び生体に返して、免疫系細胞を有効に刺激しようという試みがなされている。また、体外で培養したがん細胞と患者自身のリンパ球を接触させ、さらに、サイトカインを加えることによってキラーT細胞を増やし、活性化した培養T細胞を、大量に患者の動脈に注入して患部に到達させるなどの方法が使われようとしている。がん細胞に、サイトカインや接着分子の遺伝子を組み込んで患者の体内に戻し、特異的ながん免疫を作り出す遺伝子治療も試みられている。しかし、まだ充分な成果はあげていない。

胎児はなぜ拒絶されないのか

父親からのMHCを半分持っている胎児は、母親にとっては半分異物である。生まれた子供の組織を母親に移植すれば、必ず拒絶されてしまう。

ところが母親は、二七七日間もの長きにわたって、胎児を子宮内にとどめ、排除することがない。習慣性流産や不妊の一部には、免疫系による胎児の排除が関係している場合もあるが、ふつうは胎児の拒絶は起こらない。

免疫系が、異物である胎児を排除することがないように、母体はさまざまな戦略を用いて免疫反応を回避している。最もすぐれたやり方は、胎児と母体との接触面、すなわち胎盤絨毛《じゅうもう》の先端部分の細胞のMHC分子を消してしまうのである。その代わりに、抗原性を持たないCD1というMHCクラスI分子に似た分子を分布させて免疫系をだますのである。CD1は、逆に免疫が起こるのを抑えるように働く可能性が指摘されている。異物性を隠した胎盤を介して、胎児は母親の免疫からのアタックを免れているのである。

さらに、胎盤周辺部分に集まった免疫細胞は、しばしばT細胞の反応を抑制するサイトカインを産生している。TGFβというサイトカインは、一般にT細胞の働きを抑える。同様に、胎盤に多く含まれる女性ホルモンやステロイドなども、T細胞の機能を抑えることが知られている。さらに、母親の血液中には、子供のMHCクラスIIと反応するCD4 T細胞の活性化を抑制するような、サプレッサーT細胞が流れていることも報告されている。

こうして免疫系は、母と子という、もともとお互いに異物であるはずの二つの個体の、共存関係を成り立たせているのである。

免疫臓器としての消化管

消化管は、人体最大の免疫臓器と言われている。口から肛門まで全長三メートルにもおよぶ消化管は、食物という異物が常に通り抜けるチューブである。同時に、下部消化管には大量の細菌が棲み着いている。消化管は、体の内と外の接触面として、きわめて重要な役割を持っている。その面積はテニスコート二面分と言われている。

消化管には、外界からの異物の侵入に備えて、全長にわたって濃密に免疫組織が分布している。しかし、異物を排除するためにそれが強烈に働いてしまうと、消化管の内面は常に免疫の戦いの場となって、炎症が絶えず起こってしまう。だから、消化管は炎症を起こすことなく多くの異物と共存し、さらにバリアを越えて体内に侵入する場合のみ、それを排除するような巧妙な免疫機構を備えている。下部消化管では、腸内細菌叢と調和のとれた共存関係を作り出している。

消化管免疫の主役は、IgA に属する抗体である。消化管の内面は、常に粘液で覆われている。粘液中には、抗体活性を持った IgA が大量に含まれている。消化管粘膜上皮の直下には、IgA を作り出す大量のB細胞が分布している。このB細胞が、IgA 抗体を合成するのを助けるために、主として Th2 型のT細胞が周辺に分布している。

このB細胞とT細胞の共同作用によって、IgA 抗体が常に大量に作り出され、それは消化管粘膜の上皮細胞にある特殊な受容体分子によって、血流中にではなくて、消化管内腔に向かって能動的に転送され、分泌されている。そのため消化管の粘膜表面は、IgA 抗体という保護ペイントが常に塗られている状態となる。

毎日、何グラムもの大量のIgAが消化管で合成されて、粘液とともに分泌され、食物や細菌などの異物が粘膜から侵入するのを抑えているが、働いたあとはすぐに消化され、栄養として再吸収されてしまうのである。分泌型IgAは、こうして外界と内部の間にバリアを作り、毎日大量に入ってくる食物抗原が侵入するのを食い止めたり、常在細菌との共存や有毒物質の排除などを行なっている。IgAは、IgGやIgEと違って、抗原と結合しても炎症を起こす性質がないことが特徴である。

注目される粘膜免疫系の働き

もう一つ興味あることは、消化管粘膜下のT細胞は、経口的に摂取された抗原に対する免疫反応を、抑制する働きを持っていることである。

マウスに、大量のニワトリの卵のアルブミンを経口的に投与すると、このマウスは、卵のアルブミンを注射されても、免疫反応を起こさなくなってしまう。つまり経口的に入った抗原は、「寛容」を引き起こすのである。アレルギーを起こすIgE抗体も産生されない。この現象を経口寛容という。このメカニズムは、常に不可避的に入ってくる食物抗原に対して、過剰な免疫反応が起こらないように調節し、食物アレルギーを起こさないようにしているらしい。消化管の持っている、もう一つの免疫調節機構である。

消化管を中心とした粘膜免疫系の働きは、現在最も注目されている主題の一つである。食物アレルギーを防ぐためにも、今後重要な研究領域となるだろう。

先天的な免疫不全症

これまで、免疫に関与する多様な細胞や分子について学んできたが、そのどれかに遺伝的な欠陥があれば、当然免疫機能に異常が生じる。先天性免疫不全症と呼ばれる病気である。感染に対する抵抗性が低下し、時には致命的となる。今日では数十種類の免疫不全症が知られているが、その主なものをあげておく（表3）。

B細胞の抗体合成に至る分化過程に欠陥があれば、抗体を作ることができない。抗体は、いわゆるガンマグロブリンと呼ばれる分画に属するので、血清中にガンマグロブリンを欠く、無ガンマグロブリン血症として知られている。

その他にも、部分的にB細胞の特定の機能だけが障害されてクラス・スイッチができないなどの免疫異常が起こることがある。T細胞機能の部分的あるいは完全な欠損で起こる複合免疫不全症、細胞表面の接着分子や副シグナル分子の障害で起こるものなど、さまざまな免疫不全症が知られている。

表3　主な免疫不全症

疾患名	障害部位
[原発性（遺伝性）免疫不全症]	
伴性無ガンマグロブリン血症（ブルトン型）	抗体合成不全 B 細胞分化障害
ディ・ジョージ症候群	胸腺欠損 T 細胞分化障害
複合免疫不全症（SCID）	T・B 細胞の分化障害
ADA 欠損症	T・B 細胞の分化障害
細網異形成症	造血幹細胞の障害
ウイスコット・オルドリッチ症候群	T 細胞分化障害 IgM 低下
慢性肉芽腫症	酸化酵素遺伝子障害 貪食・殺菌機能不全
チェディアク・ヒガシ症候群	食細胞の遊走・殺菌機能の障害
白血球接着不全症	白血球の遊走・殺菌機能の障害
補体成分欠損または機能不全症	感染抵抗性の低下、化膿
[続発性免疫不全症]	
AIDS	CD4T 細胞の減少に伴う高度の免疫機能の低下
老化	感染抵抗性の減弱 免疫調節機能の低下
放射線、薬物による障害	免疫調節機能の低下
糖尿病、ネフローゼ	白血球機能の低下 感染抵抗性の減弱
肝臓病	補体産生障害

後天的な免疫不全症

後天的な代謝障害や、臓器の障害で起こる免疫不全症もある。糖尿病やネフローゼなどに基づく細胞機能の低下による免疫不全症、がんや老化、栄養障害や薬物投与に基づく免疫不全症などは重要な社会的問題になっている。

しかし、今日最も重要視されている後天的な免疫不全症は、獲得性免疫不全症候群（Acquired Immunodeficiency Syndrome, AIDS《エイズ》）である。レトロウイルスの一つ、ヒト免疫不全ウイルス（ＨＩＶ）の感染で起こる。エイズの発症機構についてここで詳しくは述べないが、ヘルパーＴ細胞上のCD4分子が、ＨＩＶに対する受容体として働き、ＨＩＶを能動的にＴ細胞内に取り込む。すると、もともとＲＮＡの形で存在したＨＩＶ遺伝子が、細胞内で逆転写酵素の働きによってＤＮＡの形になり、宿主であるＴ細胞のＤＮＡに組み込まれて働き出す。ＨＩＶは、Ｔ細胞のＤＮＡ複製機構を利用して、自分を複製させ、ＲＮＡの形に転写されると、ウイルス粒子となって細胞から出てゆく。このとき、感染したＴ細胞は死ぬ。作り出されたウイルスはCD4 Ｔ細胞に感染を広げ、このタイプのＴ細胞が選択的に殺されてゆくのである。

CD4 Ｔ細胞は、もともとサイトカインを合成して、他の免疫細胞の分化や増殖の指令を与える細胞で、いわば免疫反応の中心となる細胞である。ウイルスの遺伝子は、CD4 Ｔ細胞が働こうとすればするほど、宿主の転写機構を利用して複製され、細胞を破壊すると同時に、新しいウイルス粒子となって感染を広げる。その結果、免疫系はやがて完全に無力化し、周囲の細菌やウイルスを排除できなくなってしまう。そして、体内で生じたがんの発育さえ許すようになり、カポジ肉腫などの悪性腫瘍を発症させる。最終的には、致命的なエイズという病気に発展する。ウイルスに対する最も重要な抵抗の手段である免疫系が破壊されてしまうため、ワクチンなどのこれまでの予防や治療の手段は用をなさない。二十世紀の人類は、新しい問題を抱えてしまったのである。

抑制性T細胞の過去と現在

その前夜

Suppressor T cell（抑制性T細胞）という言葉はリチャード・ガーション（Richard Gershon）、L・A・ヘルツェンバーグ（L. A. Herzenberg）、そして私などが顔を寄せ合って真剣に議論して決めた。それまで私はRegulatory T cellと呼んでいたが、Helper T cellも調節性T細胞ではないかというもっともな意見から、サプレッサーT細胞（Ts）が用語として採用された。

抑制という現象は多くの人が気づいていたが、それがT細胞によることが分かったのは、一九六九年のことである。私はIgEの産生をラットを使って調べていたが、あるとき不思議なことを発見した。抗体が抑制されるはずの処置をしたラットの、IgE抗体の値が異常に高くなっていたのである。当時実験をやっていたのは、順天堂大学の奥村〔康〕君と千葉大学の谷口〔克〕君だった。少量のX線照射、脾臓や胸腺の摘出、免疫抑制剤の投与など何でもやった。なぜなのか考えても分からなかった。でもある日、これらの処置が抑制している細胞を取り除いているのではないかと思い始めた。それならX線感受性の高いT細胞ではないかと気づくのは、時間の問題だった。

早速奥村君が細胞移入の実験に取りかかった。脾臓のT細胞でも、胸腺細胞でも劇的に抗体価は抑えられた。白々明けの朝の光に、ラットの死骸の山を前にして、手を取り合って喜んだのは一九六九年の秋のことであった。

この年、放医研にGustavo Cudkowiczがセミナーに来た。データを見てもらったら、次の年(一九七〇年)に行われる第一回国際免疫学会の、彼が座長のシンポジウムでしゃべれという。でもアメリカに同様のことを見ている人がいるから、論文を早く書いておけと言われた。

私の発表は劇的な好評を博したが、同じシンポジウムではallotype suppressor T cellの仕事が発表され、他に何人かの研究者がT細胞の抑制に手をつけていることを知った。ラットのIgE産生は抑制がドラマチックという利点はあったが、細胞の解析を進めるには限界があった。私たちはマウスのIgG抗体の系に切りかえた。当時手に入らなかった純系マウスを飼育するところから始めて、アロの抗体を使ってT細胞の性質を調べた。世界中の免疫学者が、私たちの研究に注目し協力してくれた。

Suppressor age

一九七〇年代のいわゆるsuppressor ageは、こうして始まった。この時代に分かったことを、思いつくままに箇条書きにしてみよう。

（1）Tsは、Ly2（CD8）に属するものと、Ly1（CD4）に属するものがあり、どちらが優位かは実験の系で異なる。

（2）高濃度の抗原に曝された脾臓や胸腺に多く、リンパ節にはあまり見られない。

（3）CD8型のTsは、抗原認識にI-J拘束特異性を持つ。アロの抗I-J抗体に感受性を持つ。また、I-J決定基と抗原親和性を同時に持つ可溶性因子によって抑制を起こす。抑制はI-Jが共通のマウスにのみ起こる。クローン化は至難である。

（4）CD4型のTsは、Th細胞と同じクラスIIに拘束され、そのThを標的にする。抑制は抗原に非特異的である。この種のTsは免疫していない動物でも見られる。クローン化は容易である。非特異的な抑制性のメディエーター（複数）を作る。

この時期には、おびただしい数の免疫学者がTsの研究に参加した。ベナセラフ（Benacerraf）のグループの活発な、しかし、いささかせこい競争も記憶に残る。GershonやCudkowiczなど、愛すべき同志がこの世を去った。友情は忘れがたい。

Tsの異端審問

一九九〇年代になると突然suppressor ageは幕を閉じた。現象論だけが殷賑《いんしん》をきわめ、当時やっと可能になった分子的解析が欠けていたことによる。特にI-Jや抗原特異性の謎があった。過激な議論に「Tsは存在しない」というのがあった。陰湿な異端審問的な論調に、私はある国際誌で“eppre si muovo!”（それでも地球は動く）というエディトリアルを書いたことがある。ガリレオ・ガリレイの言葉である。私の恩師岡林篤教授は、「自分の眼で見た物だけを信じよ。ゆめゆめ疑うことなかれ」と口癖のように言われたのを実行したまでだ。

はるか離《さか》りて……

それではパラドックスには、どう答えればよいか。これも私見を箇条書きにするほかない。

（1）Tsには多様性がある。また抑制のパスウェイも単一ではない。一つを見て他を否定するのはよくない。

（2）CD8のTsには抗原分子の表面に位置するエピトープに直接弱いアフィニティで反応する細胞がある。拘束分子に対するアフィニティは少ない。

（3）I-J分子については、抗I-J抗体によって、クラスIのH鎖に似た分子が免疫沈降される。K座とD座遺伝子産物のハイブリッドか。もうひとつの可能性は、クラスI分子がクラスIIのペプチッドをプレゼントしているのかもしれない。それならMHCのど真ん中にマップされたのも説明が付こう。

（4）CD4のTsはThと拘束特異性が同じなので理解がたやすい。

ともあれ、生涯に一度でも超一級のパラドックスに出会えたことは、研究者として幸運だったと思う。今はそれが解決される日を黙って待とう。

サーカス——免疫学の冒険

サーカス小屋は高い梁《はり》
　そこにひとつのブランコだ
見えるともないブランコだ
頭倒《さか》さに手を垂れて
　汚れ木綿の屋蓋《やね》のもと
ゆあーん　ゆよーん　ゆやゆよん
（中原中也「サーカス」より）

近ごろの免疫学はわかりにくいですね、とよくいわれる。学問の領域の細分化が進むにつれて、ちょっと離れた分野に住まうものにとって理解しにくくなるのはやむを得ないこととしても、そのニュアンスには、たとえば私たち門外漢に心電図の読み方がわかりにくいというのとはいささか違ったひびきが含まれていることに気がつくのである。そこには、従来の自然科学の伝統に培われ、堅固な概念と定義の上に成立している他の基礎科学の分野にくらべて、いっそいかがわしいほどの概念の飛躍と独特の方法論に対する、いくばくかの不信が含まれているようにも思われる。

もともと感染症の予防と治療という現実的な目的から始まった免疫学の研究が、いつの頃からか母なる細菌学の手をはなれて、独自のカテゴリーの学としてひとり歩きをするようになったのは、ラントシュタイナー（Landsteiner）をはじめとする免疫化学の天才たちの手による豊穣な野の開拓に基づくものであったろう。しかしその後の免疫学、ことに現代の細胞免疫学の発展のためには、恐らくもうひとつのドラマチックな見解の変革の瞬間があったものと思われる。その変革を通して、免疫学は、母なる細菌学にも父なる蛋白質化学にも手におえない蕩児として、何ひとつ頼るもののない荒涼とした砂漠をさまようようになったように思われる。

その契機をなしたものは、恐らくイェルネ（Jerne）やバーネット（Burnet）たちを中心とする近代免疫学の冒険者たちの、免疫応答機構に関する思索への旅立ちであった。彼らは、抗体そのものの多様性というまさしく直接の謎を考えるよりも、その多様性を作り出すもの（generator of diversity, GOD）の方に興味を持った最初の人々である。目に見える物として捉えることのできる抗体という〝実体〟ではなく、けっして見ることのできない、ＧＯＤ、すなわち〝虚〟のからくりを考えようとしたのである。そのあたりから免疫学は、伝染病の防御という実業の学から、虚業の学へと変身することになる。もっともこの虚業の学が、今日難病とよばれるさまざまなヒトの疾病や、癌、老化などの現実の諸問題に、多くの示唆を与え続けていることは周知の通りなのである。

バーネットという、もともとはウイルス学者で、免疫学に関しては素人に近かった冒険者は、著しく限られた専門知識と、驚くべく広くて浅い専門外の知識を組み合せることによって、今日〝クローン選択説〟とよばれる、真理と矛盾にみちみちた見解の変革の書を著わした。彼の提案した仮説とそこに含まれる矛盾の多くは、いまだに解決されてはいないが、彼の発明した思想は、今日の免疫学者にいまもって飛躍への勇気を与えつづけていることは確かなのである。

バーネットのやり方というのはこうである。抗原や抗体という実際に手にとり解析し得るものから、一歩ずつ一方方向に研究を進めてゆくという正統なやり方ではなくて、――つまり抗原の側からその運命と細胞への影響を解析するのでも、でき上った抗体の性質の側から、この蛋白を合成する機構を調べようというものでもなくて――それら一切合切を未知のブラックボックスの中に一度抛りこんでしまう。その上で免疫応答の全体を生態学的に眺めようという大変乱暴なやり方である。しかし、かようにして微視的な現象から眼を遠ざけてみた瞬間、新聞の大見出しのようにしてとびこんできた問題は、免疫学的寛容、自と他の識別、免疫学的記憶というようなはなはだ形而上的な概念であった。眼を近づけて新聞の小活字を拾っていれば、けっして視野の中に入ってくることのなかった巨大な概念である。また悪しき専門家が、目先の興味と実用にひきずられて考えることのできなかった、素人のやさしい目からみた基本的で卒直な疑問であった。

ところで現代の免疫学は、これらのいわば形而上的な主題を、ことごとく細胞あるいは細胞下レベルで解析しようとしている。もともとは見えざる概念（GOD）を相手にしたとき、われらもまた数々の巧妙なトリックをあみ出さねばならない。ブラックボックスの中で起っている嵐を、まるで天球儀に映し出すように透視するためには、細心でかつ大胆な方法論を発明しなければならなかった。

そのひとつは、リンパ組織の構造論を跳び越えて、リンパ系細胞間の相互作用をまったくエコロジカルに扱うという、病理形態学者なら顰蹙せざるを得ないような野蛮な方法である。その結果パンドラの函からは、今日T細胞とB細胞と呼ばれるような、外見上は全く区別のつかない二種類のリンパ球が現われ、その上それらが、機能的分化をもとにして、もろもろのわざわいにも似たsubpopulation〔部分母集団〕に分かれることになった。しかしこの混乱を通過することによって、今日ではそれら細胞間の相互作用と、その結果見事に成立する免疫学的恒常性の機序も解明されようとしているのである。それでも悲しいことに、これらの細胞群は、つねにエコロジカルな存在であって、細胞生物学的あるいは分子生物学的な、すなわち工人の手による解析の対象には、私見ではいまのところならないし、またそういう育ちのよい息子たちの持つ欲求も私たちにはあまりないのである。

それはポレミックには、真理を直接視《み》ようというのではなくて、真理の欠けた部分や、真理とあい容れないような部分を視ることによって、逆に真理の全体性を追求しようという、かつて他の堅固な基礎科学では試みられなかった新しい方法でもある。解剖学や生理学が、その受けつぃだ伝統によってつみあげた壮麗な石のドームを持ち、細菌学や病理学があたたかく堅固な木の家を持つとすれば、免疫学はいわば天幕ばりのサーカス小屋のようなものである。その天幕の下の千のブランコはゆれ動き、千人のブランコ乗りたちは巧妙にひとつのブランコから他のブランコに乗り移ろうとしている。地上では、上昇するための千のトリックがいま観客の目をうばってぃる。免疫学の今日の担い手が、二十代、三十代の若者であって、私たち背骨が硬くなって、ロッキングチェアの方が懐かしくなったものにとってついてゆくことがむずかしい部分があるのは、この無作法でかつ柔軟な思考が、免疫学の研究と理解に絶対に必要であるためかもしれない。これらの若い旗手たちに最小限要求されているのは、絶対にスマートであることである。頭の悪い免疫学者というのは当分あり得ないだろうし、現代の免疫学は、このおどろくべく明晰なピタゴラス的なスマートさによってかろうじて堕落と退廃からまぬがれているといってもさしつかえないだろう。

ひるがえって考えてみれば、今日真理というものは本当に唯一なのであろうか。サーカス小屋でひもじく暮してきたやくざな私たちにとって、唯一の真理という概念を信じることはきわめて困難である。免疫学的寛容という現象ひとつとっても、唯一の真理は存在しない。それは、すでに古典的になったバーネットの〝ある細胞の死滅〟であったり、また一時的不活性の状態であったり、一種の抑圧状態であったりする。現代の免疫学はこうした多数(multiple)の真理を容認する上で、きわめて流動的に成立しているのである。光が粗密波でも粒子線でもあるように、複数の真理(truths)をきらわないところにもうひとつの免疫学の論理がある。これもまた、他の基礎科学者が異端の臭いをかぎとるところであろう。もし真理がひとつであったら、私たちは一本の綱にしがみつきそれをつたいながら登ろうとするだろう。しかしもし真理が複数だったら、上昇するために、ゆらめくブランコを飛び移りながら天幕の高い梁の先端にまで昇ってゆくという生き方が生まれるだろう。たとえわれらの心がそのようにやさしく柔軟であったとしても、たどりついた天幕の上が美しい星空なのか、それとも落下だけが待っているまっくらくらの闇と沈黙なのかは誰も知らない。しかし、ブランコ乗りたちの上昇は、いまもすさまじいエネルギーで続けられている。それは今日の蕩児が、やがて遠望できる高見から、母なる細菌学ばかりでなく、多くの基礎科学や医学に、もうひとつの展望を与える希望を失っていないからである。

ファジーな自己――行為としての生体

生命のしくみは、生成文法のように、限られた要素の無限の組み合わせとその拡大再生産に依存している。ＤＮＡの言葉で綴《つづ》られた個体の総遺伝子の世界をゲノムと呼ぶが、それはほとんどひとつの言語世界に匹敵する。それぞれの言語が個別の文化を内包した独自性を持つように、ゲノムの発想としての個体は、やがてそれぞれ個性を持った「自己」を持つようになる。生物学が関心を持っていることのひとつは、こうした個体の「自己」が何によって決定され、どういう過程をたどって成立するかという点である。

意識の中での「自己」のほかに、高等脊椎《せきつい》動物は身体の「自己」を持っている。というより、意識の「自己」は身体の「自己」の上に成立し形成されてゆくものなのだ。意識の「自己」は、それを支える身体の「自己」の特徴、たとえば男性か女性かなどに依存して成立するといえる。

身体の「自己」を決定している最大のものが免疫系であることには異論がないと思われる。高等脊椎動物では、同じ種に属している別の個体からの細胞や組織が移植されると、免疫反応を起こしてそれを拒絶する。親子兄弟であっても、きわめて微小な差を発見し、免疫系の細胞や分子を動員して激しい拒絶反応を起こす。その上、一度出会った「自己」でないもの、つまり「非自己」を終生記憶していて、もう一度同じ個体からの組織が移植された場合には、もはやはじめから受けつけようとしない。免疫系は、「自己」と「非自己」という区別だけではなくて、「非自己」のひとりひとり、つまり固有名詞に相当する個の特異性を記憶していると考えられる。

近代の免疫学は、免疫系とは、もともと「自己」と「非自己」を画然と区別し、「非自己」の侵入から「自己」を守るために発達したシステムと想定してきた。そんなに厳格に「自己」を「非自己」から峻別《しゅんべつ》している事実があるとすれば、その判別の基準は何か、そして免疫系が守ろうとしている「自己」とはそもそも何ものなのか、というのが免疫学の問題のたて方であった。堅固な「自己」。そのオプティミズムの上に免疫学の百年の時が流れた。今日では、しかし、その根拠が崩れてしまった。その反転の劇と、あとに広がる空白について語ろうと思う。

免疫系が守ろうとしている「自己」とは、そもそも何だったのか。三つの重大なヒントがある。第一は、それぞれの個体が特有の遺伝的標識を背負っていること。人間では、もうおなじみのHLA分子である。人間のゲノムの中で、タンパク質そのものをコードしているたかだか一〇万個程度の遺伝子は、個体の間でそれほど違っているわけではない。ほとんどまったく同じ、違っていてもせいぜい何種類かという程度であろう。

ところが、このHLAの遺伝子だけは、例外的に個体間で差が見つかる。どういうわけか人類の歴史の中で、HLAの遺伝子には突然変異が頻発し、それが蓄積されて各人に伝えられている。しかも各人は、HLAの遺伝子座を六個ずつ二組(一組は母親由来、もう一組は父親由来)持っている。それぞれが少しずつ違うということになると、まったく同一のHLAの組み合わせを持っている人は、他人どうしでは著しく少ない。移植の拒絶反応は、このHLA分子の微小な差を見分けて起こるわけである。どんなに世間が騒いでも、移植はそう簡単にはうまくゆくはずがない。

第二のヒント。拒絶反応を起こす免疫細胞は、Tリンパ球(T細胞)という細胞である。この細胞は、特別のアンテナであるT細胞レセプター(受容体)でHLA分子に接触して、「自己」のHLA分子か、他人のHLA分子かを識別する。「自己」のHLA分子であると確認すれば、T細胞は何の反応も起こさない(それが何故《なぜ》か、という点についてはあとで述べる)。「自己」以外のHLA分子を見つけたり、「自己」のHLA分子になんらかの変化(たとえば細胞が癌化《がんか》したりウイルスが感染したりするとそれが起こる)が認められた場合には、細胞は分裂したり、インターロイキンなどの刺激能力を持った物質を作ったり、あるいは相手の細胞を直接攻撃したりして、「自己」の中から排除してしまう。拒絶反応というのはその現れである。

第三のもっと重大なヒント。「自己」か「非自己」かの見分けに必要なHLA分子には、必ず何ものかが付着していることがわかった。結晶化したHLA分子の立体構造を調べてゆくうちに、

ＨＬＡ分子には特徴のあるポケットのような穴が開いていることがわかった。しかもこのポケットの中に常に何ものかが入り込んでいることが認められた。ＨＬＡ分子はひとりひとり少しずつ違うと書いたが、実はこのポケットの穴の形が少しずつ違うのである。ポケットが違えば、そこに入り込む分子も違う。

通常このポケットには、「自己」のタンパク質の断片が入り込んでいる。その断片は、アミノ酸の数にしてたかだか九ないし一二個程度がつながったペプチドと呼ばれるタンパク質の断片である。細胞の中で、タンパク質は、アミノ酸のつながった長いテープとして合成されるが、その一部はすぐに切り刻まれてアミノ酸九個程度のペプチドとなってＨＬＡのポケットに入り込むらしい。

私がこれまで「自己」といってきたのは、実はＨＬＡ分子のポケットに入り込んだペプチド、すなわちタンパク質のテープの断片だったのである。「自己」の中で作り出されるアミノ酸の文字で語られた何万というタンパク質の長いテープは、九ないし一二文字ずつの長さの言葉（ワード）に切りとられ、ＨＬＡという文脈の中に挿入される。Ｔ細胞レセプターは、ＨＬＡの文脈の中に入り込んだ「自己」のワードを読みとるのである。

もし、「自己」のタンパク質のテープの断片の代わりに、別のテープ、つまりウイルスや細菌などが作った蛋白《たんぱく》の断片が入り込んだときには、Ｔ細胞はいち早くワードの違いを認識する。Ｔ細胞はもともと「自己」のＨＬＡという文脈のみを読みとるように「教育」されているので（この教育についてもあとで触れる)、文脈に紛れ込んだ異常なワードをすぐに発見し、排除するのである。「自己」由来であれ「非自己」由来であれ、ペプチドのワードがHLAの文脈に入り込むことができなかったら、T細胞はそれを読み取れない。HLAのタイプが違った人は、それぞれ異なった免疫反応性を持っているというのはそのためで、あるHLAタイプの人は杉の花粉症になり易いし、別のタイプの人は自己免疫で起こる糖尿病にかかり易い。そういう免疫学的個性は、HLAのポケットの穴の形、そしてそこに入り込むペプチドの種類によって決まるのである。

HLAが完全に一致している兄弟の間でも、移植された臓器の拒絶反応がしばしば起こる。たとえHLAが同じでも、HLAのポケットに入り込んだ「自己」のタンパク質のテープの断片が違うからである。この事実からも、「自己」を決定しているのは、「自己」のタンパク質の長いテープから切り出される九文字のワードのグロサリーであることになる。

果たして、これが本当の「自己」であろうか。どうもだまされているような気がしてくる。

最近では、さまざまな人間のHLA分子から、そこに入り込んでいたペプチドをはがして、含まれているアミノ酸の文字の配列を読むことが流行《はや》っている。すると九文字、すなわち九個のアミノ酸のうちの両端に近い二ないし三個は、HLA分子に結合するのに必要な文字で、これは文脈に挿入するための接続詞である。他の五、六文字程度のアミノ酸のつながりが、Tリンパ球を非自己の情報として読みとる意味のあるメッセージであることがわかってきた。すでに何種類かのワードが読み取られてきたが、それを引きずり出して、「ほらほらこれが君の自己だよ」といっても、それを納得できるであろうか。

もう一度「自己」と「非自己」の識別が成立する過程を追ってみよう。それは、精神的であれ身体的であれ、生物学的に「自己」が確立するための普遍的な過程である。

免疫系においても、胎児期前半には「自己」は確立していない。胎児は「自己」と「非自己」を区別できない。「自己」は後天的に成立するのだ。「自己」と「非自己」の識別に重要な役割を果たすTリンパ球（T細胞）は、胎児期後半になって「胸腺《きょうせん》」という臓器で作り始められる。胸腺は、胸部の前面にはりついた小さな白っぽい臓器である。一言でいえば、ここで身体の「自己」が形成されるのである。

胸腺の中で増殖するT細胞は、まずランダムにいろいろなものと反応し得るT細胞レセプターというアンテナのような分子を持つ細胞群として生まれ出る。詳細は省くが、なんと10[11]種類もの異なったレセプターが理論的には発現しうる。その中には当然、「自己」（つまりＨＬＡ分子に入り込んだ自分の蛋白のテープの断片）と反応する受容体も出現する。ところが、胸腺内で「自己」と反応するようなT細胞は、強い刺激が加わって死んでしまうのである。こうして、「自己」を阻害するかもしれない危険な細胞の大部分は前もって除かれてしまうらしい。

次に、「自己」のワードを読み取るための文脈としてのＨＬＡを認識できるかどうかが試される。ＨＬＡの文脈を読むことのできない、すなわち完全に無意味な細胞も死んでしまう。こうして、「自己」阻害の可能性を持ったり、完全に存在そのものがナンセンスな細胞が排除されてゆく。これがT細胞の「自己」「非自己」の識別能力の「教育」なのである。

こうして、生まれた細胞のうちの九六パーセントもの細胞は胸腺の密室から出てゆくこともなく殺される。残りの四パーセント以下の細胞が密室を出てゆき、やがて形成される免疫系の行為に参加する。

この過程は、すでに気づかれたようにきわめて冗長で無駄の多いやり方である。しかし、殺戮《さつりく》を免れた四パーセント弱の細胞は、「自己」を排除することなく、かつあらゆる「非自己」と対応できる予備能力を備えている。あらゆる「非自己」を認識することのできる「先見性」は、実はランダムなレセプターを作り出すという冗長な「非先見性」に基づいているのである。胸腺のHLA分子の中にあったすべての九文字の「自己」のワードは、胸腺内では「自己」破壊の可能性を排除するために働いた。T細胞のすべては、文脈としての「自己」のHLA解読の能力を持つように「教育」された。ナンセンスな細胞もまた消去された。

こうして、「自己」の原型としてのHLA上のペプチドに対する反応性をモデルにして、「自己」の「非自己」に対する反応のしかた、すなわち「自己」の行動様式が形成されたのである。身体の「自己」と呼んでいたものは、実はこうして形成された「自己」の行動様式そのものなので、「自己」のペプチドやHLAのポケットではなかった。

しかし、胸腺という密室の中で作られたり、そこに外部から入って来ることのできる「自己」

のタンパク質などは限られているし、その中でもＨＬＡのポケットの中に入り込むことができるペプチドの数は、著しく少ないことがわかっている。実際には、少数の「自己」反応性の細胞は、殺戮を免れて胸腺の密室から出ていっているらしいこともわかってきた。こうした細胞は、「自己」排除の危険を秘めながら免疫の行為に参加し、どうやらギリギリの現場で「自己」破壊の活動を停止させられているらしい。そのメカニズムには、いまだに不明の点が多い。

本来は「自己」を排除するかもしれない、しかし胸腺での殺戮を免れてしまった少数の細胞は、全身を巡りながら、時折「自己」に反応して刺激を受け、逆に「自己」を刺激するといった調整活動をしていることもわかってきた。「自己」と反応した細胞は刺激物質を出して他の有用な細胞を刺激する。矛盾を利用した巧妙な「自己」保存戦略である。と同時に、崩壊を予想させる何という危険な調節のしかただろうか。

行動様式としての「自己」は、こうして日々さまざまな「非自己」に反応し、変容を繰り返しながらも、その個体に固有の「自己」を失わない。さまざまな刺激にさらされながらも、昨日も今日も、また一〇年後も同じ私があるように。

こうしてみると、「自己」と「非自己」は画然とは区別し難い。「自己」のテープが、異なった酵素などで別の切断を受ければたちまち「非自己」と同じワードが切り出される。たとえば「カネオクレ、タノム」が「カネオクレタ、ノム」になるように。

さらに、今度はまったく別の情報から、ほとんど同一の情報が切り出されることもある。「増大した核爆発によるエネルギーはタービン室で利用される」というのと「核家族化によるエネルギー利用は爆発的に増大した」という二つのまったく異なった意味の文からは、ほとんど同じメッセージのワードが切り出される。たとえば、ニワトリの赤血球の蛋白とインフルエンザウイルスの病原部分の蛋白の一部には共通のアミノ酸配列が含まれる。そうなると、ニワトリにとってインフルエンザウイルスのこの部分は「自己」として認識されることになる。

こうして、九文字まで分解された「自己」は、曖昧《あいまい》な形で「非自己」につながってしまう。「非自己」と「自己」は同じ延長線上にある。

「自己」は、かつて免疫学が金科玉条のように考えたように、「非自己」から隔絶された堅固なエンティティー〔実体〕ではなくなった。ファジーになった「自己」が、それでも一応ウイルスや細菌の感染から当面「自己」を守ることができるのは、むしろ奇跡に近い。

免疫学はいま、ファジーな「自己」を相手にしている。ファジーな「自己」の行動様式は、しかし、堅固な「自己」よりはるかに面白い。

生命のアイデンティー

生命の「自己」

生命とは何か、という問いに対する単一な答えはないのだから、いくつかのキーワードで考えてゆくよりほかはない。自己複製とか自己組織化とか、外界への開放とか適応、代謝、生長、分化などの言葉がまず浮かんでくる。ここで問題にしようとしている生命は、細胞や器官の生命でなく、個体、そして人間の生命のことなので、もっと別のキーワードも必要である。

個体が生命としての全体性を持つためには、全一性とか、連続性とかも重要な属性である。個体の生命というのは、細胞や器官の生命の単純な総和といったものではない。個体が連続した全一性を保つためには、「自己」という概念を離れては考えることができない。

「自己」といえば、すぐに「自己」の同一性《アイデンティティー》という言葉が浮かんでくる。

「自己」の同一性とは何を指すのだろうか。「自己」には、精神的な「自己」、人格的な「自己」、心理的な「自己」などがあるが、私の専門である免疫学では、身体の「自己」というのを問題にしている。

個体という、独立した「自己」を持っている生命体に、「自己」以外のものが侵入すると、それを排除して「自己」の全一性を守る。病原性の微生物に対して免疫反応を起こすのは、それが病原体であるからではなくて、「非自己」であるためである。

その証拠に、病原性を持たない花粉や室内塵《しつないじん》に対しても免疫反応が起こり、その結果アレルギーを起こす。また型の違う赤血球や、移植された他人の臓器も、「非自己」と認識して強力に排除しようとする。同じ種に属し、生物学的にみればほとんど同じタンパク質の集合体である他人の臓器に対しても、移植の拒絶反応が起こる。こうした「非自己」の侵入に対する「自己」の応答は、著しく不寛容である。

「非自己」からの侵害に対して、「自己」はなぜこんなにもかたくなな態度を示すのか。そもそも「自己」とは何であろうか。「自己」と「非自己」はどのように識別されるのか。そうした「自己」と「非自己」の相互関係を解明するのが免疫学である。それは精神的な「自己」に対して、身体的な「自己」とは何かを問う生物学である。一方、免疫学が対象とする「自己」は、精神的「自己」を理解するよい入り口ともなっている。

「自己」の同一性

精神科の先生と話をしていたら、「自己」の同一性ということが話題になった。同一性というのは、AとBが同一という意味なのだから、「自己」の同一性というとき、何と何が同一だというのだろうか。「自己」というのはもともとひとつなのだから、「自己」の同一性などというのはおかしい、と精神科の先生はおっしゃった。

私は、それには複数の意味があるのではないかといった。

まず、見られる「自己」と見る「自己」の同一性、すなわち位相によって規定される「自己」の同一性の問題。「自己」は、「自己」によっても、「非自己」によっても見られる存在であるが、しばしばその間にはギャップが生ずる。「自己」というものは、「非自己」に対する反応性、即《すなわ》ち「自己」の行為として現れるが、「非自己」は行為者の意図とは異なったやり方でこの「自己」を認識する場合がある。

第二は、昨日の「自己」と今日の「自己」というような、時間的な「自己」の同一性という問題である。私たちは、日々さまざまな事件に遭遇し、異なった経験を積むことによって「自己」を変革してゆく。それにもかかわらず、昨日の「自己」と今日の「自己」はそれほど大きく変わっていないし、二〇年前の「自己」と二〇年後の「自己」を考えても、そこには連続した「自己」

というものを発見することができるだろう。こうした時間的な同一性というものも存在すると思われる。

もうひとつは、全体の「自己」と部分の「自己」の同一性である。行為のさまざまな断片を取りだしてみると、そこには共通の「自己」らしさというものを発見することができるだろう。一人の作家の生涯の作品のどれひとつをとっても、全体としてのその作家の表現の一部であることがわかる。民族の同一性というときも、国家や民族という全体と、構成要素としての集団や個人によって規定される部分との同一性が問題にされる。全く異なった断片が全体の中に含まれた場合は、排除されるか同化されて、同一性に吸収される。

免疫学的「自己」の同一性

こうしたさまざまの同一性の特徴は、生命活動の中にも見出すことができる。

独立した個体の生命活動の特性は、遺伝的に決定されると同時に、その個体が発生する環境とのかかわり合いによって形成される。ことに免疫学的「自己」の成立は、ランダムに作り出されたレセプター(受容体)を持った細胞の中から、「自己」を破壊することのない一群の細胞が選び出されるという後天的なプロセスを含む。もともとは無差別に作り出された多様な細胞の中で、「自己」と反応するような危険な細胞は、前もって除いておくのである。

このとき選別に使われるのは、それぞれの個体で遺伝的に決定されている「組織適合遺伝子複合体（MHC）」の産物である。人間ではHLA抗原と呼ばれる。ここではHLAについての議論には深入りしないが、HLAは、人間の遺伝子の中でも例外的に高い多型性を持っている遺伝子群であり、ひとりの人間は固有のHLA遺伝子の一組を持っている。赤の他人で同一のHLA遺伝子を持っている人は、数万人に一人以下である。

免疫系の「自己」の個性は、まずこの著しく個人差があるHLAという内部世界に適応するというやり方で形成される。HLAが違えば、「非自己」に対する反応性が変わってくる。免疫細胞が作り出される過程で、その個体の持つ独自のHLA分子群によって選択を受けたからである。あるHLA遺伝子を持つ人は花粉症にかかり易いとか、別のHLA型の人は自己免疫病にかかり易いというように、それぞれの個体の反応性は、まずHLAへの適応というやり方で内在的に決定される。すなわち免疫系の行動様式のレパートリーは、免疫系が発生してゆく過程で後天的に形成されるのである。

こうして免疫系の反応様式、すなわち「自己」らしさというものが作り出される。それはもともと遺伝的に決定されていた内部環境への適応によるわけである。しかも適応の仕方は、個体によって必ずしも同一ではない。同じ内部環境に適応するにしても、それを排除するように適応する場合も、また包括的に適応する場合もあり得る。したがって、同じHLA遺伝子群を持っている場合でさえも、「自己」らしさの形成は個体によって微妙に異なってくる。一卵性双生児でも、同一の抗原に対する免疫反応に参加するレセプターのレパートリーが、しばしば異なっていることが知られている。

身体的な「自己」の同一性のひとつ、すなわち見る「自己」と見られる「自己」との関係、それはとりもなおさず、「非自己」に対する反応様式となるわけだが、基本的には、「自己」内部への適応によって決定されていたことになる。

それでは、時間的な同一性はどうであろうか。免疫系は、さまざまな「非自己」と反応し、それを排除することによって「自己」の全一性を守る。この排除反応が終わってしばらくたってから、再び同一の「非自己」の侵入が起こると、今度はきわめて急速に反応が始まり、強力にこの「非自己」を「自己」から除外する。すなわち免疫系は、一度遭遇した「非自己」を記憶する能力を持つ。この記憶はしばしば長期間保存される。ハシカに一度罹《かか》ると一生二度と罹らないのはこの記憶のせいである。また、ワクチンを注射しておくと、たとえ罹っても軽くすむというのも、免疫学的記憶が成立したおかげである。

記憶のメカニズムに深入りすることは避ける。免疫系は、出生後完成したあとでも、さまざまな「非自己」と出合う事件を繰り返しながら、「自己」の反応様式を変化させてゆく。遺伝子がまったく同一の一卵性双生児でも、それぞれが異なった環境におかれ、別々の経験をすることによって、免疫学的な反応性が異なってくる。遺伝的傾向の強い自己免疫性の神経疾患でさえ、一卵性双生児の両方が罹るのは七〇パーセント程度で、あとは片方でしか起こらない。

免疫学的記憶が長期間続くことから、こうして形成された免疫学的「自己」の時間的同一性も長い間保たれると考えられている。

第三の、全体と部分の同一性についても触れておこう。ひとつの個体を形成している細胞は、すべて同じHLA分子を持っている。個体を構成するすべての細胞の上に、同じ組み合わせのHLA分子群が表現されているのである。

したがって、皮膚も、脳も、心臓も、消化管も、すべての臓器や組織の細胞は、免疫系によって「自己」と認識されているのである。同様に、他人の臓器や組織もまた、すべて他人のHLAでマークされているので、そのいかなる断片でも、「自己」にとっては「非自己」なのである。もし、同一の人から二度臓器移植を受けたとすれば、それが最初は皮膚であって二度目が腎臓であったとしても、一度目はややゆっくり、二度目は急速に排除される。最初の移植で、他人のHLA分子に対する記憶が成立したためである。

生命の同一性

免疫系における同一性の成立機構をもとにして、生命全体の同一性について考えてみたい。

私は、免疫系や脳神経系のように、自ら「自己」というものを作り出し、「自己」の反応様式を形成し、「自己」の運命を決定してゆくようなシステムを「超《スーパー》システム」とよぶことを提案した。

「超《スーパー》システム」は基本的には、自ら作り出した「自己」を持つシステムである。

個体の生命もまた、免疫系や脳などの「超《スーパー》システム」が重層化して作り出される「超《スーパー》システム」として理解される。そのひとつの重要な属性が、同一性であろう。

個体という生命の単位が形成される過程もまた、免疫系と同じく、単一のもの（受精卵）から多様な要素が生成し、自己組織化をしてゆく過程である。そこには、遺伝的に決定されたものと、適応的に誘導されてゆくものがある。遺伝的に決定された最初の原因は、次の結果を生み出すとともにそれに適応する第三の過程を生み出す。こうして自ら原因を作り、結果を生み出すという過程のつながりの中に、同一性というものが作り出される原理がある。そこには内在的に、遺伝的に決定されたものと、それに適応して作り出すものがある。後者には当然偶然性や確率論的な過程が含まれる。

生命の同一性は、ＤＮＡによってすべて決定されているわけではない。内部および外部世界に適応し、積極的に偶然性やランダム性を取り込み自己組織化するところに同一性なるものが形成されると考えるのが妥当であろう。

死は、こうした「超《スーパー》システム」の崩壊の過程である。部分としての器官の死の単純な加算ではない。

甲虫の多様性、抗体の多様性

「虫めづる姫君」という平安時代の物語がある。周りの人は、毛虫が大好きなこのお姫様を異常だと思うが、本人は意に介さない。

虫に対する態度で人類は二種類に分かれるように思われる。虫の採集や観察が無上の喜びという昆虫少年。それに対して、虫と聞いただけで身の毛がよだつ人がいる。ガサゴソいう生き物は本能的に苦手なのである。虫が嫌いな人はヌラヌラとしたヘビや蛙は嫌いでない。

私はといえば、虫が怖い方なのである。ヘビや蛙などヌメヌメしたのはちっとも怖くないし、ヤモリが風呂場の窓に張り付いていたりすると嬉しくてたまらないのに。

中学校（旧制）のころ、すばらしい生物の先生に出会った。授業時間には、私たちを野山に連れ出して草や虫の名前を教えてくれた。私は植物の方が好きになって、ほとんどマニアになったが、昆虫はやはり苦手だった。

クラスには昆虫少年がいた。彼の家に遊びに行って標本を見せてもらったときのことを今でも忘れない。たくさんの桐の標本箱があって、薄く綿が敷いてあった。大小さまざまな甲虫がピンで留めてあった。色も形も一つひとつ違う。それが、積み重ねた箱の中に無数の星のように並んでいた。私はその幻想的な世界に魅せられてしまった。

何よりも驚いたのは、その種類の多さである。自然ってすごいな、とそのときつくづくと思った。なぜこんな多様性を自然は作り出したのか。

その疑問は、後年私が免疫学の研究で抗体の多様性の作られ方を学んだときに感じたものと同じだった。億単位の異なった分子を見分ける抗体がどうして作られたかは、利根川進さんによって解明された。考え方をひっくり返すような大発見であった。

数百万種におよぶ甲虫の多様性を作り出した遺伝子の仕組みは？　他の動物に比べてあまりにも桁が違う。何か特別なやり方があったに違いない。そう思うと夢はまだ広がる。

都市と生命

ＮＨＫスペシャル「驚異の小宇宙・人体」は、人間の生命の仕組みを、最新のテクノロジーを駆使して映像化したすばらしい番組であった。最初の放映から数年経った現在でもその価値は衰えていない。

この番組を、どんなイメージで編成するかという企画会議が開かれたとき、私もコンサルタントとして招かれた。制作者の林勝彦さんやキャスターの小出五郎さんなどと、番組全体を貫く人体のイメージをどう設定するかについて語り合った。

制作者側が用意したナレーションは、「人体は森のようである」というところから始まっていた。森には川が流れ、草や木々が芽生え、動物たちの生命が誕生する。雨が降り、陽がそそぎ、生物たちは互いに調和を保ちながら生き、時が来ればまた自然に戻る。

たしかに森は生命を象徴しているようにも見える。しかし、生命科学の現場で研究を続けていた私には、ピンとこなかった。

私は、それは違うといった。生命というのは、むしろニューヨークシティのような気がする。そこでは、絶え間なく新しいものが建設されてゆくが、同時に激しい破壊も進行している。無数の人間が集合し、多様な営みが行われている。巨大な企業、激しい競争、容赦ない収奪。恐るべき犯罪も行われるし、心暖まる愛のドラマも生まれる。

ニューヨークシティは、常に崩壊の危機をはらみながら活動し発展する。青写真で決められたような整然とした都市計画があるわけではない。すべてなにがしかの矛盾を含みながら、かろうじてやってゆける。森のような調和がない代わりに、常に強烈な刺激によって、欠落したものを再生してゆく。人体だってそれと変わらない。

私がそんな発言をしたおかげで、企画は番組のイメージ作りからやり直さなければならなくなった。制作主任の林勝彦さんは、私の意見を容《い》れて、人体というものの持つ危うさに支えられたダイナミズムを大幅に番組に取り入れてくださった。高尾正克ディレクターの担当で、私が助言して作られた「生命を守る——ミクロの戦士たち」は、内外の賞を一二個も総なめにしてしまった。

それ以来、私は生命というものを考えるとき、決まって都市のことを思い浮かべるようになった。また都市にゆくと、そこに生命があるかどうかを気にするようになった。

生命というとき、なぜモスクワではなくてニューヨークを思い浮かべたのか。まず生命というものの定義から考えてみなければならない。ところが、「生命とは何か」という問いに対して、ギリシャ時代にアリストテレスが「生気論」というのを提唱した程度で、はっきりとした答えはないのである。

自己複製とか代謝とか連続とか、さまざまなキーワードは思い浮かぶが、生命そのものを定義することはできない。ことに、人体というような複雑で個性を持った生命体をどう定義するかは、なかなかの難問である。

私はかつて、人体のように個体として独立した「自己」を持った生命を「超《スーパー》システム」と呼ぶことを提唱した。システムというのは、さまざまな要素が関係し合って有機的に働いている集合体であるが、個体という生命には、はじめからさまざまな要素が存在していたわけではない。

人間は、受精卵という一つの母細胞から生まれてくる。この母細胞はまず分裂して同じような細胞を作り出し、やがてそこから神経、筋肉、骨、内臓などを構成するさまざまな細胞を発生させる。こうしてできた多様な細胞が、新たにお互いの関係を作り出して、ついには人間という複雑なシステムまで生み出すのだ。これこそひとりひとりの人間という個性を持った取り替え不可能な存在を作り出す過程なのである。

「超《スーパー》システム」というのは、自分で自分を作り出し、条件に応じて自分の運命を変えながら動いてゆくシステムをいう。プログラムの一部は遺伝子によって決定されているが、別にすべての運命についての完璧なブループリントがあったわけではない。生命とは受精卵という単一なものから、複雑な個体というものを作り出し、運営してゆくシステムなのである。

ひるがえって都市というものを眺めると、それが生命の誕生とよく似たやり方で発生してゆくことがわかる。はじめ一軒の家が建ち、ついで隣家ができる。戸数が増えれば道ができ、分業が起こり、集団活動が生じ、やがては都市が形成される。都市の最終形は、ニューヨークや東京のような巨大な生命活動のコンプレックスとなる。すなわち、都市というのは自分で自分を作り上げる「超《スーパー》システム」なのである。

はじめから正確な計画などなかったことに注意しなければならない。エトルリアの集落をもとに建設が始まり、二千年の歴史を経て作り出されたローマという都市。部分的には人の意志が働いていたとして、ローマ自身は「超《スーパー》システム」の生命活動の帰結としていまの形になった。

その隣に、一九二〇年代にムッソリーニが万国博のために作ったエウルという近代都市がある。いまはローマに吸収されているが、旧ローマ市街から見ると、異物感をまぬがれない。エウルは左右対称の巨大建造物を中心に、完全な計画によって作り出された人工都市なのである。それはシステムに過ぎない。

それに対して、東京は「超《スーパー》システム」の典型である。多様なものを包括しつつ独自性を主張する、生命体として機能している。

しかし昨今、その東京にも、奇妙な異物感のある建築が多くなった。一部の団地は、都市という生命体に発生し増殖し続ける悪性腫瘍のように見えることがある。いまこそ都市は、「超《スーパー》システム」の生命力を発揮して、都市の持つ「自己」を回復しなければならないのではないだろうか。

超《スーパー》システムの生と死

生命の階層性

おおざっぱな計算では、人間は約六〇兆個の細胞から成っているという。細胞は組織（ヒスチオン）という機能単位を形成し、組織によって構築される構造体が臓器（オルガノン）である。人間を、多種類の臓器から成り立つ統合体とみるのが近代医学の考え方である。

多くの臓器は、人間という個体の生存に不可欠である。したがって、人間は臓器に依存した存在である。一方臓器の活動は、組織が営む固有の働きに依存している。組織は性質の異なる細胞群から構成されるが、その細胞の機能は、細胞の構成成分である蛋白質、多糖類、脂質などの分子の相互作用によって営まれる。カルシウムなどのイオンや酸化窒素などの無機化合物も、細胞機能にエッセンシャルな役割を果たす。蛋白質の設計図である遺伝子、そして遺伝子を複製するための分子の構造や機能は、さらにその要素となる元素の物理学的固有の性質にまで還元される。

これが生命の階層性である。要素還元論と呼ばれる近代科学の方法は、高次の自然現象、たとえば生命活動や精神現象を、より低い階層でのできごとの集成として説明しようとしてきた。人間という個体の生命を、まず臓器の生理や病理（臓器生理学、臓器病理学）で理解し、臓器の活動は組織細胞の機能で（細胞生理学、細胞病理学）、さらに細胞の機能は蛋白質分子間相互作用と遺伝子の発現機構から説明できると考えた（代謝学、分子生物学など）。言うまでもなく、脳の機能や精神活動も例外ではない。

すでに指摘されているように、上の階層でのできごとは、必ずその下の階層でのルールによって拘束されている。しかし下の階層でのできごとを単に積み重ねただけでは、上の階層での現象のすべてを説明することはできない。あらゆる生命活動が、最終的には生体の構成成分である蛋白質と蛋白質の相互作用（たとえば酵素とその基質の反応）に依存しているとしても、細胞の個体内での個別的挙動は、蛋白質同士の化学反応だけでは理解できない。それは細胞間の相互関係や情報のやりとりといった、細胞という上位の階層での新しい原理なしには説明できないのである。

個体の生命は細胞レベルでの生命活動に依存はしているが、細胞レベルでの反応を単に積み重ねても、個体の生物学的反応や行動という、上の階層での現象のすべてには至らない。そこには個体のおかれた内部および外部環境に生じた新しいルールが存在しているからだ。

人間のような個別的「自我」を持っている存在は、社会というもうひとつ上の階層を作り出し、その社会は個体の生物学的ルールに拘束されてはいるが、それを超えた独自のルールを発明することによって運営されている。経済活動や倫理は、個体の生物学的性質に拘束されてはいるが、それを超えるルールとして働いている。

したがって個体の生命というのは、それを構成している細胞の生命の総和といった単純なものではない。細胞から個体へと階層が変わることによって、何かが質的に変わったのである。個体という存在は、細胞が自らの相互関係によって作り出した「自己同一性」という新しい原理に依存した存在となったのだ。「自己同一性」のルールは、蛋白質分子や細胞間の反応に依存してはいるが、細胞や分子の世界にはなかった「自己」という存在が新たに生成することによって生じたものである。

階層を超えることによって作り出される新しいルールを理解してゆくことなしには、生命論は成立しない。単純な要素還元論的アプローチは、下の階層の論理で上の階層のできごとのすべてを説明しようとした。一方、浅はかなホリスティックの論理は、全体の行動が、下の階層にある要素の論理に常に拘束されていることを忘れたために、空虚なものになってしまった。いずれも生命論としては半端なものにしかならない。

個体の生命や死、ことに人間の生や死を考えるとき、生命の持つ階層性を考慮しない限り、問題は空転してしまうだろう。生物学的に客体化された個体の生死を問うときには、細胞や臓器レベルでの生死とは異なった基準があるし、当事者としての自分の生や死を考えるとすれば、自分が構成している社会のルールや倫理といった、もうひとつ上の階層の哲学的問題となる。言うまでもなく倫理は、生物学的存在としての個体の性質に拘束されてはいるが、それを超えた価値の問題を含んでいる。

超《スーパー》システムとしての生命

私は先に、高次の生命体としての個体が成立する過程を、「超《スーパー》システム」とみるという視点を提出した(『生命の意味論』)。それは遺伝的プログラムという、DNAで書かれた情報が多様な細胞に時間とともに発現しながら、さらにそれを超えて「自己」というものを持った個体、すなわち上の階層に属する統合体に自己実現してゆく創発的な過程として、生命を捉えるという試みであった。

単一の細胞である受精卵は、分裂によって自己複製を繰り返している間に自ら多様化し、そこに生まれた多様な細胞は、互いに接着分子や情報伝達のためのメッセンジャー因子等を介して新たな関係を作り出し、自己組織化してゆく。自己組織化の基本原理は相互(内部)適応である。適応しなかった細胞は、自ら死のプログラムを発動させて死に(アポトーシス)、適応できた細胞のみがさらに自己組織化を進めてゆく。

内部適応を繰り返して自己生成してゆく統合体は、当然充足した閉鎖構造を作るはずなのに、超《スーパー》システムは内部適応の際に使った受容体を外部情報をキャッチするのに利用し、外部情報を取り込む開放構造として機能し始める。このやり方ならば、外部情報はすぐさま内部情報に転換（シグナル転換）され、最終的にはシステムの行動様式の決定と内部調節に利用される。つまり自己言及的な反応体系として、外部環境に依存しながら刻々と創発的な行動を作り出す統合体が成立するのだ。このようにして、単なる細胞の集合体を超えた、個別性を持った統一体として自己決定してゆく、一次元上の「超《スーパー》システム」が作り出されると考えたのである。

超《スーパー》システムは、したがって細胞のルールを超えて、「自己」というものに裏付けられた個別性のルールを持つようになる。個体の生命の発生は、超《スーパー》システムの自己生成の過程として捉えられる。それによって、受精卵のレベルでのルールを超えた新しい存在が生まれるのである。

仔細に点検すると、免疫系や脳神経系などの高次の生命システムの発生も同じやり方を踏襲している。私が免疫系を、個体の生命を考えるモデルとして利用したのはこのためである。

超《スーパー》システムにおける始まりと終り

しかし困難なことは、受精卵のレベルを超えて個別性を持った個体が成立する時点、すなわち個体の生命の始まりをどこにおくかは、この議論からは決定できないという点である。超《スーパー》システムの発生は連続的な過程であるから、どこが人間の始まりかは明確ではなくなる。同じようにして、超《スーパー》システムが不可逆的絶対的に解体してゆく死の時点を決定することも不可能である。

人間の一生は、「オギャー」と生まれて「御臨終です」で終るものと相場が決まっていた。ところが、医学の発達によって、二〇週ていどの胎児でも子宮内での外科手術ができるようになって、胎児は「患者」として扱われるようになった。男女の産み分けや代理母の問題など、出生前の胎児の「人権」をどう守るかが議論されるようになった。生命の始まりの時点は、少なくとも「オギャー」よりはるか前に遡らなければならない。

一方死の方も、終末期医療や脳死との関連で、どこが「御臨終」なのかはますますファジーになりつつある。始まりと終りは現実の世界でも不明確になっているのだ。

脳死を「確立した死の基準」と決めたアメリカでも、心臓停止後脳死と診断される前の臓器摘出が盛んに行なわれているし、脳死が成立するのを待たずに臓器摘出を行なうことを合法化させようという動きもある。死の時点が明確でなくなったのは日本ばかりではないのだ。私たちが生まれることも死ぬことも百パーセント確実なのに、どうしてその時点はこれほど不明確になったのであろうか。もし個体の生命を超《スーパー》システムとして規定したとき、生命の誕生と死をどう考えるべきであろうか。

生命の中の死

個体の生命を「超《スーパー》システム」とみることを提案したのは、細胞の階層での生命現象の集合としてではなくて、細胞や蛋白質間の相互作用に拘束されながらも、それを超えて生成した統合体としての生命のルールを新たに定義し直そうとしたからである。個体や脳、そのひな型ともいえる免疫系の発生や崩壊の過程に、生命の始まりと終りの様式をもう一度点検する必要があるだろう。

発生という生命の始まりの中に、死が内包されていることは広く指摘されているところである。たとえば、排卵によって一つの卵子が生まれるためには、減数分裂の過程で生じた片割れの三つの細胞が死ななければならない。三つの細胞が死ぬことによって、生命の根源となる一つの卵細胞が生まれるのだ。精子の方も、受精に成功する精子一個に対して無駄になる何億もの精子が作られる。

受精卵が分割して胚が形成されたとき、外部に位置する大多数の細胞は、栄養細胞としてやがて胎盤を形成するのに使われる。胎児に栄養を送るために働いた胎盤は、胎児と同じ起源を持ちながら、出産後は子宮から剝離して死ぬ運命にある。

胎児が発生してゆく過程でも数多くの細胞が死んでゆくことは、よく知られた事実である。手足などの形態形成の際に起こる指間の細胞の死、脳神経系の発生における莫大な数の神経細胞の死、男性器が形成されるために必須なミューラー管の退縮など、個体の形が形成され、脳、免疫、内分泌系などが完成するためには、必ず数多くの細胞の死がなければならない。

個体の誕生のために必然的に存在する細胞の死の形態が、いわゆるアポトーシス（apoptosis）、プログラムされた細胞の死である。細胞は死の遺伝子を働かせて自らのＤＮＡを切断し、細胞自身も断裂して、周りの細胞に飲み込まれて跡形もなく消えてゆく。外力で細胞が殺される壊死のように騒ぎを拡大することなく、静かにいつの間にか死んで、個体の生命を保証しているのである。

アポトーシスを決定している遺伝子がいくつも見つかり、アポトーシスが数多くの遺伝子のオン・オフで複雑にプログラムされた細胞死であることがわかってきた。アポトーシスの遺伝子は、すでに六億年以上も前に出現し、その後生命が進化するとともに、死の遺伝子の方も進化を続けてきた。これほどまで保存され改良されてきたからには、死の遺伝子が生命の維持のために必須のものであったからに違いない。

アポトーシスの遺伝子の異常は、癌、白血病、先天性異常などを引き起こし、生殖障害や脳の発達異常、自己免疫疾患などに関与していることがわかってきた。プログラムされた細胞の死が、高次の生命活動の成立に深く関わっていることは確かである。

この限られた紙面の中で、アポトーシスについての解説をこれ以上するつもりはないが、遺伝的に決定された細胞の死が超《スーパー》システムの生成に果たす重要性は、ここで強調するまでもないことであろう。まさしく高次の生命は、死を内包しながら作り出されるのである。

死のプログラムは、発生の始めから刻々と実現されている。六〇兆個の人間の細胞も、プログラムされた通りに死ぬ運命にある。超《スーパー》システムは、こうした細胞が自ら作り出した相互依存的なシステムだから、内部調節に関与するエッセンシャルな要素となる細胞の死は、必然的に超《スーパー》システム自体の崩壊をきたし、いずれはシステム自体の死をもたらすことになる。現代科学がいま一つひとつ暴露しつつある老化プログラムに関与している遺伝子や死の遺伝子、さらにはそのスイッチを押すに至る染色体末端ＤＮＡの変化（テロメアの短縮）などの事実が、個体の生命の制限に関わっていることは無視できない。

死の階層性――細胞の死と個体の死

脳神経系における細胞死の蓄積や、細胞分裂によって確実に進行してゆくテロメアの短縮、老化遺伝子の働きによって起こる細胞機能の変化などをみてゆくと、たしかに個体の死は必然的に細胞レベルでの死と老化に依存していることがわかる。その点では、死も発生と同じように、どの時点をもって超《スーパー》システムとしての個体の死とするかは決定しがたい。それは細胞のルールを超えた超《スーパー》システムのルールに基づいて決められるべきものなのだ。

心臓の死も、脳の死も、筋肉や肝臓、腎臓などの機能の廃絶は、それに依存して存在している個体を必然的に死に至らしめる。それはしばしば長い時間を持った過程となる。しかし、肝臓機能の廃絶や腎臓機能の停止だけで個体の死を定義できないように、脳の死も、心臓の停止もそれだけでは個体の死は定義できないことになる。それはもう一つ上位にある人間社会のルールに従って決定されなければならないからだ。臓器の死は個体の死を拘束はするが、個体という社会的あるいは主観的存在の死を一義的には決定し得ない。それを決定できるのは、個体が集合して作り出した社会のルールだけである。

脳死の議論があれほどまでに紛糾したのは、生命の階層性を無視して、上の階層である人間の死を下の階層である臓器や細胞の死に還元しようとしたからではないだろうか。脳の死は人間の死を拘束はするが、人間の死のルールは別の階層の問題だし、別の階層で議論され決定されるべきものだったのだ。それは自らの死というものを知り、死の主観性を基礎にして共同社会を営んできた、人間という特殊な生物の問題であって、実験動物で決定できる個体の生死の問題ではなかったのだ。

同じことは生命の始まりについても言える。個別の、分割不可能な生命の生まれる時期は実験動物でも決定できようが、人間の生命の始まりの時点をどこに求めるかは、社会的に決定してゆくほかはない。

階層性の論理

以上のような議論を踏まえて、生命の階層性が関与する問題点を指摘しておきたい。

繰り返し述べたように下の階層のルールは、上の階層の現象を拘束はするが、すべてを発明することはできない。上の階層のルールは、下の階層に依存しながらそれを超えて新しいルールを作り出している。

ところが、しばしばこの論理が誤って使われている。利己的DNAの論理は、生物種や個体の存在を、下の階層にあるDNAのルールだけで説明しようとする。個体の行動様式が結果的にDNAの存続に有利に進化しているのは事実として、DNAのルールを積み重ねれば個体のルールが成立するという考えは早計であろう。DNAのルールに拘束されながらも創発的に作り出されたもう一つ上の階層の論理、たとえば文化活動や倫理という別の側面を見逃してはいないだろうか。

同様に、細胞のアポトーシスに見られたルールを個体の生命にまで広げて、ことに人間社会における適者と不適者の選別に投影するなどというのは、生命の階層性を無視した論理である。会社組織において一握りのエリート以外は、不況下では脱落してゆけばよいなどという論理は、科学の仮面を被った愚かな俗論である。

生命の階層性と、それを超えることによって成立する創発的なルールを発見し、解明してゆくことは、生物学にとっても、社会科学にとっても重要なことであろう。そこでは、一般論として階層を「超える」というのがそもそも何を意味しているのか、「超える」ことの原理は何かについて、集学的に考えなければならないと思う。生物学でも情報科学でも、その設問さえなされてこなかったと思う。

Ⅱ

「超《スーパー》システム」としての生命

老化——超《スーパー》システムの崩壊

老いの実像

平安中期または末期に成立したとされる「玉造《たまつくり》小町《こまち》子《し》壮衰書《そうすいしょ》」は、往時絶世の美女として名を馳せた女が、いまは老いさらばえて巷を徘徊している悲惨な姿を描いた長編の詩である。この女人が本当に小野小町であった直接の証拠はないが、一般には彼女のなれのはてを描いたものと解釈され、その後の小町伝説の原形となっている。

その冒頭を読んでみよう。

予《われ》

行路の次《ついで》、

歩道の間、
径の辺途《ほとりおおち》の傍に、
一《ひとり》の女人有り。
容貌顦顇《かじ》けて、
身躰疲痩《つかれや》せたり。
頭《こうべ》は霜蓬の如く、
膚《はだえ》は凍梨に似たり。
骨は竦《そばた》ち筋抗《あが》りて、
面は黒く歯黄《きば》めり。
裸形にして衣無く、
徒跣《つるはぎ》にして履《はきもの》無し。
声振ひて言ふこと能はず、
足蹇《な》へて歩むこと能はず。

（以下略、杤尾武校注、岩波文庫『玉造小町子壮衰書』より）

後にさまざまな小町老衰図に描かれることになる老残の小町像の原形がここにある。
観阿弥作とされる能「卒都婆小町」は、この「玉造小町子壮衰書」を原典としている（図26）。

図26　卒塔婆小町

百歳に余る老婆となって物乞いをしている老女小町が、疲労のため卒塔婆に腰かけて休んでいるところ。橋岡久馬所演、森田拾史郎撮影。

多くの詩句をそのままこの書から引用して、老いた小町の矛盾した行動を劇にしている。百歳に近い老婆となって巷に物乞いをしている小町が、道端の朽ちた卒都婆に腰をかけて休むところから劇は始まる。それを見とがめた高野山の聖との間に、舌端火を吐く卒都婆についての教義問答となり、ついに聖をやりこめてしまう。驚いた聖が乞食女の足もとに額をつけて三度の礼をなしたのに、女はそれさえも見下して相手にしない。

小町は「玉造小町子壮衰書」の詩句を長々と引きながらいまの零落老残のありさまを物語るが、ついには抑制がきかなくなって狂乱し始める。ここでは小町自身が、かつて小町に恋した深草の少将と人格が入れ代わって、百夜通いの末に狂い死にしたところを見せるのである。

作者不明の能「鸚鵡小町」もこの延長にある。関寺あたりに逼塞している老残の小町が、帝からの使者に対していともも奇矯なふるまいに及んだことを主題にしている。ここでは、陽成院の臣下の新大納言行家という貴族のちょっとした言葉違いに傷ついて、いささか感情的なやりとりの末、帝の下しおかれた憐れみの歌の一字だけをかえて、鸚鵡返しの返歌をするという倣岸の挙に出る。「雲の上はありし昔に変らねど、見し玉簾の内やゆかしき」を「内ぞゆかしき」としてそれを自分の返歌だというのである。そしてここでも、かつて追っかけていった美青年在原業平の玉津島奉納の舞いをまねた舞いを舞ってみせる。舞い疲れて、そっけなく行家を追い返したあとで、我を取り戻した小町は、再びただの老婆に返って、身を嘆き涙するという筋である。そこには、鸚鵡返しをすることによって鏡に映し出される、かつての若かりし日の美と嬌慢が、現実の醜い老いの対極として現れる。実際には、老女の能ということで抑制に抑制を重ねた演出で上演されるが、その底には老いた女のきわめて複雑な心境が流れているのである。

老いという現象

医学では、老化とは「加齢に伴う不可逆的生理的機能の減退」と定義されている。たしかに老化に伴ってさまざまな機能が低下してゆく。しかしそれは、使おうと使うまいと、何十年もたてば冷蔵庫だって自動車だって古くなり動かなくなるのと同じだ。その意味なら金属だってゴムだって老化する。

しかし、壮衰書に描かれた玉造小町も、能に現れた百歳の小町も、単なる生理機能の減退の姿といったなまやさしいものではない。そこには、金属やゴムが時間とともに劣化するのとはちがったもっと積極的で悪性度《マリグナンシー》の高い老いの実像が現れている。単に生理学的機能の低下という観点からでは老化の実像には迫れない。

私は、個体の生命の発生を超《スーパー》システムの成立過程として把えようとしてきたが、いまそれと同じやり方で、老化を超《スーパー》システムの崩壊過程としてながめてみようと思う。

人間は老いを何によって感知するのか。「玉造小町子壮衰書」に描かれているように、肉体の衰え、毛髪や皮膚の変化などの身体的徴候、運動や知的活動の低下などを実感するというのがまず第一段階であろう。

そうしたさまざまな身体的老化は次々に重層化していって、ついには個体を人間社会から隔離してゆき、やがては死に至らしめる。老化は、ひとりひとりの個体の寿命を、人間という種に遺伝的に決定されている「種の寿命」の範囲に制限する積極的な役割を果たしている。

ひとつひとつの老化現象がどのように進行するかについては、近年精細に解析されている。たとえば皮膚の外見的老化などは、表皮細胞の分裂能力の低下と変性のほかに、皮下の結合組織にあるコラーゲン線維の分子間に化学的な架橋が生じ、水溶性が失われて硬さを増し、膚の緊張が失われて皺だらけになる。メラニン色素を持つ色素細胞がかたまって増えて黒いシミ(老人性母斑)

ができる。「玉造小町子壮衰書」に現れた「膚は凍梨に似たり」というのはこういうことである。骨格筋のうちでも赤筋と呼ばれる筋力の源の筋線維が萎縮し、運動能力が低下する。その上、骨のカルシウム塩は老年の女性では三〇パーセント以上も失われてしまう。そこに脳神経系の細胞の減少による知的機能や反射運動能力の低下が加わって、「声振ひて言ふこと能はず／足蹇へて歩むこと能はず」となる。

しかし、こうして老化の医学的諸症状を書き写してみると、それが全くの現象論に過ぎないことに気付く。「凍梨に似たり」というのを、コラーゲンの変化とか老人性母斑などと言いかえても、単に同じ現象を科学の言葉に置き換えて記述しているに過ぎない。二十世紀においても、二十歳の小野小町と百歳の小町の皺の数は違うのが当然である。

老化についての医学的研究は、一時期、こうした老化のいろいろな現象の記述に終始していた。百歳の小町の皺の数をどんなに正確に数え、統計的に扱ってみたとしても老化の本質に迫ることはできなかった。

次の段階は、老化のさまざまな現象を、統一的に説明できるメカニズムを解明しようという研究であった。多くの研究者がこれに従事して、いくつかの老化原因のモデルが提出された。

主なものの幾つかを眺めてみよう。

老化のプログラム

第一は老化のプログラム説である。老化というのは、ゲノムの中に遺伝的にプログラムされているはずだ。時間とともにそのプログラムが発現してゆくことによってすべての細胞は老いて、個体は遺伝的にセットされた寿命内で死ぬと考えるのである。

動物の寿命は種ごとにおおよそ決まっている。マウスやラットの最大寿命は約三年で、その期間に、最大寿命約百年とされる人間の一生に起こるすべての事件、生長、成熟、生殖、老化、死のすべてを経験する。人間の次に長命なのは象で、おおよそ七〇年生きることができるという。エレガンス線虫という下等動物は、最長で三〇日程度の寿命を持つ。平均寿命は一四日程度である。そのたった一四日の間に生長し、生殖し、老化する。

種によって最大寿命が決まっているという事実は、老化―死が遺伝的にプログラムされていることを示す。それでは老化の遺伝子はどこにあって、どのような形で寿命を制限しているのだろうか。

エレガンス線虫では、少なくともひとつ、老化を規定している遺伝子が見つかっている。*age-1*と呼ばれるこの遺伝子に変異が起こると、平均寿命が二三日ほどに延長する。同時に、一生の間に生む卵の数の方は五分の一以下に減ってしまう。この同じ遺伝子の一部が別な読みとり方をされると、エレガンス線虫の精子形成能力を変化させる。生殖に関係している遺伝子が、老化の速度を調節していたのだ。もっと高級な脊椎動物では、それに相当する寿命を左右する遺伝子はまだ見つかっていない。

一九六一年、L・ヘイフリックとP・モアヘッドという二人の学者が、ショッキングな事実を報告した。人間の皮膚からとった線維芽細胞を必要な栄養素をすべて含んだ培養液中で培養すると、どんな良い条件を与えてもおよそ五〇回分裂すると増殖が止まってしまい、やがて死に絶えてしまうというのである。それは、大腸菌やカビなどが、無限に分裂を続け、寿命というものが存在しないのと全く違う現象だったのである。また何十年もの間試験管内で培養し続けることができた、HeLa細胞という人間の癌細胞とも違う事実だった。

正常の線維芽細胞には、限られた回数の分裂をすると、そこで死ななければならない運命が、遺伝的にプログラムされているらしい。

ヘイフリックはさまざまな個体から取った線維芽細胞の培養を行って、試験管内での分裂回数の制限が正常の細胞では例外なく起こることを示した。それは「ヘイフリックのモデル」と呼ばれるようになった。さらに若い人からとった線維芽細胞の分裂回数は、高齢者から採取した細胞のそれより多く、生体内ですでにヘイフリックのモデルの寿命のカウントが始まっていたことが示されたのである。

動物の最大寿命は種によっておおよそ決まっているといった。そこで、さまざまな動物の線維芽細胞をとって培養してみると、試験管内での最大分裂回数とその動物の最大寿命との間には直線的な平行関係があることがわかった。たとえば、百年の最大寿命を持つ人間の細胞の試験管内分裂回数が五〇〜七〇回とすると、最大寿命一〇年のウサギでは二〇回、寿命三年のマウスでは一〇回以下であった。人間より長命とされるガラパゴスゾウガメの細胞では、百回を優に越えたという。

人間の遺伝的な疾患として、短い年月のうちに老人になってしまう病気がある。早発性老化症という。十歳くらいで頭髪が抜け落ち老人のような顔貌になってしまうプロジェリア、二十歳代でほとんど老人のようになってしまうウェルナー症候群などである。寿命も短い。こうした早発性老化症の患者から得られた線維芽細胞の分裂回数は、正常の人よりはるかに少なく、四十歳代の患者からの細胞ではしばしば一〇回以下で増えるのを停止してしまう。これは正常の四十歳代の人の分裂回数の約五分の一である。

ヘイフリックのモデルの分裂制限に関与しているタンパク質とその遺伝子の研究も進められているが、正確にはまだ決定されていない。老化細胞と若い細胞とを細胞融合という方法で合体させると、老化細胞と同じような分裂の抑制が起こったので、老化細胞の方に優勢な変化が生じているらしい。

それでは細胞はどのようにして分裂の回数を記録し、その時が来たとき分裂をやめさせるのだろうか。この点に関しても正確な答えはまだない。しかし最近、この分裂回数をカウントしているらしいＤＮＡがみつかってきたのである。

それはテロメアと呼ばれる、それ自身はタンパク質をコードする能力のない、意味のないＤＮＡの繰り返し構造である。

人間のゲノムは二三対の染色体に配分されており、遺伝情報はこの染色体の中にすべて収められている。三四億対のヌクレオチドから成るゲノムのＤＮＡは、二重らせんの形で細かく折りたたまれて、二三対の染色体に収蔵される。細胞の分裂が起こるたびにそれぞれの染色体は二つに分かれるが、その際二重らせんＤＮＡの鎖もときほぐされ、鎖は一本ずつそれと対応する（相補的な）もう一本の鎖を合成させてペアを作り、分裂したそれぞれの細胞の中で再び二重らせんのゲノムを再生するように分配されるのである。

それぞれの染色体の両端に当たる部分にはテロメアと呼ばれるＤＮＡの無意味な構造がつながっていることが知られていた。人間ではＴＴＡＧＧＧという六つの文字が繰り返されたＤＮＡのつながりである。その暗号が、何百回も繰り返されながらくっついているのである。人間の染色体では、二三対の染色体の両端に、このテロメアが二千回も繰り返しくっついている。

この暗号は、どんなに長くつながっても、読み始めの構造も読み終わりの構造も現れない。したがってタンパク質に翻訳することができない無意味な配列である。

細胞が分裂してＤＮＡが複製されるとき、この無意味な配列もいっしょに複製されるので、何の役にも立たないのに自己複製だけをしているいわゆる「利己的ＤＮＡ」に属するものとされてきた。

ところが面白いことに、培養した細胞が分裂するたびにこのテロメアの長さが短縮してゆくことがわかったのである。一回分裂するたびに五〇文字程度ずつ少なくなってゆく。なんと、テロメアは細胞の分裂回数を数えているらしいのである。まるで回数券のようである。

老人から取った細胞のテロメアの長さは、若い人の細胞よりかなり短い。すなわちテロメアの短縮による寿命のカウントは、培養した細胞に限ることなく、生きた人間の体の中でもう自然に始まっていたのである。回数券はすでに使われていたのである。また先に述べた早発性老化症の患者の細胞でもテロメアの長さは、同じ年齢の正常の人に比べてはるかに短い。さらに、個体を作り出すための最初の細胞、人間の精子や卵子などの生殖細胞は最も長いテロメアを持っていることがわかった。

こうしたことから、テロメアの長さと細胞の老化との間には関係があるだろうということになった。テロメア自身は特別な遺伝情報を持っているわけではないが、それがすっかり短縮してしまうと染色体が不安定になって互いにくっつき合ったりして、細胞分裂がうまくゆかなくなる。そのために細胞は再生能力を失うのではないかと考えられるようになった。

一方、いくらでも分裂できる単細胞生物や、不死化した癌細胞などでは何度分裂してもテロメアは短くならない。テロメアを継ぎ足すテロメラーゼという酵素が働いているからである。テロメラーゼは、受精卵から胚が発生する途中までは細胞の中に発現しており、役割が決まった体細胞への分化が終了すると、テロメラーゼの発現が止まって、その時点で細胞に有限の分裂回数がセットされると考えられている。癌化した細胞では、しばしばテロメラーゼが発現しており、分裂回数を数える時計を狂わせているらしい。分裂のための回数券が無数に発行されているのである。

こうしてテロメアが、細胞レベルでの老化プログラムのひとつとして働いている可能性が出てきたのである。しかし、テロメアの短縮という現象と、個体の老化との間にはまだ埋めなければならない多くのギャップがある。

脳の老化

テロメアの短縮による細胞分裂回数の制限ということだけでは老化は説明できない。線維芽細胞、皮膚の上皮細胞、骨の細胞、免疫血液系の細胞、消化管の内面を覆う粘膜上皮細胞などは、毎日一定数が死んで、その分を細胞分裂によって補給されるので再生系細胞と呼ばれる。それに対して、脳神経系の細胞や心臓の筋肉細胞などは、生まれたころにはすべて作り出されて、出生後は分裂や増殖をしない。筋肉が運動することで太くなるのは細胞が肥大するだけで、数が増えるわけではない。脳神経系細胞も生後は分裂しない。その後は複雑な神経突起を介したニューロンのネットワークを作って、脳の「自己」という超《スーパー》システムを作り出し維持してゆくだけなのだ。

生後分裂増殖することをしない非再生系の細胞から成る脳神経系が老化してゆくのを、「ヘイフリックのモデル」ではもちろん説明できない。脳神経系の老化はまず、神経細胞が「生理的に」死んでゆくことから始まる。これも一種のアポトーシス（プログラムされた死）であるとされている。二十歳を過ぎたころから、一日一〇万個ていどの細胞が脳の中で死んでいくといわれている。アルコールや薬剤はこれを助長するという。

それにも拘わらず、脳神経系の老化による変化は、他の臓器に比べてむしろ軽微である。それはこの臓器が、一四〇億個を越える大脳の神経細胞（ニューロン）で構成される、きわめて予備能力の高いシステムであるからである。たとえ五〇年間にわたって一日一〇万個の細胞が死んでいっても、たかだか一三パーセント程度の減少に過ぎない。百歳になって初めて約二〇パーセントの神経細胞が死ぬ計算である。それに対して、一生の間で使われている神経細胞は一〇パーセントていどと言われている。

だから、知的活動の衰えない百歳老人がいる。それは、脳神経系細胞には高い代償機能があって、ひとつの細胞の死を別の細胞が代償してくれるからである。神経細胞の機能は、細胞から長く伸びた樹状の突起が他の細胞の突起と繫がって細胞間の回路を作ることによって行われる。しかしこの突起は、年とともに木の枝が枯れ落ちるように消えてゆく。そういう細胞が現れると、一方で逆に突起が増えてゆく細胞もあることがわかっている。

記憶と関係のある海馬と呼ばれている部分の神経細胞では、突起の数が老人で逆に増えていることがあるという報告がある。しかし痴呆老人では明らかに減っている。

重要な機能を持った特定の部位の細胞に集中的に細胞死が起こると、知的機能や運動機能の障害が起こる。中脳の黒質という筋肉の緊張に関係した神経細胞の集まったところの細胞が死ぬと、手が震えたり、早く歩くことができなくなる。「声振ひて言ふこと能はず／足蹇へて歩むこと能はず」はこのためである。

また大脳の下面にある視交差上核という、小型の神経細胞が集合している部分は二十歳代から神経細胞が少しずつ少なくなってゆくことが知られているが、ここは生理現象の日内変動を司る部位で、老人が昼と夜を間違えたり、睡眠障害を起こしたりするのはこの部分の細胞が死んだためである。

脳神経系の細胞の運命的な死は次々にこうした問題を作り出してゆく。しかし何とかして知的活動を維持していた脳が、ある時期ついには崩壊してしまうのはなぜだろうか。その理由として、神経突起の増加という代償によってかろうじて支え合っていた神経系ネットワークで、ひとつの細胞の死を契機に、連続的な細胞死が起こり、欠陥を拡大してゆくからではないかといわれている。

神経突起を代償的に増やしてつながっていた細胞自身もすでに老化しており、支えあっていたひとつの細胞の死をきっかけに次々に死んでゆく。神経細胞が生き延びるためには、神経突起で結合することによって、神経成長因子などの生きるためのシグナルが与えられることが必要であることは前にも述べた。老人が、風邪をひいて寝込んだだけで、急激にぼけが進むなどはこのためである。

ここにはテロメアは関係していないが、プログラムされた細胞死を実行させる、システム内部の環境要因が鍵を握るだろう。

老化学説の多様性

こうしたさまざまな老化の形態を統一的に説明しようとして、いくつかの学説が提出されている。代表的なものを紹介しよう。

体細胞突然変異説は、生きてゆく間に体細胞の遺伝子に突然変異が生じたり、放射線や紫外線によるＤＮＡの障害の結果が老化を引き起こすという。細胞が分裂している環境に、紫外線などがかかるとＤＮＡ鎖に障害が起こる。細胞はそれをＤＮＡポリメラーゼという酵素で修復しているが、その修復にエラーが生じ、年々蓄積することによって細胞機能が低下してゆくという説である。じっさい、早発性老化症プロジェリア患者の細胞では、ＤＮＡの鎖を放射線で切断すると修復が起こりにくいといわれている。しかし、種によって最大寿命が異なることなどはこれでは説明できない。

さらに、ＤＮＡの遺伝情報の発現が正確に行われなければ細胞は正常に機能することができない。情報発現の段階でもエラーが生じると異常なタンパク質が蓄積したり、誤った機能分子が作り出されたりする。アルツハイマー病の老人の脳に沈着するβアミロイドやリポフスチンのような老化物質は、遺伝子の転写や翻訳における異常がもとになっている。また正常に作り出されたタンパク質であっても、分子間に架橋などの化学反応が生じて物性が変化することも老化現象の要素となる。皮膚のコラーゲンや血管のエラスチン分子で起こる分子間架橋は、皮膚や血管の弾性の低下の原因となる。

こうしたさまざまな変化の統一的な原因として、活性酸素による生体内分子の酸化傷害があると考えるのが、いわゆる老化のフリーラジカル説である。細胞がエネルギー代謝をして活発に働けば働くほど、必然的に反応性に富んだフリーラジカル（遊離基）という反応基が生じる。活性酸素の類である。活性酸素は、タンパク質、核酸、脂質などの体の構成成分に強力に反応し、過酸化物を作り出す。細胞膜を構成する不飽和脂肪酸が酸化されて過酸化脂質になると、細胞膜の機能障害が起こる。インスタントラーメンなどの保存食が劣化するのも過酸化脂質が作り出されるためである。活動する体の中では、それが常に進行しているのである。激しい運動をすれば当然活性酸素が作り出される。スポーツは常に体にいいわけではない。

フリーラジカルの生成は、これまで述べた突然変異、DNAの障害、異常タンパク質の生成などさまざまな老化現象の大もとに関与していると考えられている。テロメアの短縮にもそれが関係しているらしい。脳神経系細胞のアポトーシスによる死にも関係しているかも知れないといわれている。

そうだとすれば、酸素を吸ってエネルギーを作り出すことによって生存している人間は、自分の中で必然的に、常時老化原因を生産していることになる。生きていることは老化することである。いまのところ生体内での酸化傷害を阻止できるような抗酸化剤はない。

免疫系の老化

しかし、このように老化の諸相を点検してくると、それがどうしようもない循環論法に陥っているのに気付く。たしかに細胞レベルでの分裂の制限、分子レベルでの過酸化の進行、遺伝子レベルでの修復の障害、プログラムされた細胞死、それぞれ納得がゆく。しかし人々が実感している老いの実像からはほど遠い。

個体の老いの中には器官や細胞の老いが入り込み、細胞の老いには分子の老化が、そして分子の老化をもたらす遺伝子の変化が、というように老化には入れ子構造のように小型の老化が入り込んでいる。私は前著『老いの様式』（誠信書房、一九八七年）でそれを老いの多重構造と呼んだ。

「老いの波」というように、さまざまな老いの現象が経時的あるいは立体的に押し寄せてくるのが老いである。世阿弥作の能「関寺小町」では、百歳の姥となった小町が、「忍ばしの古の身やと思ひし時だにも、また故事《ふること》になり行く身の、せめて今はまた初めの老ぞ恋しき」と嘆く。初めて老いを発見して恥と衝撃を感じたその時でさえも、いまとなっては懐かしいという老いの多重構造である。老化の生物学的研究は、この入れ子のひとつひとつのふたを開けて、中身をひとつひとつ点検しているのが現状で、開けても開けても次の入れ子が現れて来るだけなのだ。全体の老いと部分の老いの関係はまだ見えてこない。

それを考えるため、もうひとつの入り口として免疫系の老化を考えてみたい。

これまで何度か述べたように、「免疫」というのは後天的に生体が確立する、身体の「自己」の行動様式である。私はそれを、高次の生命の基本としての超《スーパー》システムとして位置づけた。免疫学的「自己」が、HLAのような遺伝的な多様性を見ながら、行動様式としての免疫系を成立させてゆく過程については、「見られる自己と見る自己」(『生命の意味論』所収)で詳しく述べた。また免疫血液系の細胞群が、もともとは一種類の造血幹細胞から、ゲノムに書かれていた遺伝的プログラムとそれを引き出す内部および外部の環境因子をもとに、「自己生成」してゆくことも繰り返し述べてきたところである。それでは超《スーパー》システムという観点から免疫系の老化を眺めると、何が見えてくるであろうか。

免疫超《スーパー》システムを作り出す重要な臓器「胸腺」は、人間のあらゆる臓器のうちで最も老化を鋭敏に映し出す臓器である。胸腺という臓器の構造は生まれる前にすでに完成し、出生直後が最も細胞密度の高い時期である。十歳代までは胸腺は重量を増して最大三五グラム程度に達するが、その後は年齢とともに縮小し、四十歳代以降では胸腺の大部分は脂肪組織に置き換えられ、六十歳ごろには大きくても一五グラムくらいになってしまうが、重量の大部分は脂肪で、免疫細胞を作り出すことのできる実質はたったの五グラム以下に減っているのである。

人体の全ての臓器の中で、これほどまでに加齢の影響を受ける臓器はほかにない。肝臓も腎臓も肺も、加齢によって重量は減るし機能低下も認められるが、大きさが三分の一にもなってしまうような臓器はほかにはない。こういう事実をもとにして、胸腺が老化を支配する体内時計であるという説も生まれた。

人間やネズミだけでなく、最大寿命約三年のメダカでも、胸腺は加齢によって規則正しく縮小してゆく。メダカで加齢が計れる臓器は他にはない。

胸腺は、はじめ内分泌臓器と考えられていたように何種類ものホルモンを分泌し、また他の内分泌臓器が作り出したホルモンの影響も受けやすい。胸腺ホルモンとして発見されたサイモシンやサイモポエチンは、免疫細胞の分化や成熟に関わると同時に、加齢を反映して増減していることから、一時は老化との関係で盛んに研究されたが、現在では数あるペプチド性ホルモンのひとつとしてあまり注目されてはいない。

胸腺と老化の関係で最も重要なのは、胸腺ホルモン分泌の多寡ではなくて、そこで作り出される免疫細胞、T細胞の質と数である。

T細胞には数年にわたって生存する著しく長命な細胞もあるが、一般にはきわめて短命で数週間で生命を終える。一日に数十億個ものT細胞が死んでゆく。

死んでゆくからにはその分を補給しなければならない。補給は、すでにリンパ組織に分布したT細胞が分裂して子孫を作り出すのと同時に、胸腺を介して、造血幹細胞から新しくT細胞が作り出されなければならない。T細胞は、「自己」と「非自己」を識別して免疫の体制を作る細胞だから、前にも述べたような厳格な「自己」識別の教育をした上で胸腺から選び出される。こうして選び出されたT細胞は、「自己」を破壊することなく、しかし「自己」が異物によって侵害された時にのみ有効に働く細胞である。しかもそのT細胞には補助分子CD4を持つヘルパーT細胞と、補助分子CD8を持つキラーT細胞、サプレッサーT細胞がおおよそ二対一の割合で含まれていなければならない。

その中心的役割を持つ「胸腺」の細胞が、六十歳代にもなれば一〇分の一程度に減ってしまうのだ。徐々にその影響は現れてくるはずである。

老人の直接死因の第一は感染症である。若者にとっては何でもない風邪などの感染症が、老人にとっては命とりになる。いわゆる日和見感染と言われる、通常は無害な微生物の侵入が老人には致命的な病気を起こす。老人結核はいまでも大問題である。これらは老化によって免疫系に大きな欠陥が生じたことを示す。

O型の人が自然に作り出しているA型赤血球に対する抗体は、四十代になるともう十歳代の五〇パーセントにまで減っているし、サルモネラ菌に対する感染抵抗力に関与する自然抗体も同様なカーブで低下していることがわかっている。ところが、全身性ループスのような自己免疫病の病因となる、自分の核成分に対する自己抗体の出現頻度は四十歳代から増加してくる。六十歳以上の女性では半数以上が自己抗体を持っているのだ。胸腺の退縮は「非自己」に対する反応性を低下させると同時に、「自己」を破壊する可能性を持つ自己抗体の生産を促しているらしい。

この事実は生物学的には重大である。自分で作り上げた免疫という「自己」の超《スーパー》システムが「自己」を破壊する抗体を作り出したのだ。

私はかつて、老人でみられるこの矛盾した反応性がどのようにして起こるのかを実験動物で調べたことがある。学界ではあまり注目されなかったが、かいつまんでその結果だけを述べる。

まず老化動物におけるT細胞の遺伝子の表現を調べた。若い動物のT細胞では、CD4を持っているヘルパーT細胞と、CD8を持っているキラーT細胞、サプレッサーT細胞がおおよそ二対一で存在している。ところが老化にしたがって、CD8を持っている細胞の方が著明に減少して、時にはほとんど存在しなくなってしまうことがわかった。これは人間でも同様で、五十歳代からCD8を持つT細胞が減り始め、八十歳代以上の老人ではほとんど検出されないことさえある。

さらに比較的よく保たれているCD4ヘルパーT細胞の方にも質的異常が現れることが見つかった。第一は、異物を認識するためのT細胞表面の受容体、TcR分子の数がひとつの細胞あたり若い動物のT細胞の五分の一から一〇分の一にまで減少していた。このT細胞を刺激してサイトカイン（細胞由来の活性因子）の生産を調べてみると、あるサイトカインの生産（IL2など）は低下しているのに、別のサイトカイン（IL4など）の生産は逆に突出して上昇していた。

その上、老化動物のT細胞は、何の刺激もしていない条件で分裂増殖したり、サイトカインを分泌しているというような、一種の興奮状態にあることがわかった。

この無刺激状態での反応性は、実は「自己」のMHC（主要組織適合抗原）とT細胞が反応していることによって起こっていたのである。それに対して、「非自己」由来のMHCで刺激してやっても、老化動物のT細胞はほとんど反応しなかった。しかも別の複雑な実験でわかったことは、こうしたT細胞の矛盾した反応性を作り出しているのが、その大もととなる造血幹細胞に老化が蓄積されていたためではなくて、幹細胞からT細胞が分化するための場としての胸腺が老化していたためということである。

こうして露呈された免疫系の老化は、細胞の分裂回数の低下とか、生理機能の減退というようななまやさしいものではなくて、免疫超《スーパー》システムという体制自体の崩壊を反映しているものであった。胸腺という、「自己」の生成の場が衰退した結果起こった「自己」の体制の崩壊である。

生命という超《スーパー》システムは、遺伝的プログラムを次々に引き出し、多様な要素を作り出してそれを自己組織化することによって成立する。作り出されたさまざまな要素は、まず相互依存的に充足した閉鎖構造を作り、さらに内部および外部の情報を取り入れることによって「自己」の体制を確立し、それは状況に応じて流動的に運営される。これが超《スーパー》システムのルールである。

再生系であれ非再生系であれ、老化とともにその要素の一部に修正不可能な欠陥が生じる。その原因は、さまざまなタイプの再生系細胞に不規則に起こってくる細胞分裂の制限とか、それによって起こる構成要素のアンバランスもある。またアポトーシスを介した免疫系や神経系のネットワークの構成要素の部分的欠落であってもよい。それが超《スーパー》システムの予備能力を超えたとき、必然的にシステムは崩壊の道を選ぶ。それは自己適応による自己生成という、機械を超えたルールを選んでしまった超《スーパー》システムの必然的な帰結である。生理的機能の減退などというおだやかなものではなかった。

そうだとすると、百歳の小野小町にみられた醜悪な老いの姿は、美しい超《スーパー》システムが必然的に経験しなければならぬ末路なのかもしれない。

超《スーパー》システムとしての人間

細胞の社会生物学

「Omnis cellula e cellula（すべての細胞は細胞から）」という名言を残したのは近代病理学の父とされるウィルヒョウである。どんな細胞でも細胞から生まれる。細胞の祖先は細胞なのだから、約六〇兆個の細胞から成る私たち人間も、受精卵という一個の細胞に由来する。その受精卵も卵巣と精巣の細胞から生まれる。さらにその先までたどってゆけば、人間も、ニワトリも、うじ虫も、魚も、ほうれん草も大もとにある一つの共通の先祖細胞にゆきつくはずである。それではその先祖細胞は何から生まれたのかといえば、原初の地球に、たった一度だけ奇跡によって生じた原始的な細菌のようなものだったらしい。初めは遺伝情報を封入しただけの袋（セル）状の構造ができ、その情報に従って情報そのものを複製してゆくだけの細菌の先祖（古細菌）ができた。これだけでもかなりむずかしい発明だったのだが、そこから現在の細菌につながる原核細胞ができ、二五億年もかかって、核を取りまく複雑な情報処理機構を持ついわゆる真核細胞が生まれた。

真核細胞は、遺伝情報を精妙に処理してさまざまな表現に転換する能力を持つようになり、他の生物の器官であったミトコンドリアを共生させてエネルギーを有効に利用するようになり、さまざまな生命活動を発揮するようになった。こうなるとそれから先、すなわち役割を異にした細胞が共存する多細胞生物が生まれ、そこに進化が蓄積されて、植物や動物のような個別の生物を生み出してゆくのは、ほとんど必然のことであった。そのため、たかだか一〇億年ほどの間に、人間のような高度の知能を持つ動物さえ作り出してしまったのだ。単純な真核細胞ができるまでの二五億年に比べれば、そこから複雑な人間が作り出されるまでの一〇億年というのはむしろ短いというべきであろう。だから最初の真核細胞が生まれたとき、すでに人類誕生へのレールが敷かれ、ひょっとすると人類の運命さえおおよそ決まってしまったのかも知れないのだ。

ルドルフ・ルードウィッヒ・ウィルヒョウは一八二一年に、現在ポーランド領になっている東ポンメルンの貧しい農民の子として生まれた。ベルリン軍医学校を卒業した後、初め外科医を志したがのちに病理学に移り、『ウィルヒョウズ・アーカイヴ』として現在でも続いている権威ある学術誌を創刊した。ウイーン会議後保守的体制を強めたドイツ共和国の中で、ウィルヒョウは民主主義的急進主義の運動に加わり、医療改革運動にも参加した。そのためベルリンを追われてビュルツブルグ大学の病理学教授として赴任し、次々に病気の成立機構に関する研究を世に送り出した。

　ウィルヒョウの著作で最も名高いのは、『細胞病理学』（一八五八年刊、日本でも吉田富三博士によるすぐれた翻訳が刊行されている）である。この書でウィルヒョウは、人体をさまざまな細胞から構成される「国家」（Zellenstaat）ないしは「共同体」であるという思想を提出した。そこでは細胞は「市民」として共同体の運営に参加する。病気は、したがってこうした市民の「病理的刺激」に対する偏った反応として現れる。すなわち炎症、変性、腫瘍などと捉えられている病理現象は、体の構成要素としての細胞＝市民の、刺激に対する反応様式を介して発生する。

　ウィルヒョウは病理学者として、さらには人類学者として学界に君臨したばかりではなく、ベルリン市の参事として積極的に社会的発言を行っていった。一八六二年には、プロイセン議会に進歩党議員として当選し、ビスマルクと激しく対立するなど、政治的にも大きな力を持つようになった。彼の立場は、細胞からなる人体とそこに発生する病気をみるのと同じやり方で、市民からなる社会や国家とそこに発生する病理現象を眺めることだった。そのゆきついた信条が、自由主義、民主主義であったことは興味深い。

　カール・マルクスは一八一八年の生まれだから、ウィルヒョウとほぼ同時代を生きた。同じ政治的風土のドイツに呼吸していたマルクスが、ウィルヒョウの『細胞病理学』に興味を持たなかったはずはない。知人を介してウィルヒョウに接触をはかろうとしたといわれている。二人の出会いはついに実現することはなかったらしいが、細胞によって成立する共同体としての臓器や、細胞の留まることを知らぬ増殖によって起こる癌、刺激に対する細胞の偏った反応として生ずる炎症などというウィルヒョウの見解は、マルクスにとっても興味ある概念であったに相違ない。

私の恩師、病理学者であった故岡林篤教授は、生前この話をくり返し私に語り、「マルクスはウィルヒョウが市民と考えた細胞を、貨幣に置き換えて考えていたのではないだろうか。そのために最終的に矛盾が生じたのではないか」とつけ加えられた。

私は、ウィルヒョウの思想の最も忠実な後継者は、オーストラリアの免疫学者、サー・マクファーラン・バーネットではないかと考えている。「クローン選択説」によって現代免疫学の理論的基礎を築いたバーネットは、興味あることにウィルヒョウの『細胞病理学』に対応するように『細胞免疫学』という大著を著した。一九六九年、すなわちウィルヒョウの『細胞病理学』刊行から百年余もあとのことである。

この書の第一部は、「自己と非自己」と題され、一九六〇年にノーベル賞を受賞した「クローン選択説」を敷衍し完成させたものであった。彼は、免疫系が多様な抗原（異物）のひとつひとつに対応する白血球系の細胞（クローン）から構成された社会と考える。一つの個体の中で、自己との反応性を持つ細胞は死滅し、「非自己」である異物と効果的に反応した細胞が選択的に生き延び増殖して、個体の免疫応答能力を形成してゆくと考えるのである。クローンというのは、単一の細胞の子孫で、祖先となった細胞と同一の遺伝子表現を持つ一連の細胞系列である。バーネットは、免疫系を反応性の異なるクローンの集合体として捉え、それが生成、反応し、発展してゆく一連の過程を広範な実験的事実と独自の考察を加えて総合し、この本を書いた。彼自身が「ダーウィン的な見地」と述べているように、ここでは免疫細胞は、個別にその子孫を作り出すことのできる構成メンバーであり、それを選択し淘汰するのは、内部および外部の環境なのである。バーネットにとって免疫系は、構成要素としての多様な免疫細胞のクローンが生存をかけた競争を繰り広げている自然であった。細胞は突然変異によって進化し、さらに選択淘汰が行われて、個体内に新しい生態系を作り出す。

残念なことに当時は、バーネットの理論を明確に裏付けるような分子生物学も免疫生物学もまだ存在しなかった。しかし、彼の理論が大筋では間違っていなかったばかりか、その後の重要な発見を予見していたことは、驚くばかりである。

『細胞免疫学』について、バーネットはみずから社会生物学的アプローチと述べているが、細胞という要素によって構成される社会としての免疫系という観点は、まさしくウィルヒョウの『細胞病理学』の延長線上にあったと私は考える。のちにバーネットが、自分の信条に基づいてかなりラジカルな社会的発言をしていったのもウィルヒョウと相通ずるものがあったからではないだろうか。

バーネットによれば、免疫系は相互角逐を行っている細胞群からなる自然共同体である。免疫学は、ちょうど動物行動学者が人類まで含む動物の行動様式に基づく生態系を眺めるように、さまざまな白血球系クローンの増殖と死滅、相互作用、内部環境への適応、他者への対応などを直接対象とするようになった。それは伝染病の予防や治癒のメカニズムを対象としていた従来の免疫学の枠を越えて、生物学、生命科学としての免疫学の出発であった。

心の身体化

私が『生命の意味論』を通して考察しようとつとめてきたのは、ウィルヒョウが考えた細胞による共同体としての人体の成立過程（発生）や、バーネットが提唱した免疫細胞クローンから成る免疫系の成立と反応様式には共通のルールが存在していること、そしてそれはもっと広く人間の生命活動としての文化につながっているのではないかということである。

文化というのが人間の精神的所産であるとすれば、ここで本来ならば、心と脳の問題に深入りしなければならないはずだが、それは現在発展途上の膨大な領域であり、私にはそれを手際よく展望するだけの力はない。むしろ心や脳といった、問題点を多くかかえた領域をさけることによって、より単純化した身体論的原理に近づくことができるのではないかと考えたのである。

そうはいっても心や脳を例外とするわけにはゆかない。心とか意識といったものを、生物学の対象として「身体化」して考えるというのは現代生物学のまぎれもない趨勢であるし、私たちの精神的「自己」というものも、有限の神経細胞（ニューロン）が神経突起を介してネットワークを形成している脳という臓器の活動によって生み出されていることに、異論はないであろう。

ためしに脳が胚の中で発生してゆくときのことを思い出してみよう。人間では発生の第三週ごろに形成された神経管の頭部で、一種類の神経上皮細胞が盛んに分裂して脳の原基（脳胞）を作ってゆくところから始まる。神経上皮細胞は、造血免疫系の幹細胞に相当する多能性の細胞で、脳や脊髄のあらゆる神経系細胞はすべてこれから生まれる。この原始的な細胞が、自己複製によってまずは平板上に広がってゆき、ついで両側がまくれ上って閉じ、管状の構造になる。これが神経管である。

このころすでに原始的な神経上皮細胞にはいくつかの新しい遺伝子が発現してくる。一番有名なのはノッチ（Notch）とデルタ（Delta）と呼ばれるペアとなる遺伝子で、ともに上皮細胞増殖因子（EGF）というサイトカインと共通の独特の構造を持っている。ノッチとデルタは、上皮細胞のあれこれにばらばらに偶発的に現れる。するとデルタのタンパク質が隣接した細胞のノッチに働きかけて刺激を与えるらしい。そうすると刺激を受けた方の細胞は、脳や脊髄の構造を作りあげている支持細胞、すなわち神経膠細胞（グリア細胞）の方に分化を始める。デルタを持っていた細胞自身、さらにデルタからの刺激を受けることができなかった遠隔の細胞は、自動的に神経細胞に変わってゆく。

こうして神経細胞とグリア細胞という分化が起こり、両者が移動し、さらに協調して脳という臓器構造を作ってゆく。その内部では、分裂した神経細胞が移動し神経突起をのばして、いわゆる神経回路網を作ってゆくのである。ここでも神経線維同士で有効な接着（シナプス）が成立したときにのみ神経細胞は生存が許され、そうでなければアポトーシス（プログラムされた細胞死）を起こして死滅してしまうことは前にも述べた。こうして概観すると、脳神経系の発生も、免疫系の発生と同じく、単一な細胞の自己複製から始まり、多様化や自己適応、内部情報をもとにした自己組織化によって成立する超《スーパー》システムであることがわかる。脳の回路形成でも適応と選択、後天的な淘汰が起こっているのである。脳の形成における神経細胞の集合に必要な接着分子が、原始的な免疫グロブリン遺伝子と部分構造（ドメイン）を共有していたこともすでに述べたところである（『生命の意味論』所収「言語の遺伝子または遺伝子の言語」参照）。

それでは脳を作り出す遺伝子のプログラムはといえば、神経細胞の位置や放射の方向などを決めて脳の基本構造を拘束することはできるが、ひとつひとつの神経線維の結合までは規定してはいない。したがって、神経細胞の選択と淘汰による回路網の形成は、それぞれの個体に個別的に起こってくる。つまり後天的な生成過程なのである。このため人間は、遺伝的には決められない個体レベルでの脳の多様性を持つようになるとされている。

さらに脳神経系は、外界からの刺激に応じて神経突起の結合（シナプス）の数や強さをかえ、経験を積んで学習し、記憶し、個性を作り出してゆく。それから先の認識や判断における大脳皮質領域の相互作用、記憶の維持、意識の統合、さらには情動や意志、運動などについては、現代の脳科学がいまめざましいまでに解明しつつある領域なので、素人の私がここでふれるつもりはない。

しかし、ここで明らかにされつつあるのは、「心」といっていた実体のないものが、明らかに実体として存在する脳神経細胞によって作られた回路網の活動を通して作り出されるものであって、「自己意識」も「愛」も決してその例外ではないことである。その点で哲学は、ようやく「精神」と「身体」という二元論から、「精神の身体化」という明確な一元論に回帰しつつあると私は思う。養老孟司氏は、現代文明の「脳化」ということをいわれるが（『唯脳論』青土社、一九八九年）、私はむしろ脳という特殊な臓器を超えて、人間の心の「身体化」ということがまぎれもなく起こっているると思うのである。

しかし、こうして考えている私も、また私の意識存在も、数百億個ていどのニューロンの活動の総体と考えた上で、何の怖れも躊《ため》いもないということは、逆に脳という臓器が高度に発達したコンピューターなどという工学的システムをはるかに超えた超《スーパー》システムであるという認識があるからである。いまのところ、コンピューターをどれほど組み合わせても心はできない。脳は明らかにコンピューターを超えているが、どのようにして超えたかについては、明確な設問さえなされていないのだ。心の「身体化」は、決して心をおとしめるものではなく、身体が心ほどの無限の可能性を宿すことができることを示すものであろう。また脳が超《スーパー》システムとして機械を超えるところから、意味とか価値といった工学的生産以上のものが生まれてくると考えることもできるだろう。

こうした観点に立てば、心もまた進化し続ける身体現象であるし、それが達成しようとしている文化現象も生命活動として眺めることができるはずである。実際私は、超《スーパー》システムとしてのゲノムの成立過程と言語の生成に共通のルールが働いているらしいことを示した『生命の意味論』所収「言語の遺伝子または遺伝子の言語」）。ここでもうひとつの例として、人間の生命活動として必然的に作り出される「都市」の成立と発展過程を眺めてみたい。

超《スーパー》システムとしての都市

一般論として、都市は人間が社会を形成し、文化や経済活動を営むようになって、その中心となる地域機構として成立すると考えられている。しかし多くの都市には、都市成立以前に核として存在した集合住居跡があったことが発見されている。大もとまでは遡ることができないにせよ、ヨーロッパ最古の都市遺構、フォロ・ロマーノにも、紀元前八世紀のエトルリア人の住居跡が残されているし、ルネサンスに発展したフィレンツェもまた、エトルリア人の居住核にその起源を持つといわれる。ローマ人はこの核を包摂するように都市を作っていった。スペインのバルセロナも、紀元前六世紀にフェニキアと対峙していたギリシャ人の砦に端を発し、その周辺に植民都市として拡大していった。

その原形は想像の域を出ないが、いずれもほとんど同質の住居が数を増やしていったという原初の過程があったに相違ない。住居の数は、人口が増えるにしたがって増加してゆくが、この段階では分業も階層構造もなかったはずである。すなわち都市の原初の姿は、未分化住居の集合体であった。

しかし住居が増殖するにつれて、きわめて短期間のうちに必然的な分業が起こり、それを組織化する階層構造が生まれてくる。住居間には流通可能な道路や水路がひかれ、時には異なった階層や職分をへだてる区分や住み分けが行われるようになっただろう。ある種の接着分子に相当するものが生まれたのだ。集落が、同じようなユニットである外敵と対峙するようになれば、集落には外壁としての膜が作られ、集落自体がひとつの機能構造体として振舞うようになる。それは近年発掘が盛んな縄文住居跡にも明瞭にみてとれる。ユニットとしての機能構造体は、時には互いに破壊し合い、融合し合いながらより高次の構成へと進むのではないだろうか。さらに、新しい生産物や文化機能が生み出されることによって、多様な機能が統合された都市へと発展してゆく。

陣内秀信氏の『都市を読む＊イタリア』（法政大学出版局、一九八八年）にはローマ時代のフィレンツェの都市形成過程の模式図が復元されているが、軍事基地としての集落から、すでに形成されていた農業用地に向かってローマ式の都市プランに従いながら、植民都市として発展してゆくダイナミックな過程が見てとれる。それはたとえば、すでにあった軟骨組織の中に骨という新しい組織が生後形成されてゆく姿ときわめてよく似ている。新しい組織分化が起こってゆくのである。

バルセロナの場合は、ギリシャ植民の住居をもとにして、カルタゴ、ローマ、西ゴート、イスラムなどの支配下に、複雑な旧市街地が一五〇〇年もかけて段階的に成立してゆく。この過程で旧市街を囲む市壁が完成する。石川義久氏の『バルセロナ紀行』（SERIES地図を読む3、批評社、一九九二年）によれば、旧市街の大きさは三平方キロメートルだそうで、そこに二〇万人もの人々が住んでいたという。ゴチック様式のカテドラル、王宮、市庁舎などの中枢的な建築やそれに付随した広場などが中心部分に形成され、政治や宗教、それを取りまく市民層という組織分化が明確に現れる。また中心部分は、シウダ通りという街路を介して、バルセロナの物質代謝の入り口である港と直接につながっている。

こうした解剖学的構造の上でバルセロナは十六世紀まで、原始的な外壁に囲まれた超過密都市として、さまざまな可能性を作り出し内包しながら発達してきた。この間のさまざまな歴史的事件にふれているひまはないが、カタルーニャの地中海世界の制覇と没落という試練を、適応的に生き抜いてきたのである。

一八五四年になって、バルセロナという都市の発達にとって決定的な大事件が起こる。バルセロナ旧市街を取りまく市壁の取り壊しが決定されるのである。バルセロナという過度に発達した胚は、周囲を取りまいていた卵膜を破り、新しい近代都市へと孵化しようとしたのである。市壁撤去を起こさせた原因は、十八世紀末にブルジョアジーとして勃興したカタルーニャ商人による産業の飛躍的振興という、新しいエネルギー代謝の結果変化した都市環境であった。市壁の取り壊しには一〇年余を要したが、一五〇〇年もの間、細胞の増殖と分化を重ねてきた卵はこうして孵化した。そこから新しい生態を持つ近代都市としてのバルセロナの発展が起こったのだ。

現在私たちがバルセロナでみることができるのは、旧市街を中心に縦横に発展したダイナミックな近代都市である。十九世紀にセルダという人の都市計画によって、まず旧市街を取りまく約一〇倍の面積が、東西、南北に走る街路で格子状に区切られた街区（グリッド・パターン）へと変貌した。ひとつの街区は一三三メートル四方の正方形で、中央には公園などの公共用地を持ち、それを囲むように住居などの建造物が作られた。それが整然と碁盤目状に並んでいるのをみると、私ならずとも「細胞」の集合を思い浮かべるだろう。

　しかし、バルセロナが細胞の単なる集合体でないことは、この街をゆっくり歩いてみればわかる。街路樹のある街区が続くと、やがて数ブロックを使った都市公園や広場に出合うし、カタルーニャ音楽堂やサン・パウ病院のような特徴ある様式で統一された機能区分も配置されている。これまた数ブロックを占める市場（メルカードボケリア）やガウディがデザインしたサグラダ・ファミリア教会もすぐそこにある。密集した商店街、人通りの少ない職人街、ガウディのデザインした高級住宅の集合など、この街がまぎれもなく生物学的に発展していったことが実感されるだろう。

　もうひとつこの都市で注目されるのは、単に正方形の細胞群として街区が碁盤目状に連なっているだけではなくて、そこには大胆な斜めの街路が走っていて、計画された都市の単調さを破っていることである。斜めに走るディアゴナル通り、メリディアナ通りなどは、バルセロナの異なった性格の街区群を区別し、また連結しながら、バルセロナという都市の生理的活動を助ける。

　いま大ざっぱに、バルセロナの都市構成を眺めてみたが、そこにもまた超《スーパー》システムの技法が流用されているように私は思う。まず単純なもの（住居）の複製に続くその多様化、多様化した機能をもとにした自己組織化と適応、内部および外部環境からの情報に基づく自己変革と拡大再生産等、いずれも高次の生命システムが持っている属性と共通である。ローマ、パリ、東京、ニューヨーク、いずれも同様の「技法」を使って発展してきたのではないかと私は考えている。

その上超《スーパー》システムとしての都市は、歴史の「記憶」を持っている。私たちが都市を旅してのぞきこむのは、都市の「記憶」である。この「記憶」によって都市は同一性《アイデンティティ》を保つ。

そのため、都市は最終的に「自己」というものを持つようになると思う。東京はまぎれもなく東京であるし、ニューヨークとフランクフルトの「自己」は明瞭に異なっている。都市で常に進行している建設も破壊も、創造も退廃も、都市が常に自己変革を行いながら発展するためにもともと付随していた生命活動の現れであろう。

それに対して、完全なブループリントによって計画された都市はどうであろう。ブラジリアも、イタリアのエウルも、シンガポールも、ある点ではモスクワも、都市のダイナミズムと生命を持つには至っていない。日本でも官僚的プロジェクトで成立した幕張メッセとか大阪のビジネスタウンとか、ホームレスさえ住めない無機的な街が作られるようになった。バーチャル・リアリティの都市である。それはプログラムされたシステムとしての都市だからである。

超《スーパー》システムとしての都市観は、いくつかの点で今後の都市計画の上で考慮に価するのではないかと思われる。首都機能移転というとき、目的と効果のみが先行して都市の自然発生的生理条件を無視したならば、ムッソリーニが人工的に作ったエウルのように、生命活動を持ちうるまでには長い時間がかかってしまうのではないだろうか。メッセとかビジネスタウンとか、低次の化学反応的な代謝しかない都市が十分に機能しないことはすでに経験ずみのはずである。近年の都市開発で作られた団地の集合住宅街が、都市という生命体に寄生し増殖し続ける癌のように見えることがある。それが都市の生理をこれ以上破壊しないためにも、都市の「自己」を回復することが必要なのではないだろうか。

生命活動としての文化

私は、「発生」「免疫」「ゲノム」「進化」「老化」「脳」など、現代の生命科学が対象としている生命現象について、現場での検証を行いながら、多少なりともその「意味」に属する部分に踏み込んで考える試みをしてきた。そこにはおぼろげながら、高次の生命活動に共通な「技法」のようなものが見えてきたように思うのである。その「技法」は、もっと高次な生命活動としての文化現象、たとえば「言語」や「都市」の生成においても使われていることを述べた。また、「民族」「国家」「経済」「宗教」「官僚制」、あるいは多少異なった意味で「音楽」や「舞踊」など、必然的に人間が作り出す文化現象にも適用されているのではないだろうか。

さらに二、三の身近な例をあげてみよう。

企業は、人間の生産活動を消費活動につなげる経済単位で、基本的には生命活動のひとつの現れである。「もの食う人々」がいれば、必ず「もの売る人々」がいる。

いま私企業の成立過程をみると、まず個人が出資し、生産し、販売し、利潤を蓄積してゆく。最初は不特定の一人の企業家から始まる。私企業家は、したがって全能でありながらそれ自身は何ものでもない原始的な胚のような存在といえる。それは、小企業の経営者が自分の生産した物を荷作り発送し、集金し、材料を仕入れるなどすべてをやっていることからも知られる。

ついで彼は、自分の分身として働くことができる共同経営者を作り出し、経営が拡大するにつれてすみやかに専門の仕事を分担する多様な社員を増やしてゆく。このようにして企業は会社組織を作り、それ自身で規模を拡大してゆくばかりでなく、互いに集合して、合資会社、合弁会社などの企業合同を行い、また生産や販売部門の分離や、廃統合を通じて企業組織を作り出してゆくことになる。カルテル、トラスト、コンツェルンなどを起こせば巨大な企業集中が起こり、企業グループや企業系列を作り出すことによってさらに拡大してゆく。

こうした企業の発展は、典型的な超《スーパー》システムの成立過程とみることができる。それは、単一の私企業が仲間を増やし自ら多様化することによって、まず会社機構を作り出し、内部および外部の情報に基づいて構造を変革しながら拡大発展してゆく姿にみることができる。そのためのブループリントやシナリオなどがもともと存在していたわけではない。それぞれ、ばらばらに活動している部門が、その相互作用を介してひとつのまとまりを作り上げてゆくのだ。個体発生の過程に似ているではないか。

また企業は、自己の境界を自ら決定し、他の企業や国の制度などに代表される「非自己」に対応する存在として確立してゆく。自己の侵害を含む外部からの情報は、内部情報に転換され、会社はそれに反応しつつ運営され、発展してゆく。

企業には当面の目標はあるが、本当の目的はない。企業は、超《スーパー》システムとしてそれ自身が自己目的化している構造体なのである。ワンマン社長や辣腕経営者も、企業の個別性や機構にある程度の特徴を与えることはできるが、企業の内部構造や社会的役割を全面的に変更することは不可能である。企業は、経済界といういわば生態系の中で生存競争を繰り返し、環境に適応し、進化しながら共生の道を探る。企業は、人事やリストラなどの自己適応に失敗すれば、部分的な破壊を免れないし、外部からの情報の処理を誤れば、巨大な損失で崩壊することさえあり得る。最近の金融機関でのスキャンダルは、基本的には超《スーパー》システムにおける情報処理の欠陥の現れとみることができるだろう。

企業が、その成立過程で超《スーパー》システムの原理を利用しているからには、その維持や発展、さらには崩壊に至るまで、超《スーパー》システムの論理に依存しないはずはないと私は思う。

同じようにして、大学という組織を眺めてみよう。大学も、もともとは超《スーパー》システムとして成立したものと、私は考えている。中世の王や貴族の私塾としてスタートした単純な勉学機関が、教授や生徒が知的共有物の権益を守るためにギルド化したのが大学の初めと言われている。その大もとは、たとえばナポリにおけるフェデリコ二世（フリードリッヒ二世）とアラビアから招いた世事万般に通じた万能の教師といった最も単純な関係に始まり、王の子弟が多数参加して教師が増えてゆくことによって塾としての形をとるようになり、さらに教授が増え教科が拡大して複合した学校の形態をとるようになる。知的需要の拡大に伴い、哲学、神学、医学、数学、法学、政治学などの専門分野が、ギルドとしての権益を持つ学部を形成するようになるが、職業学校とは違って、常に世事万般（ユニバース）にわたる知の共同体としての大学（ユニバーシティ）という自己を持つ組織として発展してきた。つまり大学は、多様化と複雑化を進めながらも、常に全体性を保った超《スーパー》システムとして成立してきたのだ。

個々の大学は、超《スーパー》システムとしての独自性を主張し、それが大学の伝統となった。オックスフォード、ケンブリッジ、ソルボンヌ、ハーバード、イェールなどの名門大学は、明らかに大学の「自己」というものを持っている。大学の自治が保証されるべき理由は、それが特定の目的のために組み立てられたシステムではなくて、自ら「自己」を作り出した超《スーパー》システムであるからである。

この事情は、日本ではいささか異なっていた。一八八六年に設立された東京帝国大学は、工部大学校や司法学校、医学校などの異なった要素を、国家主義的目的のもとに統合して設立されたものである。それは初めから、「国家の須要《しゅよう》」に応ずる学問を講ずるという、目的指向型の、システムとしての大学であった。同様な目的で各地におかれた帝国大学六校も事情は同じで、これらを頂点とした高等教育制度が現在に至るまで続いているのである。

しかし、第二次世界大戦をはさんで、それぞれの大学が時代の圧力にもかかわらず、独自の学風を育み、特徴ある機構拡充を行ってきた。その時々での、大学人の絶えざる努力によって、日本の大学はヨーロッパの大学に範を仰いだ独自性を再生産し、大学の自治を達成してきたようにみえる。

しかし恐るべきことに、戦後次々に設置された国立大学の多くが、東京大学を頂点とする階層構造の中に再度自らを位置づけ、個別性を失った能率的システムを作り出すことに自ら汲々とするようになってしまった。大学間格差の縮小を求めて独自性を失い、文部省の官僚的支配に甘んじている。大学改革と言いながら、実際には文部省主導下に作り出された画一化の流れに乗っているばかりのように見える。

日本の大学がいつから、そしてなぜ超《スーパー》システムとしての独自性を自ら放棄していったのかは、重要な研究課題であろう。それをどのようにして回復するかを自ら問いかけない限り、大学は官僚的システム化と硬直化の道を免れることはできず、大学の創造性は失われたままになるであろう。大学は、超《スーパー》システムとしての「自己」を取り戻さなければならない。

一方、その官僚制度の方は、いま超《スーパー》システムが必然的に育む問題点を多数露呈している。

官僚制度は、もともとは専制君主のもとで強大な権力を委任されたいわば万能の行政官が、その役割を複数の人間と分担することから始まる。すでに秦の始皇帝の紀元前三世紀ごろの中国には、官僚制の基礎が整備されていたと言われる。それが十九世紀の清帝国に至るまで維持拡大されてきたのだから、中国の官僚制の成立と発展過程は、超《スーパー》システムの成立と崩壊を見るための格好のモデルになると思う。

官僚制度の成立過程においても、国家に必要な行政機構が次々に分業化され、多様化した各機構内での階層構造が成立すると、与えられた機能を統合的能率的に行うための組織化が進展する。各機構や要素が、お互いの関係を作り出してゆくのだ。ここでも初めからブループリントや法則があるわけではない。ことに末端の官僚自身には、どれほどの決定権があるだろうか。

マックス・ウエーバーは、西欧近世の官僚制度の基礎として、行政組織内の要素である官僚が、キリスト教的禁欲と自己規制をもとに個別的能力を発揮することによって、官僚組織自体の目的と一体化することができると述べている。これもまた超《スーパー》システム形成のひとつの要因であろう。

しかし実際には、官僚という要素自体が目的を持つはずはないので、流れはしばしば逆の方向となる。超《スーパー》システムにおける要素は、一般に増殖と多様化を目指し、もしそれが他の要素との関係を確立できなければ、そして適応と選択による自己組織化に参加できなければ、単なる冗長化と複雑化を来すばかりとなる。このアルゴリスムによって生ずる末端機構は、適当な選択淘汰が行われない限り、増殖に伴って、いたずらに細部についての複雑な関係や規制を作り出してしまうだろう。そうなると内部の要素間での情報交換のみに終始して、外部からの情報を取り入れることなく、行為そのものが自己目的化してしまう。それが悪名高い官僚制（ビューロクラシー）の病因である。

その理由は、行政自身には市民の福祉という目的があるのに、超《スーパー》システムとして成立した官僚制そのものには目的がないからである。官僚制は必然的に自己目的化して増大してゆく。

それを阻止するためには、外部からまず官僚制を超《スーパー》システムとして観察する立場を作り、制度に内在する生理機構を再点検することによって、病理現象の要因を発見する必要があるのではなかろうか。超《スーパー》システムとしての官僚制の原型は、やはり生命体にあるのだから。

行政改革というときには、改革の対象となる要素が全体の行政機構内で、他の要素との間でいかなる生理的関係が成立していたか、内部適応のために選択が正しく行われていたかどうかを検討する必要があるであろう。多様性と冗長性は超《スーパー》システムの危機対応のための基本的な属性であるのだから、合理性だけでいたずらに切り詰めることは危険でさえある。その手の短絡的な行政改革は慎まねばならぬ。ひとつが働かなくなっても、他のひとつが少しくニュアンスをかえて対応できる冗長性を失わせてはならない。行動のレパートリーの範囲と限度をどのようにして決めるかは超《スーパー》システムの自律性の問題である。単純な合理主義で行ってはならない。

最近の宗教犯罪などをみると、超《スーパー》システムの原初の発生過程ともいえる教団成立と、誤った選択による必然的な崩壊が典型的に示されているように思われる。教団というのもまた、教祖という万能の、しかしそれ自身では何ものでもないものから始まる。教祖は、自分と同じ役割を持つ者を作るところから始まる。自己複製的技法である。十大弟子とか福音者と呼ばれる弟子たちは、比較的均一の信者集団を拡げてゆくが、その間に教義は必然的に多様化してゆく。内部の軋轢が生じ、裏切りが生じ、教団をかけての選択淘汰が起こるのはお決まりの筋書きである。教団は、社会や政治等の外部からの情報、さらに内部で新たに生産された情報をもとに変革されながら発展してゆく。

それが崩壊するのは、最近の宗教犯罪で明らかなように、情報の排除によるのではないだろうか。外部からの情報を取り入れることを阻み、自分で作り出した情報だけで動くようになった時、超《スーパー》システムは必然的に崩壊する。

そのほか民族や国家の成立なども、超《スーパー》システムの成立過程として眺めることもできるだろう。それらは多様な個人が自己組織化された「自己」を持っている集合体である。

東ヨーロッパでの民族問題や人種差別は、超《スーパー》システムにおける「自己」「非自己」関係の破綻の結果とみることはできないだろうか。たとえば、ボスニア・ヘルツェゴビナでは、サラエボという都市の「自己」が破壊されようとしたのだ。いまはこれ以上の深入りを避けるが、私にとっては興味ある対象である。

生命の技法

超《スーパー》システムのルールが生命の「技法」として、こうした文化現象に適用できるかどうかを考えるために、最後にこれまで考察してきた超《スーパー》システムのいくつかの特性をここでまとめておきたいと思う。

超《スーパー》システムという概念は、免疫系のような高次の生命活動を規定するための新造語で、その意味はまだ完結したものではない。その例として免疫系、脳神経系、個体発生などがあげられる。「自己」と「非自己」を識別し、「自己」の身体的同一性を維持する免疫系は、多種類の細胞、それもひとつひとつの「非自己」に特異的な多様な認識分子を持つ細胞群とその遺伝子産物から構成される超《スーパー》システムのよい例である。免疫系のすべての細胞は、もともとは単一の造血幹細胞に由来する。したがって免疫系は後天的に「自己生成」してゆく超《スーパー》システムなのである。

造血幹細胞はそれ自身では自己複製以外の何の働きも持っていないが、サイトカインや接着分子などを介した外的条件に応じて分化して多様なものを作り出し（自己多様化）、それまであった自己へ適応するために、新たに作り出された多様なものを選択淘汰し、それらを「自己組織化」することによって、完結したシステムを作り出す。「自己適応」による「自己組織化」というやり方では結果的には自己充足した「閉鎖構造」ができるはずだが、免疫系は自己適応に使った受容体をそのまま外部からの情報を受け取るアンテナとして使って、システム自身を調節し改変し、さまざまの外部に対するアウトプットを作り出す（閉鎖性と開放性）。このシステムの応答は、したがって「自己言及的」である。システムの意志は、上位からの指令によるのではなくて、システム自体が「自己決定」する。

超《スーパー》システムは、したがって、通常の工学的システムと違って目的を持たない。自分を構成する要素自身を作り出し、その要素間の関係まで作り出しながら動的に発展してゆくシステムという意味で超《スーパー》システムという造語ができた。

私は同じ「技法」が、個体の発生の過程でも、脳神経系の発生でも、種や個体の特性を決めているゲノムの成立過程でも使われているのではないかと考えた。ゲノムという、自己完結しながら流動しているシステムを巻き込んだところから、当然ゲノムの「進化」の過程にも適用されることになったし、最も進化した超《スーパー》システムとしての脳にも言及することにもなった。脳を超《スーパー》システムとみることによって、身体器官としての脳の研究から、意味とか価値といった、現象を超えたものを理解する入り口ができるのではないかと考えた。

なぜ超《スーパー》システムなどというこなれない造語を使ったかといえば、現在の私には生命の「技法」が、基本的には工学的機械のそれを超えているという基本的認識があるからである。いうまでもなく、人間の生命活動、思考や意志にいたるまでが、細胞内での分子や遺伝子の機械的な働きをもとにして作り出されていることを疑うものではない。そして実際に細胞を扱って研究している者として、細胞がいかに精緻な分子機械として機能しているかは身をもって知っているつもりである。

その分子と分子の間の相互作用がひとつひとつ明るみに出されているとき、あえて「超《スーパー》システム」などという造語を作る必要があったのだろうか。

しかし、いまどんなに生命の分子機械としての側面が解明されたからといって、その上の階層として成立している細胞そのもの、さらには人間のような高次の生命の「技法」を理解したことにはならない。生命現象の機械的シミュレーションなどはまだ玩具の域を出ないし、人工生命などはほとんど論外である。コンピューターはイルカの心さえ実現できないという指摘もある。

従来生命の特性として捉えられてきた「自己複製」とか「物質代謝」ということだったら、複製する機械も代謝する工場も作ることができるだろう。しかし、「発生」する機械も、プログラム自身を自律的に「進化」させるプログラムを持つコンピューターも存在しない。生命の「技法」は、こんなところでさえも工学的機械を超えているのだ。

現代の科学は、その還元主義的解析能力を結集して、生命の機械的側面をめざましい勢いで解明しつつある。その結果明らかになるのは、当然ながら機械的側面に限られる。機械を超えた部分については、もともとの設問にはないのだから見えてくるはずがない。

「超《スーパー》システム」という概念は、逆に設問そのものをたて直して、システムを超える生命の「技法」について考えてみようという試みであった。システムを超えるとはどういうことなのか、そこに内在するルールを考え、超えるための「技法」を解析の対象にすることはできないのかというのが私の意図であった。

生物学にとってはいささか異端的な試みだったのかも知れないが、それもひとつの「全体」をみようとする歩みであった。

「超《スーパー》システム」補遺

「超《スーパー》システム」は、高次の生命活動を規定するために作られた新造語なので、その意味はもともと完結していない。それについては別に試論のような形で連載しているので〔のちに『生命の意味論』として刊行〕、ここではなぜそんな造語を必要としたのかについて述べてみたい。それはまた、生きているとはどういうことかについての私の考えでもある。

それ自身は何ものでもない造血幹細胞から、「自己」の体制に相当するさまざまな細胞からなる免疫血液系を生成し、それを運用し維持してゆくようなシステムを規定し、その原則を見つけるために、「超《スーパー》システム」という造語がなされた。

「超《スーパー》システム」の基本的な性質を、免疫系造血系でみられた事実をもとにしてキーワードだけで示すと、「自己生成」とか、「自己多様性」とか、「自己組織化」とか、「自己適応」とか、「自己言及」などという言葉が浮かび上がってくる。しかしそれだけでゆけば、自己充足した閉鎖構造（closedness）を持ったシステムが出来あがるばかりである。ところが、「超《スーパー》システム」のもうひとつの重要な特徴は、それが外部に開かれた開放構造（openness）を持ち、内部のみならず外部からの情報を受容して内部を変革しながら運営されることである。外部情報は内部情報に転換され、外部に対する反応としてのアウトプットを生み出すばかりでなく、転換された情報は内部の調節に使われてそのまま消費される。ここでは外部と内部の差はなくなる。

自己を生成する時に使った技法をそのまま外部への応答と自己運営のために用い始めたとき、システム自身は基本的には目的を失うことになる。通常の工学的システムが、特定の目的に応じてさまざまな要素が集められ、特定のアウトプットを産出するために、合理的に運営されている集合体であるのに対して、超《スーパー》システムは、内部のルールを自分で作り出しながら拡大してゆくのだから、当然目的はなくなる。それは自己目的化した、自己中心的システムとなる。一見合目的的にみえたとしても、それは結果論にすぎない。

目的に応じて多様な要素を集めるのではなく、要素そのものを多様化する機構が、すでに内部に作られている。ことに免疫系では、抗原を認識するためのT細胞およびB細胞上の受容体が、ほとんどクレージーとでもいうべきほどの多様性を示している。多様化（diversification）は、基本的にはランダムに行われ、やがて内部環境に適応するように選択され統合される。

超《スーパー》システムという造語は、ことに免疫系の発生と維持の機構を説明するために作られたが、その後、他の高次の生体システムにも共通の原理が働いているらしいことがわかった。たとえば個体発生、脳神経系ネットワークの形成などにも共通するらしい。それればかりか、ゲノムそのものの成立も、原始の遺伝子の重複と修飾、組み合わせと相互作用を介した複雑化と、遺伝子ネットワークの形成というような形で、「超《スーパー》システム」として成立し、さらに進化していったものと考えることができる。

「自己生成」ということを「超《スーパー》システム」のひとつの原則としてみたとき、従来のネットワーク形成やオートポエーシスの概念とどのように関わるのだろうか。

ネットワーク形成もオートポエーシスも、超《スーパー》システム成立のための重要な手段である。しかし、ネットワークの要素そのものは、ネットワークによっては作り出されない。要素を新生する原理はネットワークには含まれていない。

オートポエーシスは要素を産生し、それを重複反復することによって成立する機構であるが、その最も単純な形は特定のアルゴリズムによって自己生成する構造である。類型はフラクタル構造に求められるのであろう。しかし、オートポエーシスの中には、いかなるアルゴリズムを選ぶかという自律的選択性や、アルゴリズムそのものの発明過程は規定されていないように思われる。

「超《スーパー》システム」は、多様な要素を作り出し、また多様なアルゴリズムそのものを作りだし、それを選択しながら自己組織化してゆくシステムである。基本原理は不明だし、まだ解析されてもいない。だから「超《スーパー》システム」は、それを対象として解析するための設問を示したに過ぎないのだ。

なぜ「超《スーパー》」などというこなれない接頭語をつけたかといえば、現在の私には、生命の「技法」

が基本的に機械を超えた部分を持っているという認識があるからである。もちろんのことながら、人間の思考や意識に至るまで、分子や遺伝子など、物質の機械的な作用で生成していることを疑うものではない。細胞を扱っている者として、それがいかに精緻な分子機械として成立しているかは身にしみて理解しているつもりである。

しかし、いまどんなに生命の分子機械的側面が解明されたからといって、高次の生命の「技法」を本当に理解したことにはならないだろう。人工生命などはほとんど論外である。

たとえば生命の基本的な属性といわれる自己複製ということだけだったら、次のようなことが実現可能だろう。七つの孔が開いている一枚のアルミ板を放り込むと、同じ七つの孔が開いたアルミ板が次々に作り出される機械を作る。情報を持った自己を複製し続ける機械。加えて、もっともっと複雑な制御系を備えた機械だって作ることができる。しかしそれで、生命の基本的属性が再現されたと私は思わない。

発生する機械も存在しないし、プログラム自体を進化させるプログラムを持ったコンピューターも存在しない。生命の「技法」は、そんなところでさえも機械を超えている。

現代の科学は、その還元主義的全精力を傾注して、生命の機械的な側面を解析しつつある。その結果解明されるものは、当然のことながら機械的な側面に限られる。機械を超えた部分については、もともとの設問になかったのだから見えてくるはずがない。

「超《スーパー》システム」についての試論は、もう一度設問をたてなおして、機械を超える生命の「技法」

にまで言及し、解析の対象として位置づけ、内在するルールを考えてみようという試みに過ぎない。設問の中に入っていない限りは、その原理は視野に入ってこないはずなのだから。

私が現在試みようとしていることのひとつは、言語の成立、都市の形成、民族や国家の生成、経済や企業の発展などさまざまな文化現象を、より高次の生命活動としてみることによって、「超システム《スーパーシステム》」に共通するいくつかの「技法」を読みとることができるのではないかということである。それはあまりに壮大すぎて妄想に過ぎないのかも知れない。

ペンヘヌウトジウウからの手紙——エジプト古代文字とＤＮＡ

ペンヘヌウトジウウ登場

男の名はペンヘヌウトジウウ、ナイル川のほとりテーベの都（現在のルクソール）、古代エジプトの最高神であるアメン神に仕えるウワブと呼ばれる下級神官の一人である。父の名はシエペンメヘト、やはりアメン神の神官であった。年齢は三十歳前後、骨格のよく発達した身長一六八センチメートルの青年である。

ペンヘヌウトジウウのミイラは、美しく彩色された人形《ひとがた》の木棺で三重に覆われていた。外棺と中棺は木を組み合わせてその上に彩色を施したものであるが、内棺は、カルトナージュと呼ばれる、布を漆喰《しっくい》で幾重にも塗り固めたものである。

棺の形式やミイラの作製の技法から、ペンヘヌウトジウウは、少なくとも新王朝以降、恐らく二十二王朝あるいはそれ以後に生きていたものと推定されている。新王朝は、紀元前一五六七年に成立したものである。

紀元前一〇七〇年ごろから、エジプトは上下エジプトの二つに分断され、いわゆる第三中間期という乱世に入る。南の方、すなわち上エジプトはカルナックという神殿都市の神官によって支配され、下エジプトはタニスの神官たちで統治された。二十二王朝の王家はリビア人由来だったと伝えられる。

ペンヘヌウトジウウは、上エジプトの都テーベで、太陽神ラーとテーベの守護神アメンの統合したアメン・ラー神殿で、神に奉仕する毎日を送っていた。筑波大学医療技術短大教授・神谷敏郎氏らによる放射性炭素による年代測定では、現時点からみて二八一〇プラスマイナス八〇年とされており、それは紀元前八二〇年前後となる。まさに第二十二王朝に一致するわけである。

ペンヘヌウトジウウの木棺は、明治二十一（一八八八）年に、横浜駐留のフランス領事から東京帝国大学が購入したのである。昭和四十七（一九七二）年までは医学部解剖学教室の所蔵だったが、いまは東京大学総合研究資料館一階ホールに展示されている。

ペンヘヌウトジウウという青年神官は、こうして三千年の時を隔てて私たちの前に現れる。なぜ彼ばかりか、彼の父親の名前、さらに職業までわかったかというと、三重の彩色棺に、エジプトの古代文字ヒエログリフで、それが明瞭に記されているからである。

ペンヘヌウトジウウの棺に記された文字は、まだまだ私たちに何かを伝えようとしている。この小文は、そのメッセージについてである。

エジプトの旅から

一九九〇年三月、私は長い間の念願を果たすために、妻を伴ってエジプトに発った。学会のついでに、などといっていたら、いつまでたってもエジプトになど行けない。ニューヨークのメトロポリタン美術館が組織したエジプト周遊の船旅に応募して、一六日間のエジプト滞在が実現した。カイロで、ニューヨークからの人たちと合流し、船、バス、飛行機、馬、駱駝《らくだ》などを乗りついで、時間を逆行する毎日が始まった。

エジプトの旅は毎日が驚きと感動であった。スエズの港で乗ったギリシャ船籍の Argonaut 号は、キラキラと輝く紅海をゆっくりと南下し、古代エジプトの遺跡に近い港へと向かう。メトロポリタン美術館のエジプト部の学芸部員であるキャサリン・レーリック博士が、毎日一時間半の講義をし、これから行く遺跡の予備知識を与えてくれる。

翌朝、サファガという港に着いた。港の広場には、貫頭衣を着て頭に布を巻きつけた男たちが、たくさんの荷物を持って、しゃがんだり寝そべったりしながら便船を待っている。それが、海からいま昇ったばかりの黄色い太陽に照らされている。

上陸のための複雑なパスポートのチェックが終わると、もう大型バスが二台来ていて、私たちを、ナイルの河畔にある神殿の町ルクソールに連れて行く。黄色い砂漠を延々と越えて三時間余、まったく突然に緑の樹木が現れ、人や家畜の姿が見えかくれ、村落が出現する。土の色も黒くなり、ナイルの支流が伸びている。

そして、彼方《かなた》にデンデラの神殿が、強い太陽光線をはね返らせながら骨太の影絵となって現れた。デンデラの神殿は、紀元前四世紀、エジプトの第三十一王朝がアレクサンダー大王に征服され、プトレマイオス王朝になってから造られたものである。神殿はまず、壁といわず柱といわず細密に浮彫された王の事蹟とヒエログリフで私たちを圧倒した。このとき初めて、何か原初の生命の渦巻のようなものをヒエログリフの氾濫《はんらん》の中に見てしまったような気がする。

私たちは、デンデラ、カルナック、ルクソールなどの神殿都市をつぎつぎに訪れ、さらにナイル川西岸の王家の谷の地下墳墓、ハトシェプスト女王の葬祭殿、ラムセス三世のハーブー神殿などをめぐった。夜明けとともにバスに乗り、夜は月光の砂漠を越えて船に帰るという毎日だった。

ある一日は、飛行機でアスワン・ハイ・ダムの水没からまぬがれたアブ・シンベル神殿に飛び、その規模の雄大さ、そしてそこに彫り出されたラムセス二世の四体の巨像の高貴さに驚嘆した。それを思うだけで、私の筆はもう絶望的にストップしてしまうのである。だから、それぞれの見聞記を書くことはできない。行った者だけしかわからないという特権を、そっとしまっておくほかはない。

カイロに戻って、数日の間グループから離れ、私と妻は毎日カイロ博物館に通った。あの巨大な博物館の、どこに何があるのかをすっかり憶《おぼ》えてしまって、今日は第七王朝、明日はアマルナ時代というように、重点的に眺め歩いた。私たちの頭は、錯綜するエジプトの遺品であふれかえってしまった。

ここでもまた、石像の台座、墓室の壁、棺の内側、そしてパピルスに書かれた「死者の書」など、あらゆる空白部分を埋めつくしたヒエログリフ文字に驚かされた。現代のエジプト人の非識字率は四八パーセントというが、なぜ古代エジプト人はこれほどまでに文字を書きまくったのであろうか。私は、文字というものが、人間の意思を離れて自己増殖をしたのではないかと、ふと思った。

ペンヘヌウトジウウの木棺

エジプトから帰ったのちも、私たちはヒエログリフの呪文に魅入られているような気がしていた。じっさい、高貴な馬に乗った王や、多数の従者にかしずかれた王妃、そして帆をあげた太陽の船などが、夢の中にまで現れた。

それからというもの、旅行をすれば必ず、エジプトの遺品を収蔵する美術館を訪れるようになった。莫大な古代エジプトの発掘物が世界中に流出し、各地に大きなコレクションとして残っていることにびっくりした。

ルーブルや大英博物館、メトロポリタン美術館の収蔵品は、見て歩くのにそれぞれ丸一日を要するほどのものである。しかし、ブルックリン美術館、シカゴ美術館、フィラデルフィアのペンシルベニア大学付属美術館、オックスフォードのアシュモール美術館、ベルリンのエジプト美術館、ミュンヘンの市立美術館、トリノのエジプト美術館、ヴァチカン美術館なども、それぞれ豊富で特徴のある収蔵品を持っている。いかにエジプトの美が豊饒であったか、そして西欧各国がいかに貪欲にそれらを持ち去ったか、その収奪がいかにはげしかったかが、うかがわれるのである。

日本でも、これまで何度かのすぐれたエジプト美術展が開かれた。メンカウラー王の三体像やジュセル王の石造座像などカイロ博物館の白眉ともいえる名品がやってきた。

図 27　東大総合研究資料館収蔵のペンヘヌウトジウウの木棺（神谷敏郎氏撮影）

しかし、日本国内で所蔵されているエジプトの美術品はがっかりするほど少ない。美術館の収蔵は無に等しいし、個人のコレクションは公開されていない。

そんな中で、ペンヘヌウトジウウの木棺は、日本に現存する最古の、しかも完全な遺品である。私は、東大赤門から右に入った、奥まった一隅にある、普段はひっそりと静まりかえっている総合研究資料館に何度も足を運んで、覆いのかかったガラスのケースに入ったペンヘヌウトジウウの棺を覗きこんだ。

外棺から中棺、内棺が取り出され、それぞれに描かれた図像がよく見える。いずれも人形棺《ひとがたかん》(anthropoid) と呼ばれる、ミイラの形を模《かたど》ったものである。内棺の蓋は、顔面中央部で破壊され穴が開いている。漆喰で布を塗り固めたカルトナージュと呼ばれる内棺は、テンペラ技法で美しい彩色が施され、表面はニス状のもので塗り固められているので、黒ずんではいるが赤や緑、青、黄色などの細密な図像がよく見える。

頭には黄褐色と青で色分けされたかつらをかぶり、髪は胸もとまで垂れ下がっている。顔は肌色、黒い大きな見開いた目、顎《あご》には人工の鬚《ひげ》の一束がつけられている。胸には大きな禿鷹が翼を広げてはりついている。翼は朱、緑、白などで細密かつ鋭く描かれ、遺体を守護する姿勢をとっている。両足は、紐を意味するヒエログリフのΩ（シェヌ）の字をひっつかんでいる。

その下は、足部に向かって、朱色の円盤を囲む二匹の蛇、太陽神ラーを表す鷹、死者の神オシリス、そして何重もの鷹の羽根で区分された図像帯へと続き、イシス神を含むさまざまな神の姿が描き込まれている。それぞれの図像帯の間には、ヒエログリフが書き込まれた銘文帯がめぐらされている。私は、そこに何が書かれているのか読みたい、という強烈な衝動に見舞われたのである。

ヒエログリフの解読

そうこうしているうちに、同じくエジプトに魅せられてヒエログリフの読み方を習っていた妻から、サンシャインシティのオリエント博物館の学術部員の鈴木まどか氏（現・広島大学教授）が、この木棺の銘文を全部読み解いたことを教えられた。鈴木氏は、一九八三年刊の古代学叢論《そうろん》別刷に「ペンヘヌウトジウウの木棺について」という論文を発表しておられ、その中で詳しく銘文の解説をしているのを知った。

私はある夕暮、その別刷を持って資料館を訪れ、見える限りの銘文を照合してみることを思いついた。

中棺の側面には、頭から足をめぐってぐるりと一条の銘文が記されている。鈴木氏の解読では、右側は頭から足に向かって、「ケンティイメンティュウ、偉大な神、アビドスの主人、ウエンエンネフェル神（である）プタハ・ソカリス・オシリス神に王が与える供物《くもつ》。彼が牛肉、鳥肉、香、天然炭酸ソーダ（?）、涼水、アラバスター、布（からなる）供物と食糧とを、故シエペンメヘトの息子、オシリス（になった者）、アメン神のウワブ神官（である）故ペンヘヌウトジウウに与えるために」ということである。括弧内は鈴木氏の補足である。左側は足の方から頭に向かって、ほとんど同じような意味の銘文が書き込まれている。どうやら、かなりナンセンスな呪文らしい。

問題の内棺の上方、禿鷹の下、左側の翼の下には、右から左向きに、「エドフの住人、偉大な神」とあり、右翼の下には左から右向きに、「エドフの住人、完璧なる神、天空の住人」とある。こうした銘文が、右から左向き、あるいは左から右向きに次々に現れたのち、足部の側面に、𓌀(ウワス)、♀(アンク)、𓎟(ネブ)の三文字を組み合わせた無意味な文字がずっと連なってぐるりとめぐるのである。

私は、びっくりしてしばらくそこに立ちすくんだ。

DNAとヒエログリフの対応

私がびっくりした理由は、ヒエログリフの銘文の書き方とDNAの配列に、不思議な対応のあることに気づいたからである。あの延々と書き綴られたヒエログリフの文には、右から読む部分と左から読む部分がある。それは、特定の文字、動物の形をした文字の頭が向いている方から読むのである。DNAでも右から読む部分と左から読む部分とがある。こちらは、プロモーターという配列があってそれがわかる。

ヒエログリフの呪文や祈りでは、明らかに無意味な文節の繰り返しが頻繁に現れる。DNAの無意味な配列のリピートに似ているではないか。

王の名前のような大切なものは、カルトゥーシュと呼ばれる小判型の囲いで囲まれ、書き方を少しずつ変えて何度も繰り返される。大切な遺伝子が少しずつ形を変えて複数個用意されているのに似ている。しかもカルトゥーシュは読み終わりの方に直線がついて、DNAのストップコドンによく似ている。

DNAの配列の中にはまったく読まれない、しかし重要な役割を持つアルファベットが含まれているが、ヒエログリフにも発音されない文字が書き込まれている。この文字は限定詞と呼ばれ、読まれる部分の意味をはっきりさせたり強調したりする役割を担う。DNAの調節性エレメントに似ている。またペンヘヌウトジウウの棺にあったように、無意味な文字の組み合わせが並列される場合もある。ポリAなどという配列に似ているではないか。

一つの文字が二種類の読み方をされたり、同じ配列が二つの意味を持ったりするのも両方に共通である。もっとびっくりしたのは、ヒエログリフを縦書きにした場合である。この時には、上から下に向かってしばしば幅広く文字が並べられる。横に二字以上並んでいる場合は、動物の頭の向いた方から右左右というようにラセンを二次元に展開したように読んでゆくのである。DNAの発達と文字の発達の比較は、それ自身興味のある主題である。多様なものを作り出し、それを統合してゆく二つの体系の発達には、共通の原理が働いているのかもしれない。

ヒエログリフは、紀元前三一五〇年ごろに突然現れた。メネス王によるエジプト初期王朝成立の直前である。それがたかだか二百年の間、すなわち第一王朝のころに、表記法のほとんどが確立してしまうのである。ヒエログリフのアルファベット二四文字のうち、二一文字までがこのころに成立したのである。

そののちさまざまな表記法がつけ加えられ、エジプト人は何かに憑《つ》かれたようにヒエログリフを書き続けた。ＤＮＡのほうは、三四億年前に突然誕生したということになっている。ＤＮＡも、四文字のアルファベットの単純な構文がいったんできると、それは何度も書き直され、コピーされ修飾され、新しい章が書き加えられて、現在のような複雑な生命体系が作り出されたのである。

必要は発明の母で、ヒエログリフを書くために、人類最初の紙「パピルス」の製法が考案された。書くことの専門家、「書記」という職業が重要な役割を持つようになった。簡略化された神官文字《ヒエラティク》や民衆文字《デモティク》も発明された。書くことの神様、マントヒヒの形をしたトト神まで創造されたのである。

今日私たちがエジプトで見るのは、あらゆるところに書きつけられた文字、ヒエログリフの自己増殖の姿である。古代エジプト人は、物に憑かれたように三千年余にわたってヒエログリフを書き続けたのだ。いったんできたら書かれずにはおかないという、文字のふしぎな力である。

ところが、である。これほどまで殷賑《いんしん》をきわめたヒエログリフが、四世紀末のひとつの碑文を最後に、突然消滅してしまうのである。ヒエログリフの書き方も読み方もだれも知らないという事態が生じた。ローマ、そしてトルコ、アラブの支配下にあって、古代エジプト語は完全に死語と化すのである。その暗黒時代は、一四〇〇年も続いた。

その解読に成功したのは、フランスの古代学者シャンポリオンである。一八二二年に、ナポレオン軍が持ち帰ったロゼッタ・ストーン（大英博物館蔵）をもとに、ついにエジプト三千年の歴史が再び陽の目をみるのである。その最初の発見に、シャンポリオンは失神してしまったという。その後二〇年余りで、多くのヒエログリフで書かれた文書が読破された。ヒエログリフの辞書も刊行された。読み始めたら全部読まずにはおかない、というのも人間の本性である。

ペンヘヌウトジウウからのメッセージ

DNAのほうも、一九五三年にワトソンとクリックによって二重ラセン構造が発見された。その解読法はどんどん進歩し、多くの重要な遺伝子が読みとられた。現在では、人間の全遺伝子構造を読んでしまおうという、ヒトゲノムプロジェクトが始まっている。それが莫大な費用と労働力を必要とし、他の科学研究の予算を圧迫することから、議論の的となっている。

そのとき、ヒトゲノムの解読は、遺伝病の治療や、さらに癌の治療にも役立つから、などという理由でこのプロジェクトを弁護しようとするのは恥ずべきことのように思われる。役立つかどうかにかかわらず、そこに文書があって読解法があれば、それを読む、というのが人間の文化なのである。エジプトは三千年、DNAのほうは三四億年。比較にならないほどの情報量である。その全部を、ちょうどエジプト学者が無意味なヒエログリフまで読んだように読むのが文化なのである。

ヒトのゲノムが読みとられたとき、人間は精巧なDNAの生存機械として現れるのであろうか。ヒエログリフの解読の歴史をみると、たしかにエジプト三千年の歴史が正確にそこに書き込まれていた。しかしその結果は、単に歴史の事実を明らかにしただけではなく、古代エジプト人という人類の中でも最高に優れた「人間」の姿を明らかにした。その上、そこに書かれた童話や詩や祈りを通して、人間の真実を私たちにみせてくれた。

DNAの解読も、病気の治療などという実用的なものだけではなくて、生命のやさしさとか、はかなさについても語ってくれるに違いない。ペンヘヌウトジウウのメッセージは、そんなことを語っているように思うのである。

利己的DNA

DNAは、生命活動を決定している遺伝暗号である。A、T、G、Cの四文字で、すべての遺伝情報を綴ることができる。人間もミミズも大腸菌もエノコロ草も、生命あるものすべて同じ四文字で書かれたDNAの構文で記載できる。人間と葦《あし》の違いは、DNAの構文の違いである。

三二億文字で書かれている人間のすべての遺伝情報を完全に解読してしまおうというのが、ヒトゲノムプロジェクトである。技術を持っている先進国が共同してかかっても、数十年はかかるという巨大なプロジェクトである。日本も応分の貢献が期待されている。

莫大な予算を要するこのプロジェクトを遂行するために、それが完成した暁には癌や遺伝病が治るようになるのだ、などとまことしやかに聞かされるが、そこにはいささかのまやかしがあるような気がする。このプロジェクトによってわかるのは、そんな実用的なことではない。

私が思うには、人間の全ゲノムを読み取ることによって、自然の中での人間の位置づけが可能になるのではないだろうか。尊厳であるか卑小であるか、それは見方によるだろう。ともあれ人間存在というものをはっきりと理解するに違いない。

人間はDNAの乗り物で、DNAが自己保存するために作り出した道具に過ぎないという考え方がある。「利己的《セルフィシュ》DNA」は、初めて地上に出現してから成長を始め、自己複製を繰り返し、複製のたびに間違い（突然変異）を起こして進化していった。同じような遺伝子を重複させることによって増大し、再構成や飛ばし読みをすることで複雑化する。しまいには、自己保存を意識的に行うような人間という乗り物まで作り出して、地球消滅の日まで生き残ろうとしているというのだ。たとえ地球消滅の日がきても、人類はDNAをロケットに乗せて宇宙に送り出して、人間のDNAだけは守ろうとするかもしれない。DNAを越える原理はあるのだろうか。

DNAを解析する方法に次のようなものがある。読み始めと読み終わりの数文字だけを指定し、未知のDNA構文の混ぜたものといっしょに投入すると、指定された読み始めと読み終わりを持つDNAの鎖のみが大量に合成される。ポリメラーゼ連鎖反応（PCR反応）という方法で、現代の分子生物学の研究では使わぬ人がいないほどポピュラーな方法である。

DNAポリメラーゼという酵素が、指定を受けた見本のDNAと同じものを次々に複製してゆくのである。しかもこの反応では、DNAは一本から二本、二本から四本、四本から八本というように倍数的に増えてゆく。たった一個のコピーから、何千個、何万個というコピーが試験管内で作り出される。こうして自己増殖したDNAを取り出しさえすれば、指定した読み始めから読み終わりまでの構文全体を、一挙に読み取ることができる。PCR反応が、現代の生命科学の寵児《ちょうじ》となったのも無理からぬことである。

私はある日、この反応を利用してマウスの遺伝子の一部を読み取る実験をしていた。見本になるマウスの未知のDNAを入れて、読み始めと読み終わりを指定した。

複製が進んで手に入れることができたDNAを読んでみると、途中まではまさしくマウスの遺伝子の構文であった。ところが途中から全く意味不明の文字が連なっている。コンピューターで捜してもマウスの中にそんな構文はない。私はギョッとした。

よくよく調べてみると、見本に従って読み取ったDNAを、今度は読み終わりの方から読み始めに向かって逆読みした文章であるということがわかった。つまり、見本を読み取ったあと、今度は自分を鋳型にして逆に読んでいったのである。サクラサクラサクラガサイタイサガラクサラクサラクサ。後半は呪文のようである。

私は愕然とした。「こいつら、できることだったら何でもやる」。自分の足を喰うタコのように、自動的に自分を逆読みさえする。それがDNAをかくも増殖させ、進化させ、地上にはびこらせた原動力である。

私はそのとき、「おぬし、なかなかやるな」と腹の底で嗤《わら》ったが、同時に私の背中を冷たい風がなぜて行った。

きんさん、ぎんさんは、いまや国民的ヒロインになっている。彼女たちの人気の秘密は二人が寸分たがわぬことではなくて、風貌や行動様式が微妙に異なっていることである。

もし彼女たちが一卵性双生児ならば、遺伝子のプール（ゲノムという）は完全に同一である。利己的ＤＮＡが、もし本能的に自己複製を行い、書き込まれたプログラム通りに個体を作り出しているとすれば、一卵性双生児はまったく同一にならなければならない。ところがきんさんぎんさんは、似てはいるけれど明らかに個性が異なっている。利己的ＤＮＡの呪縛を逃れることができたのはどうしてであろうか。これはあくまでも、お二人が一卵性双生児であると仮定しての上である。

顔つきや性格がどうして違うかという点については、分子レベルではわかっていない。しかし、やはり個体の「自己」を決定している免疫系について調べると、その理由を理解することができる。

免疫反応、すなわち「自己」以外の種々の物質に対する反応性は、抗体とＴ細胞レセプターという二種類のタンパク質で担われている。抗体についてだけ考えても、一千万種類以上の物質と反応できるような予備能力が用意されているのである。しかし、ゲノムに含まれている抗体遺伝子の数はたかだか数百個である。実は、この限られた遺伝子のいくつかを組み合わせることによって、一千万種類の異なった分子を作り出しているのである。

抗体を作る細胞では、抗体遺伝子ＤＮＡの繋《つな》ぎ替え（再構成）が起こる、というのが利根川進が報告した世紀の大発見である。しかも、そのときの繋ぎ替えのしかたは、実はランダムなのであった。

一卵性双生児で、抗体を作るために利用された抗体遺伝子を調べてみると、二人の間には著しい片寄りのあることがわかった。免疫系は、同一のゲノムという材料から、違ったセットの遺伝子を作り出していたのである。

しかも、ハシカやインフルエンザにかかるなどの経験によって、抗体を作る細胞の数や比率が変わってくる。偶然や環境や経験などの、予測できない要素が入り込んで、同じＤＮＡのプールからできる個体の「自己」を変えてゆく。

一回限りの、かけがえのない個体の生命というのは、利己的ＤＮＡのプログラムを越えたところに成立する。私が「超《スーパー》システム」と呼ぶのはそういう高次の生命である。ＤＮＡの設計による機械としての生命ではない。きんさんぎんさんはそれを教えている。

手の中の生と死

手は五本の指を持っていて、摑《つか》む、書く、弾く、縒《よ》るなどの人間らしい行為を作り出す。

しかしその手は、子宮の中で胎児が発生してくる第四週ごろは、小さな丸い隆起に過ぎなかった。やがて平べったいヘラ状となり、そこに四条の凹みができてくる。凹みの部分の細胞が次々に死んでゆき、みずかきのようなものが残るが、内部ではもう小さな指の骨が生まれている。みずかきの細胞が全部死んでいなくなると、はじめて指の形が完成する。赤ちゃんはこの指を折り曲げ、手を握りしめたままこの世に生まれる。

彫刻家が大理石から手を彫り出すように、神様は指の間の細胞を死なせることによって手の形を作り出す。その細胞の死は、遺伝子でプログラムされているのだ。

細胞の死がなければ、手の生命も生まれない。手の中の生と死のドラマである。

誕生と老い

テレビでギフチョウが羽化する様子を見た。

堅い蛹《さなぎ》から孵《かえ》った幼蝶の翅《はね》は青白くくしゃくしゃで、枝にしがみついたまま醜く息づいていた。しかし、それがみるみるうちに変身してゆく。羽根はピンと張り、鮮やかに発色し、それをゆっくりと動かしたかと思うと、みずみずしいギフチョウとなって軽やかに空中に飛び去った。

その時私は、医学生のころ初めてお産に立ち会った時のことを思い出していた。仮死状態で生まれた赤ちゃんは、臍《へそ》の緒《お》をだらりと垂らし、血と黄色い脂肪にまみれていた。顔は老人のように皺だらけで、生気のない紫色をしていた。医師が足を持って吊るし背中を叩くと、口から汚水を吹き出して弱々しく一声泣いた。

看護婦が手早く臍帯《さいたい》を切り、母と児は分かれた。産湯をつかわせ、ガーゼの衣にくるんで母親の脇に置かれた時は、まだ赤黒い手足を無気味に動かしているばかりだった。

ところが、数時間後に母親を見舞った私は、アッと驚いた。さっき老人のように皺だらけだった肉のかたまりが、いまは生気と若さにあふれたみずみずしい赤児に変身していたのだ。母親が乳房を差し向けると、力強く吸いついた。

たった数時間の間に、赤ちゃんは老いの極限から若さの極限にまでたどりついたのだ。それを見ると、人は老いの彼方からこの世に現われ、今度は時間を逆行するように老いに向かって人生を歩むように思えてくる。

人間の眼と虫の眼

窓にカマキリがとまっている。大きな緑色の二つの眼でこちらを見ている。どんな風に見えているのだろうか。

いやその眼は正確には二つではない。昆虫の眼は複眼だから、一つにみえる眼は何千個もの小さな個眼の集合体なのである。その一つひとつに小さなレンズがあって、別々に光の信号を受け取っている。

人間の眼は二つ。構造はカマキリとは全く違う単眼で、大きなレンズや硝子体を通して、網膜というスクリーンに光の像が結ばれる。

タコやイカも、二つの眼を持っている。清流に住む原始的な小動物プラナリアも、二つのかわいい眼を菱形の顔の両側に持っている。魚の眼は、文字通り魚眼レンズで、人間とは全く違う立体世界を眺めている。

どうしてすべての動物の眼は二つずつあるのだろうか。昆虫と人間の眼の構造は全く違うし、プラナリアなどはレンズさえ持っていないのに。いろいろな種で全く別々に眼というものが進化していったのだろうか。

最近びっくりするような事実が発見された。

ショウジョウバエで複眼を作るために働いていた遺伝子が、ネズミでも人間でも単眼を作るために働いていることがわかったのだ。ネズミでこの遺伝子が働かないと、眼のない動物が生まれる。ネズミの眼を作る遺伝子をショウジョウバエで発現させると余分な眼が作り出される。その眼は複眼である。

人類の先祖と昆虫は、六億年も前に分かれた最も遠き親戚である。そのころから共通の眼を作る遺伝子が使われていた。生命の長い長い歴史を思う。

落葉と生命

落葉の季節になった。夏の間豊かな太陽と栄養を受けて育った葉が、いま命を終えて、冬の夕日に黄金色に輝きながら散ってゆく。

落葉はなぜ落ちるのか。別に風が吹いたからでも重力のためでもない。葉のつけ根の細胞が、季節を察知して遺伝子のプログラムを働かせて死ぬために、落葉は自然にポトリと落ちるのだ。何億年も繰り返された自然のめぐりの儀式である。

ギリシャの医哲学者ヒポクラテスは、落葉が季節とともに落ちるような自然の死の現象を、アポプトーシスと呼んだ。アポは「離れる」、プトーシスは「落ちる」という意味だ。

現代の生命科学では、細胞がプログラムに従って自然死してゆく現象、すなわちアポプトーシスについての発見が相次いでいる。細胞死を起こさせる遺伝子やそれを阻止する遺伝子、いずれも生命維持に必須であることがわかってきた。

死の遺伝子が働かなくなると、不死の細胞ができて癌になることや、不必要な細胞を除くことができないため胎児が発育できなくなったり、脳や免疫の異常が起こったりすることもわかってきた。落葉が落ちなければ、来春、若葉も生えることがない。生命が誕生し、生き続けてゆく裏側には必ず死が存在する。

医学の発達は、さまざまな延命治療法を可能にした。しかしその中には、落葉がポトリと落ちるのを無理に阻止しているようなことも含まれているのではないだろうか。

真夏の夜の悪夢

打ち続く熱帯夜のおかげで変な夢を見た。目が覚めてからしばらく反芻したので、ある程度覚えている。

夢は全体がテレビの画面の中だった。美しい白人の女性が、金髪のかわいい女の子を抱いている。

エリザベスと名宣《なの》るこの女性は、しばらく前に二歳になるルイーズという女の子を交通事故で失くした。溺愛していた子供を失った彼女は一時は死を覚悟したが、知り合いの医師に相談して、ルイーズの細胞を冷凍し、ほぼ一年前に自分の卵子にルイーズの細胞の核を移植し、自分の子宮に戻した。お定まりのクローン動物を作る同じやり方である。

こうして彼女は死んだルイーズと同じ遺伝子を持った赤ちゃんを出産した。生まれたころのルイーズと瓜二つの赤ちゃんには、やはりルイーズという名前をつけた。彼女は、人間で初めて成功したクローンベイビーを抱いてテレビに出演しているのである。

誰かがやると思っていたが、とうとう現実のものとなった。画面には弁護士や医師や神父などが次々に現われてエリザベスに問いかける。なぜこんなことをしたのか、それは許されることなのか、何が問題なのかなどなど。詳細は覚えていないが、我流で補いながら考えるとこんなことだったのではないかと思う。

エリザベスは、最愛のルイーズの肉体が一瞬のうちに失われて、悲嘆のどん底に陥った。あんなに愛していたのに、もう二度と見ることはできない。ルイーズなしでは自分も生きてゆけない。何としてでも生き返らせたい。

その時思い出したのが、羊や牛ですでに使われているクローン技術である。幸い知り合いに体外受精の専門家の医師がいる。彼に頼めば何とかなるはずだ。彼はすでに、非血縁者の受精卵を不妊の女性に着床させて子供を生ませている。抵抗などないはずだ。

エリザベスは、ルイーズの細胞が生きている間に、細胞の冷凍保存をその医師に依頼する。さまざまな組織細胞が凍結保存された。そしてとうとう、ルイーズのクローンを作ることを医師に納得させたのだ。

幸い彼女は健康で、定期的に排卵が続いていた。医師はエリザベスの卵子にルイーズの細胞の核を移植し、電気ショックをかけてから培養し、エリザベスの胎内に戻した、ということなのではないかと思う。

そうやって、もう一人のルイーズが生まれた。生まれた時からルイーズは、死んだルイーズと瓜二つだったので、エリザベスの心は癒された。そうでなかったら、彼女はとっくに自殺していただろう。第二のルイーズは健やかに育ち、こうして母子ともに幸福に暮らしている。クローンといっても、最初のルイーズは死んでいるのだから、これこそたった一人のルイーズなのです。どこが悪いのでしょう、とエリザベスは幸福そうに画面で微笑んだ。

詰め襟の服をきた神父は、たった一人のかけがえのない人間を生み出す生殖の倫理を無視したクローン人間は神の意志に反すると力説する。しかしその言い方は尊大で、論理を欠いていたので会場には失笑が洩れた。

この手術を担当した医師は、そんな言い分で研究が中止されていることこそ科学への冒瀆であって、こうして死さえ覚悟した人間を救うことができるような技術を、医師としてどうして否定することができようかと居直った。そして科学の進歩は、無条件に保証されるべきなのだから、これは新しい医学の勝利であると誇らしげに語った。

弁護士は、こういうクローン技術の行き着く先では親子の法的関係があいまいになるばかりか、やがては独裁者のクローンの作製にまでつながるという懸念を示した。しかし、血縁関係を基盤においた社会構造そのものが、すでに過去のものになろうとしていると医師は反論した。それを否定して初めて、DNAの呪縛から自由になった本当の人間関係が生まれるはずだ。第一、クローン技術で生み出されたルイーズは、両親の遺伝子を半々に持った私の子供だし、一卵性双生児の片方が生き残ったのとどこが違うのでしょう、とエリザベスはいとしそうに子供を抱きしめた。

独裁者のクローンなどというのは全く別の次元の話ではないか。それはそれで別に規制すればいいはずよと彼女は反論する。現代の科学が達成した新しい技術によって、私もルイーズも幸福になっている。大勢のルイーズのコピーを作って人間の生態系にまで影響を与えたわけではないのだから、どこも悪いことはないでしょうと、エリザベスは微笑みながらこちらを凝視した。

司会者が突然私に向かって、意見をたずねようとした時、電源が切れたようにプツンと私の目も覚めた。じっとりと寝間着が汗ばんでいた。私は夢を反芻しながら、どう答えるべきかとベッドの中でしばらくもがいた。

たしかにエリザベスとルイーズの幸福の前にはすべての理屈は色を失っている。それを否定する論理を私たちは持っていない。そうだとすると、理屈ではない何か別のものがあるのだろうか。それは一体なんだ。混乱した残夢の中でエリザベスのネットリした微笑が、しばらくの間残像のように私の目に焼き付いていた。

死は進化する

「死」の再発見

六月。見渡す限りの麦秋。

大地の豊かな恵み、自然の変わらぬめぐり、人類が数千年にわたって経験している収穫の喜びである。

しかし見方を変えると、これは麦という植物の、何千万という個体の集団自殺なのである。麦は一年草だから、この季節になると必ず枯死する。麦畠は麦という植物の死体の山でもある。

麦の死は水が不足したからでも、太陽光線が多すぎたからでもない。麦の遺伝子すなわちゲノムの中に、DNAの暗号で書き込まれている死のプログラムが発動して、茎や根の細胞が自ら死んでゆき、植物全体が枯れてゆくのである。この死のプログラムは、環境が変ると発動の時期が多少ずれるが、もともとが遺伝的プログラムだから、人為的に動かすことはできない。麦という個体は死んでも、次世代の麦を作り出すための種子は残る。あとには、麦わらという大量の死体の束が残る。私たちは、毎年このおびただしい数の集団自殺を目撃して、そこに自然の豊かな恵みを感じているのだ。

晩秋。凩《こがらし》が吹くころになると、木々の枝はこれまた何万何十万という葉を落とす。落葉は何故落ちるのか。風が吹くからでも重力が働くからでもない。葉の根もとの一層の分離帯の細胞が、遺伝子のプログラムにしたがって死んでゆくからである。たとえ重力の影響を受けないように人工的にしばりつけておこうと（オー・ヘンリーの小説に、落葉を眺める病人と画家が壁に描いたいつまでも落ちない木の葉の話があったが）、葉は確実に死んで落ちてゆく。

時のめぐりとともに散り落ちてゆく落葉を眺めて、古代ギリシャの医師ヒポクラテスは、アポトーシスという言葉を作った。ヒポクラテスは医学の祖と言われる哲学者で、医の原理と倫理を初めて説いた人である。「アポ」は「離れる」とか「下へ」という意の接頭語で、「トーシス」は「落ちる」「下る」という意味の「プトーシス」からきている。まさに散り落ちてゆくことを意味する。出典が不明なので、それ以上ヒポクラテスの真意は私にはわからない。

しかしアポトーシスは、現代生物学の最大の話題として一九七〇年代になって華やかに再登場した。それは、現在生物学の最大の関心事である。

それまで生物学者は、「死」という現象に関心を払っていなかった。生物学は、生きているという現象、すなわち生命現象を解明する学問だから、生を否定する死については考えないというのが基本的な立場だった。また、科学を育んだ西欧思想では、死は単におぞましい忌み嫌うべきものだったし、死者をみとるべき医学においてすら、死はあってはならない敗北に過ぎなかったからである。

この世で最も確実なものである死が、逆にあり得べからざる否定的なものとしてしか認識されなかった。死は近代科学の視野の死角に入ってしまったのだ。死をおおっぴらに研究する生物学者はいなかった。

それが二十世紀末葉になって、細胞の死の形態のひとつ、アポトーシスという現象が再発見されて、大勢の生物学者が争って死の問題に取り組み始めたのである。そのおかげで、ここ一〇年余りの間に少なくとも一部の動物細胞がなぜ死ななければならないのか、またどのようなメカニズムで死んでゆくのか、死が生命にとってどんな意義を持っているのかが次々に明らかにされていった。近代科学による死の再発見が起こったのだ。しかもそれが、生命の成立と維持に必須の現象であることが明確にされたのである。

アポトーシスとは何か

死が否定されていた医学生物学の世界でも、当然細胞の死は目撃されていた。温熱や化学物質などが働くと細胞は破壊されて死ぬ。酸素や栄養の補給がなくなっても、細胞は窒息したり栄養不良になって死ぬ。細菌や天然の毒素などは細胞を殺す。こうした外的な力が働いて細胞が殺傷されることを、医学では「壊死《えし》」と呼んでいる。壊死は、細胞膜が破壊されて細胞という生命の単位が崩壊してゆく、いわば細胞の「他殺」である。

ところが、もっと別の細胞の「死にざま」があることに気づいていた人たちがいた。弱い放射線の照射を受けたり、老化した動物の臓器では、細胞膜はきちんと残っているのに核が暗く小さくなってゆっくりと自然死してゆく細胞がある。日本の病理学者、放射線学者は、すでに一九六〇年代に賢明にも「暗調細胞」とか「立ち枯れ壊死」という名前でそれを区別していた。

それが、今日アポトーシスと呼ばれる細胞の死の形態であることがわかったのはしばらくたってからのことである。アポトーシスでは、細胞膜はしっかりしているのに、細胞内部で核の構造が融解したりちぎれたりして崩壊し、やがて細胞自身も分断されて周囲の細胞に飲み込まれて消滅してゆく。一九七二年にこの新しい死の形態を三人の外国人生物学者がアポトーシスという名で呼ぶことを提案して以来、アポトーシスは現代の生命科学の研究の中心に位置するようになった。

アポトーシスは、外力によって細胞が殺されるのではなくて、細胞が自ら持っている死のプログラムを発動させて死滅していく自壊作用による死である。「自死」というような訳語もしばしば見られる。

壊死が起こると、破壊された細胞からは内部にあった酵素や有害な成分などが放出されて、現場にはしばしば強い炎症が起こる。死んだ細胞の処理のために白血球などが動員され、血液の循環が障害されたり、体液が浸出するなど強い混乱が生じる。混乱の結果、他の細胞も死んでゆき、しばしば周辺にまで病変が広がる。

ところが細胞の「自死」であるアポトーシスの場合は、細胞は自ら自然死をとげ、断裂した細胞の成分は周辺のマクロファージなどの細胞に飲み込まれてあとかたもなく消えてゆく。死んだ細胞は、周囲の細胞群に混乱を起こすことなく何事もなかったように消えてしまったため、これまでほとんど気づかれることがなかったのだ。

利他的な死

ではなぜ生物は自死の遺伝子などを持ち、それを発動させて必然的に死んでゆくのだろうか。アポトーシス、すなわち細胞の自死が重要な役割を果している生命現象を二、三眺めながらこの問題を考えてみよう。

アポトーシスが重要な意味を持っている第一の例は体の発生過程である。受精卵から私たちの体が発生してゆくときにはおびただしい数と種類の細胞が作り出されるが、同時に数多くの細胞が死んでゆく。たとえば手足が形成されるときには、まず指の骨の間にあった細胞が死んでゆき、水かきのようなものが残る。さらに水かき部分の細胞も死んだとき初めて五本の独立した指が作り出されるのだ。細胞が死ななければ手の形はできない。このときの細胞死はアポトーシスである。

脳神経系が作り出されるときも、やがて必要とされる数よりずっと多くの神経細胞が生まれる。一部の不要な細胞がアポトーシスによって死んで除かれた結果、複雑で正確な回路網（配線）を持った神経系が残る。アポトーシスを起こすための遺伝子のひとつを破壊すると、巨大で異常な脳を持ったネズミが生まれることもわかった。

オタマジャクシのシッポがなくなって蛙になるのも、幼虫がサナギを経て蝶に変態するのも、アポトーシスで細胞が死ぬからである。

最もすごいのはサナギで、サナギの中ではイモムシのころ体を動かすために使っていた筋肉を含む大部分の細胞が死んで、サナギの体の中は一時ドロドロにとけたような状態になる。その上で新たに多くの組織細胞が新生して成虫の体の体制を作り出し、サナギはやがて蝶になって飛び立つのである。サナギ、それは死と再生の秘義の場である。

もっと原始的な生物で、土壌の中に生きている寄生虫の仲間に、エレガンス線虫という虫がいる。体長は二ミリ程度、全身の細胞の数はおおよそ千個、一個の受精卵が分裂を重ねて約一九時間で成虫になる。この線虫が発生する間に、正確に一三一個の細胞が死ぬ。それが死なないと線虫は正常な発生ができない。

線虫の細胞が死ぬ際に働いている遺伝子を調べることによって、アポトーシスに関与する遺伝子のいくつかがはじめて同定されたのである。人間も含めた動物細胞のアポトーシスに関する私たちの知識の多くは、この線虫の研究からもたらされた。

線虫のアポトーシスの研究の結果、細胞の死は複数の遺伝子によって制御されたきわめて複雑なシステムであることがわかってきた。アポトーシスは何段階もの細胞内での情報転換を介して、何種類もの酵素が活性化され、細胞内にある生存に必須の蛋白質や生命の設計図である核のDNAが切断されて起こる。死の実行段階で働く遺伝子、さらにそれを上位で調節し、死のスイッチをオンまたはオフにする遺伝子などが同定されている。線虫で発見された死の遺伝子の多くは、人間やネズミのゲノムの中にも温存されており、生命活動の色々な場面で働いていることがわかってきた。

それればかりか、こうした分子や遺伝子レベルでの比較研究をすることによって、死の遺伝子が何億年もの生物進化の歴史の中で維持保存されてきただけでなく、常に進化をとげ続けてきた、生命にとっては最も基本的でかつ高級な遺伝子群であることがわかった。死の遺伝子は、進化の過程で広い応用領域を開発して、生命の高度化に寄与してきたこともわかった。

たとえば、脳神経系や免疫系などの高次のシステムが成立し機能するためには、多くの不要な細胞や好ましくない細胞が死ぬことが必要である。癌などの異質化した細胞も除去しなければならない。皮膚や消化管などで老朽化した細胞の処理と新生、ウイルスなどに感染した細胞の除去など、こうしたさまざまな場面で、アポトーシスは重要な役割を果している。

アポトーシスの遺伝子に欠陥が生じると、発生過程で形の異常が生じたり、臓器の機能不全や癌が生じる。癌の一部は、アポトーシスの遺伝子の発現に異常が生じて、そのため不死化した細胞である。死ななくなった細胞が、逆に個体全体を殺してしまうのである。

老化した細胞の除去もアポトーシスを利用している場合が多い。老化によって起こる脳神経系の細胞の減少も、これまで知られたアポトーシスのやり方とは少し違うけれども、やはり遺伝子に書き込まれたプログラムの発現によって自滅してゆく過程であることには変りはない。アルツハイマー病で神経細胞が急速に死んでゆくのは、アポトーシスによる。

動物の性の決定でもアポトーシスは重要な役割を持っている。哺乳動物の発生過程で、女性器の原基であるミューラー管というのがアポトーシスによって消滅すると初めて男性器となるウォルフ管の分化が始まる。アポトーシスがないと人類はみな女性になってしまう。

こうして見て来ると、アポトーシスによる死は、一般的に利他的な死であることが多いことに気づく。体の体制を作り出すための細胞の死、脳や免疫など高次のシステムを作り出しそれが間違いなく働き得るために自ら死んでゆく細胞。性を決定し子孫を残すために必然的に訪れる死。生命体が誕生しその働きを維持するためには、一部の細胞の死は絶対に必要である。生物は死の遺伝子を発明し、それをさまざまなところで働かせることによって高度の生命体を作り出してきたのだ。

「死」は進化する

このようにアポトーシスという現象は、生物の発生、性の分化、脳や免疫などの高次の生命活動、個体の生存と調節などにきわめて重要な意義を持つ一方で、最終的には個体自体の死をもたらす要因となる。個体というのは、それを構成する臓器などの強い依存関係によって成り立っている。要素としての組織や臓器における一定以上の細胞の死は、必然的に個体全体を死に追いやることになる。それがアポトーシスによってもたらされるとすれば、それこそ「寿死」とでも言うべき生物個体の自然の死であろう。

私たちがなぜ特殊な外力が働かなくても、また特別な病気に罹らなくても死ぬのかと言えば、何億年もの間進化させてきた老化や死の遺伝子が働いて、最終的には個体の死をもたらすからであろう。

長い生命の歴史の中で、植物界と動物界が分かれたのは一〇億年以上前のことである。現在われわれの持っているアポトーシスの遺伝子の起源をどこまで遡れるかはまだ不明だが、死という生命現象を作り出す大もとになる遺伝子の起源は、少なくとも植物と動物が分かれた一〇億年より前まで遡ることができるはずである。やがて植物は進化し、木々は落葉することを知り、枯れることによって実を残すことも知った。

一方動物の方は、いまから約五億年前のカンブリア紀に、さまざまな動物の系譜の祖先がいっせいに地球上に登場した。人間や魚、鳥、蛙などの脊椎動物の祖先もこのころ現われた。昆虫やナメクジやタコなどの祖先、先に述べた線虫やサナダムシなどの祖先も、カンブリア紀にいっせいに出現したのだ。カンブリア紀の大爆発と呼ばれる。

その五億年以上も前のカンブリア紀に分岐したはずの線虫で発見されたアポトーシスの遺伝子が、かくも離れた人間のゲノムの中に進化しつつ生き残っており、人間の細胞の生死を決めていたのである。その上人間では、線虫ではみつかっていない別の系列のアポトーシスの遺伝子も発見されており、新たな死の遺伝子が発明され進化し続けていることがわかってきた。新しい死の遺伝子も、免疫や炎症などの重要な生命現象の調節に大きな役割を担っていることが明らかにされている。

まさに死は進化し続けているのだ。

「死」の意味論

個体の発生と、その一生の間の生命活動を眺めるとき、細胞のプログラムされた死が重要な役割を果していることは明らかである。全体としての個体の生死も、要素である細胞の死に依存している。生物の生死のルールは、生物が地球上に出現し、多細胞生物とその共同体が作り出されたときにはすでに決められ、ずっと働いてきたものらしい。

細菌や酵母などの単細胞生物にも、多細胞動物でみられるようなアポトーシスがあるかどうかはまだ不明である。しかし、ひとつの細胞が個体として行動するゾウリムシではそれに似た現象が認められている。ゾウリムシは、環境が悪化して生存が危うくなると初めて有性生殖を行なって、自らは死ぬ。その死に方はアポトーシスに近い。

しかし、こうした事実をすぐさま人間の個体の死、さらには個人の死に投影して考えるのは短絡的に過ぎる。それは異なった階層での議論である。

生命には何段階もの階層構造があることはこれまでにも指摘したところである。個体はさまざまな臓器によって構成され、臓器は多様な細胞によって形作られる。細胞はさらにそれを構成する蛋白質や遺伝子などの分子によって運営され、分子はその下の階層に属する原子やイオンから成る。

こうした生命の階層構造の中では、下の階層でのルールは上の階層での現象を拘束はするが、すべてを説明することはできない。たとえば細胞の働きは人間というもうひとつ上の階層の生命現象を作り出すが、細胞レベルでのルールは、人間の行動や社会性などを説明することはできない。

それと同様に細胞レベルでの死は、個体の生命を左右するが、個体の生死、すなわち人間の社会的な死まで説明するものではない。したがって、細胞の利他的な死があったからといって、集団の中での個人の生死や、組織の中での人間の生き方に安易に投影してはいけない。そこには、もっと上の階層の問題としての哲学的な死の概念があり、それは下の階層である細胞の死と同じ平面では扱えない。

しかし一方、下の階層でのルールは、上の階層でのルールを制限していることも確かなのである。生物としての人間は、生物の一般的な死のルールから免れることはできない。上の階層に進化した人間の死も、生物細胞がもともと死ぬべき者《モータル》として存在しているというルールは受け入れなければならないだろう。

これまでに発見されているアポトーシスの遺伝子は、まず生物の死が必然であることを教え、その上で人間がより進化した死を選ぶことができることを示していると思う。そして個人の死を、単にひとつの個体の消滅とみるだけではなく、何億年という生命進化の流れの上に必然的に起こる生命現象と理解するとき、私たちはもうひとつの次元で自分の死を考えることができるのではないだろうか。

人権と遺伝子

「人権」というのを辞書で引くと、「人間が生まれながらにして持っている固有の権利、変更することも侵すこともできないもの」というような定義が出てくる。「生まれながらに」とか、「変更不可能で固有の」とか言われると、私のように医学生物学の研究をしている者には、まず「遺伝子」が思い浮かぶ。

人間の人間たる姿は、まず遺伝子によって決定される。人間がサルでもイヌでもないのは、遺伝子が違うからである。人間からは人間が生まれニワトリの卵からは人間は生まれない。サルもニワトリもイヌも、それぞれ固有の遺伝子群を持っている。

それぞれの種を決定している遺伝子の集合体（全体）を、ゲノムという名前で呼んでいる。人間のゲノムの中には、約一〇万個ていどの遺伝子が含まれている。それぞれの遺伝子が一定の部位で、一定の順序で働き出すことによって、たった一種類の受精卵から眼や口や内臓などを持った複雑な人間の体が作り出される。

遺伝子の総体としてのゲノムは、それぞれの種に属する個体全員に共通に備わっており、それを変更することはできない。人間が人間の形をしているのは、この共通のゲノムの産物だからだ。これをゲノムの普遍性という。

普遍的なゲノムの構成は、人間であったら全員みな同じ、白人も黒人も黄色人種もちっとも変わらない。いまから五〇万年ぐらい前に私たち現生人類の先祖がアフリカで生まれて以来、全く変っていないのだ。それを知れば、いかなる人種差別もなんの意味も持たないことが納得される。

しかし一方では、人間は一人ひとり少しずつ違う。背の高い人も低い人もいる。女と男。髪の多い人、薄い人。遺伝的な障害を持っている人、外見上は持っていない人。人間の持つさまざまな多様な性質も、遺伝子によって決定されている。こうした一人ひとりのわずかな差をゲノムの個別性という。

ゲノムの普遍性も個別性も、それぞれの人間が生まれながらにして持っている。変更することも侵すこともできない性質である。色が黒かろうと白かろうと、背が高かろうと低かろうと、たとえ障害を持っていようと、人間固有のゲノムの産物なのだから差別することはできない。だいたい表面に現われないような遺伝子の異常などは、誰でも必ずいくつかは持っている。それを差別することは、自分が人間であることを否定することになる。

こうしたゲノムの普遍性と個別性の両方が、私たち人間を人間たらしめているのである。人権というのも、人間という普遍的な性質と同時に、一人ひとりの持つ固有の性格や特徴を認めることによって初めて成立するものである。現代の生命科学は、改めて遺伝子の側から人権を理解する道を開いているのではないだろうか。

共生と共死

二十一世紀のキーワードとして、しばしば「共生」という言葉が使われている。二十世紀は、巨大な科学技術を手にした人間が、己れの生存のために地球上の他の多くの生物を滅ぼし、ついには生態系を含む地球環境まで破壊しようとしてきた。

だから二十一世紀は、「共生」の時代でなければならないという。まことに尤もなことで、それ自体に異論はない。しかし都市計画から経済活動に至るまで、お題目のように「共生」という言葉が使われてみると、もともと生物学の用語であった「共生」の意味が、本当に理解されているのか疑わしくなってくる。

そんなとき、新聞社の企画で宗教学者の山折哲雄さんと対談する機会があった。山折さんは人間が己れのサバイバルのためにノアの方舟的な意味で「共生」などというのだったら、それはまだエゴイスティックな自己生存戦略の延長に過ぎない。そこにもう一つ共に死滅することを受け入れる「共死」というカードを入れた方がよいのではないか、と言われたのが心に残った。

山折さんの言葉をふまえて、生物学で知られている「共生」という現象について、改めて思いをめぐらした。生物の「共生」は、一般には異なった種の生物が同一の場で生活することによって、互いに利益を得ている状態、つまり「相利共生」という現象を指すが、そのほかにも一方だけが他方を利用して利益を得る「単利共生」や「寄生」という状態も含まれる。人間はこれまで一方的に他の生物を自分のために利用してきたが、そこに限度が見え始めてきたいま、今度は利益を永続的に確保するために「共生」をはかろうとしているようだ。そうだとすれば、「共生」などといっても現在の「単利共生」の延長に過ぎなくなる。

しかし生物界では、もう一つ凄みのある「共生」という現象が知られているのである。人間を含む動植物の細胞は、もともと二種類の原始的生命体が「共生」することによって生まれたものらしい。遺伝情報であるＤＮＡをためこんだ核を持つ原始的な単細胞生物の中に、もう一種類の、こちらは酸素を利用してエネルギー代謝だけが上手な原始的な藻類のような微生物が入り込んで、「共生」を始めた。

二つが同じ細胞膜の中で生活するようになると、一方はＤＮＡという遺伝情報をどんどん蓄積し変化させながら次々に複雑な生命活動を生み出し、一方はその生命活動のためのエネルギーの供給を有効に行なうという形で共存するようになった。遺伝情報を蓄積していったのが細胞の「核」で、もっぱらエネルギー代謝に役立っているのが「ミトコンドリア」と呼ばれる細胞内の小器官である。植物では、葉緑体というもう一つ別の生命体由来のものが「共生」している。

人間の体を構成するすべての細胞には、一つの核と三〇ないし五〇個のミトコンドリアが含まれているが、それらはもともと別の種の生物に由来したものが「共生」しているのである。私たちの体そのものが、二種類の生物の「共生」によって作り出されたものだったのである。二種類の生物が「共生」したことで、生物は有効にエネルギーを利用して生命活動を円滑に行ない、次々に遺伝情報を蓄積して進化し、ついには人間のようなスグレ物まで作り出した。薄気味悪いことに、人間はもともと二種類の異なった生命体が「共生」して作り出した産物だったのだ。

このように、生物学的「共生」の根源まで遡って考えてみると、「共生」が利益を分かち合って生き延びたというような生やさしいものではなかったことがわかる。「共生」した生命は、片方が死ねばもう片方も必然的に死ぬという運命まで共有している。たとえば、死のプログラムが働いて核の方が死ねば、必然的にミトコンドリアも死ぬ。ミトコンドリアの働きが破壊されるような外力が働けば、核も生きてはゆけない。最近ではミトコンドリアの方から死んでゆく「死」と核の方から細胞の「死」がスタートするのと、二種類の死のプログラムが存在することもわかった。

山折さんの言われる「共死」は、生物が「共生」を始めたときに、すでに織り込みずみだった。「共死」する運命共同体として、「細胞」という生命がスタートしたのである。

二十一世紀のキーワードとして「共生」というとき、そこに本当に「共死」の覚悟まで含まれているかどうかを自問する必要があると思う。そうでなければ、「共生」は単なるお題目になってしまう。

過疎のため山林の手入れができなくなると、森林が死んでゆく。森林が死ぬと人間も生きてゆけない、というような形での「共死」現象が各所で起こっている。情報をため込んだ人間という核に相当する存在と、酸素を利用してエネルギーの代謝に関わってきたミトコンドリアのような森とは、「共生」と同時に「共死」の関係にあったのだ。

地球環境、政治、経済、都市、国際社会など、さまざまな領域で「共生」が合言葉のように使われるとき、同時にそこに「共死」への覚悟が求められていることを確認しなければなるまい。その覚悟を持った上で「共生」の夢を描かねば空論になるであろう。

クローン問題と生命の倫理

クローンとは何か

クローンというのは、もともと遺伝的に均一の細胞の集団のことを指していた。いま一個の細胞を適当な条件で培養すると、それは二個に分裂し、四個、八個というように枝分かれしながら数を増やしてゆく。このように枝分かれの結果生まれた、最初の一個と全く同一の性質を持った子孫の細胞を「クローン（分枝）」と呼ぶのである。突然変異を起こしたり、外界に適応することによって性質が変化したような細胞は除外される。

がんの中には、たった一個のがん細胞が分裂増殖して腫瘍を作るものがある。こういうがんはクローンとして増殖しているという。

単細胞生物であるアメーバやゾウリムシも、無性生殖で増えている限り単一のクローンである。

クローンは均一な性質を持っているので生活環境が変化した場合、全部が死滅してしまうか、別のクローンと有性生殖をして遺伝子を交換することによって生き残りを図るほかない。

これを拡大解釈することによって、多細胞生物であっても、同一の祖先となる個体から無性生殖によって生まれ、遺伝的に均一な性質を持つ個体の一群をクローンと呼ぶようになった。たとえば、ソメイヨシノという桜の木は、もともと一本の木の枝を接木することによって増やしたものである。だから同一環境では同時に咲き始める。ソメイヨシノは無性生殖で増やしたのだからクローンとしての均一の性質を備えているのだ。

無性生殖は原始的生物では非常にポピュラーな生殖法である。しかし多様な個体を作り出すことができないから、環境の変化で絶滅する危険性も大きい。

人間のような多細胞生物も、もともとは受精卵というたった一個の細胞が分裂して作り出されたものである。では人間は、細胞のクローンなのかというと、そうではない。

受精卵は、はじめは単純な自己複製によって分裂するのだが、そのうちにいろいろな個別の遺伝子が発現して多様な細胞に変化してゆく。異なった遺伝子が発現して、性質の違った細胞に変化することを「分化する」という。分化は、特定の遺伝子が新たに働き出すことによって起こる。脳神経細胞や筋肉の細胞、血液や肝臓の細胞というようにそれぞれに特有の遺伝子が働き出すことによって分化が起こり、そうした多様な細胞が統合されたのが一人の人間という個体なのである。

分裂してやがて、人体を構成するあらゆる多様な細胞に分化する能力（これを全能性という）を持つ細胞は、受精卵とそれが分裂してできたごく初期の限られた数の細胞だけである。全能性を持つ胚の細胞は、あらゆる枝葉となる細胞に分化する根幹となる細胞で初期胚細胞という。種によって異なるが、哺乳動物では、八ないし一六細胞に分裂するまでは全能性を持っているとされている。だからこの段階までの胚を二つに分割すると遺伝的に同一の一卵性双生児が生まれる。畜産では、一個の受精卵から八頭もの同一の形質を持った子牛を作り出すことができる。こういうやり方で、動物のクローン化技術はすでに広く応用されているのである。

今日では水産や畜産の領域で、次々にクローン動物が作り出されている。魚類では、いわゆる処女生殖で多数のクローン魚を作り出す技術が開発されている。未受精卵に電気的な刺激を与えて、精子なしで発生を誘発し成魚を得る。卵を作るのは雌だけだから処女生殖で生まれる子供はすべて雌となる。

全能性という神のような特権を持つのは受精卵とそれが分裂してできた少数個の初期胚細胞だけと考えられてきた。これだけは多細胞生物共通の原則であった。だから一度分化して筋肉になった細胞は、もはや肝臓の細胞になることなどできない。分化というのは常に一方向的なものであって、先祖返りして別の方向に分化しなおすということはできないはずなのだ。それが生物学の大前提だったのである。そうでなければ、脳の中に筋肉ができてしまったりする。とんでもないことである。

ところがその大前提が覆されたのである。

イギリスのロスリン研究所というバイオテクノロジーの研究所の科学者が、すでに分化が完了したヒツジの成体の乳腺の細胞の核を、あらかじめ核をぬき出しておいた別の動物の未受精卵の中に取り込ませ、培養したところ、受精卵と同じように分裂と分化を始めた。一定の細胞数まで分裂させた上で、それを別の動物の子宮に着床させると一匹の完全なヒツジが生まれたというのである。

一九九七年二月、このニュースは全世界を駆けめぐった。カエルやイモリなどでは恐らく可能と考えられてきた多細胞生物のクローンが、哺乳動物でもできたのだ。世界中の生物学者がアッと言った。

すでに乳腺の細胞に分化して、運命が決定されていたはずの細胞が、受精卵と同じようにあらためてはじめから分化を始め、ついには個体のすべての細胞にまで分化した。全能性という、受精卵だけが与えられていた神のような特権が、体を構成する他の細胞にもあった。それまで哺乳動物ではあり得ないと思われていたことが簡単に成し遂げられてしまった。この実験の成功は、生物学の常識を破ったノーベル賞級の大発見だったのである。

全能性の付与と細胞における時間

大発見の基礎となったのは、分化が完了した細胞に全能性を与えるための簡単な操作であった。それがまことに単純なものであったことが人々をさらに驚かせた。乳腺の細胞というのは、乳汁の分泌というはっきりした役割のために乳蛋白の合成や細胞分裂などを行なっている。乳蛋白を作るための遺伝子のスイッチがオンになっているし、分裂した細胞に配分されるDNAを複製するさまざまな装置がすでに働いている。それでは分裂しても乳腺細胞しか生まれないはずである。

そこでロスリン研究所のウィルムット博士らは、培養した乳腺細胞への栄養を断って細胞を飢餓状態にした。すると核の中のすべての遺伝子のスイッチが切られ、細胞はあらゆる働きを止めた「休止期（G0期）」にリセットされる。普段だったら働いているはずの分裂や機能発現のための遺伝子が、精子や未受精卵のように休止している状態が人工的に作られたのだ。これを細胞の「初期化」という。遺伝子を「初期化」しておきさえすれば、その核を別の卵細胞の中に入れたとき、卵細胞に備わっている細胞分裂と分化を起こさせるスイッチとなる分子が働き易い。こんな簡単なやり方で、細胞内のすべての遺伝子がまずオフとなり、卵という環境条件の中で全能性がリセットされたのである。予測はみごとに当たり、乳腺細胞の核を移植された卵は発生を始め、とうとうクローン羊第一号のドリーが生まれたのである。ドリーからはやがて子が生まれた。こうしてすでに運命が決定されていた乳腺細胞に、全能性を「復活」させるという神話が現実のものとなったのである。

その後半年ほどの間に、同じような方法で牛やハツカネズミ(マウス)のクローン作製の成功が報じられた。研究は、実は世界各地ですでに進行中だったのである。

日本では良質の肉牛を生産するために、牛の生殖工学の研究がさかんに行なわれていた。受精卵から数回分裂した胚を分割して作ったクローン牛の技術はすでに実用段階にあった。それならば分割した胚の代わりに体の別の細胞の核を未受精卵に入れ込みさえすればよい。牛では卵管上皮細胞の核が用いられる。

アメリカのオレゴン州では、同じように胚を分割する方法でクローン猿が生まれた。人工受精した卵から発生した胚を分割して核を取り出し、未受精卵に移植する。八個の移植された卵から、三匹の遺伝的に同一のクローン猿が生まれ、二匹が生きのびた。このやり方などはすぐにでも人間に応用が可能である。

マウスの場合は、受精卵の全能性は四細胞期ぐらいまでしか残らない。現在行なわれているクローン化技術は、卵細胞が排卵されるとき周りを取り囲むように存在する、卵丘細胞の核を利用する方法である。この細胞は卵細胞と同じ状態で作り出されたのだから、すでに「初期化」されている細胞である。卵丘細胞は、もともとそのままおいておけば死滅する運命にある細胞である。

このようにしてドリー誕生以来、次々に動物のクローン化の成功が報じられた。一九九八年末、韓国で突然報じられたヒトクローン化の基礎実験の結果をみても、人間のクローン化は技術的にはもう至近距離にきているのである。

それればかりか、全能性を持った初期胚細胞培養の技術、さらにはそれを株化して、試験官の中で分化させて血液細胞や皮膚の細胞、軟骨や線維芽細胞へと分化させ、それを人間の病気の治療に応用しようとする研究もスタートしている。その先には、近代医療のめざすさまざまな可能性が広がっている。偏見を捨てて仔細にこの問題を考えてゆかなければならないのはそのためだ。

クローン動物の問題点

技術的には可能となったクローン動物について、まず科学的な問題点を考えてみよう。分化した細胞の核を用いたクローン技術には、未解決の問題も残されている。細胞の初期化技術によって、すでに運命が決定されている細胞の時間を受精卵のところまで巻き戻すことができるというのは本当だろうか。

ドリー誕生の実験では、二七七個の核を移植して最終的に生まれたのはドリー一匹だけだった。成功率ははなはだ低い。なぜだろうか。日本のクローン牛も成功率が低いばかりか、出生後死亡した例も多い。理由はまだわからない。

私たちの体の分裂する細胞では、細胞分裂を一回するごとに染色体の両端にあるテロメアというＤＮＡの繰り返し配列が短くなってゆくことが知られている。テロメアが短縮してしまうと、細胞は分裂できなくなって死ぬ。テロメアの長さは細胞の費やしてきた時間や老化を反映しているらしい。それを継ぎ足して若返らせることはいまのところできない。

ドリーを作り出した乳腺の細胞は、それまでに何十回かの分裂を重ねてきた。テロメアは短くなっているはずだ。

また、分化して運命の決まった細胞では、遺伝子の働きを制限するＤＮＡのメチル化という反応が起こっている。ＤＮＡの一部が封印されているのである。封印されたＤＮＡを持つ核から体が発生するとどうなるのか。こんな基本的な問題さえまだ解決されていない。いまのクローン技術で、過ぎ去った時間を本当に逆行させることができるのかどうかはまだわからないのだ。

新聞に載ったドリーの、ひどくこましゃくれた成熟した羊のような顔を思い出して見よう。死んだクローン牛も、過熟児だったらしい。そうだとしたら、生命操作が踏み込むことができないＤＮＡの時間というものを、もう一度考えなければならないと思う。

しかしこの段階でも、さまざまな応用が可能となっていることは否定できない。その第一は畜産領域である。この領域では、これまでにほとんどの和牛を、一頭の優秀な雄牛の精液から人工受精で作り出すことに成功している。われわれの食べている最高級のビーフの父親は、ほとんどが弦次郎という一頭の和牛だと聞いた。ただ保存した弦次郎の精子は、すでに底をついている。次の段階はクローン牛を作って無限に精子を得る技術であろう。

すでに胚からの核移植の方法で、八頭もの同一のクローン牛を生ませる技術が完成している。輸入牛をしのぐ、廉価で肉質のよいクローン和牛などは、間もなく市場に出回ることになると思う。

さらに胚へ有用な遺伝子を導入することによって、新しいタイプの家畜を作り出すこともできるだろう。何十年もかけて行なってきた育種は、遺伝子導入の技術を使えば一年もかけずに実現できるのだ。最高のサラブレッド、大量の乳を出す乳牛、高品質のウールを持つ羊など、いずれも世界の企業が注目しているものである。

そればかりか、予想される二十一世紀の食糧危機に対して、こうした新しいバイオ技術による良質の家畜の育成と生産は欠かせないと言われている。六〇億を超えた世界の人口を飢えさせないためには、この技術を賢明に利用するしかない。さらに、さまざまな医薬品を作り出すクローン動物の経済効果は計り知れないだろう。ドリーの作製もこの目的によるものである。

もうひとつの応用領域は、絶滅に瀕した種の保存である。トキのようにたった一羽しかいなくなった動物種の保存は、クローン化以外には方法がない。地球の歴史の中では、これまでにもう九〇パーセントもの動物種が絶滅している。救済を必要としている希少動物の種類もきわめて多い。

一方、シベリアの氷に閉ざされた土中からマンモスの遺体を引き上げて、その精子や体細胞のDNAを利用して絶滅した動物を復元しようという提案もある。DNAさえ抽出できれば、クローン技術を使って恐竜の復元も夢ではなくなる。

クローン人間

さてそれでは、人間への応用はどうなるだろうか。

当のドリーを作り出したロスリン研究所の研究者たちは、この技術を人間に応用することには反対を表明している。しかしこの技術の研究が、人間にいつでも応用可能であることは認めている。

もともとドリーを作った目的は、人間の遺伝子を組み込んで、母乳中に含まれるが牛乳には少ない栄養素、アルファ・ラクトアルブミンを大量に含む乳を分泌するクローン羊を得ることだった。方法が完成すれば、人間のホルモンやサイトカインなど有用な生理活性物質、さらには難病を治療するに必要な医薬品をクローン動物に大量に作らせることができる。

その延長の上に、人間に著しく近い遺伝子組成を持った腎臓や心臓を持つ動物を作り出す技術が考えられるだろう。人間に近い臓器を持つ動物のクローンを作って、移植医療に利用するのだ。そこには、臓器牧場の風景さえ広がっている。

その先については、ロスリン研究所は言明していない。しかしこの技術が、患者の細胞と全く同じ遺伝子を持った臓器を人工的に作り出すことに応用可能であることは明らかである。移植が百パーセント成功するためには、全く同じ組織適合抗原（HLA）を持った臓器の提供が不可欠である。それを得るためには、クローン技術の応用しかない。移植のための臓器が慢性的に不足し、免疫抑制剤の副作用が問題になっている現在、クローン技術を応用して臓器を供給する試みを否定することは困難であろう。

現在では、脳の発生に関与している遺伝子がいくつか知られている。自分の体細胞から、脳や頭部の発生に関わる遺伝子を破壊して無脳児クローンを作り、その臓器を利用することを本気で考えている科学者もいる。脳がなければ人間として認めないという人間観のゆきつくところである。たとえそこまではやらないにしても、試験管内で初期胚細胞を培養して、臓器や組織を作る試みは堂々と研究されている。白血病などの血液病の治療に有用な造血幹細胞などは、間もなく作り出されると思う。その研究を阻止することはできないだろう。

このようにして人間は、人間の目的のために人間のクローンやその部品を人工的に作り出してしまうことを少しずつ正当化してしまう。いったん禁を破ってしまえば理由はいくらでもつく。その延長の上に、ナチスの虐殺などによって家系が絶えようとしている場合だけには、クローン人間を作り出すことを認めてもよいのではないか、というイスラエルの見解が現われる。最愛のわが子を、事故で一瞬のうちに失った母親が、その子の細胞で再び同じ幼児を得たいという欲求を否認することも困難であろう。

ヒットラーや中東の独裁者のクローンを作り出すとか、アインシュタインやモーツアルトのような天才を何人も複製するようなことは当面はあり得ない。それはそれで、別に規制することもできよう。しかし、そんなSFまがいの可能性だけを理由にクローン技術の研究まで禁止するという論理は通用しないだろう。

均一な遺伝子を持った複数の個体の存在自身を忌避するというなら、世界に大勢いる一卵性双生児の人権さえも否定することになる。それに個人としてのアイデンティティーは、遺伝子だけで決まるものではない。発生の途上や生後のさまざまな環境との関わりあい、その間に起こる偶然性の取り込みなど、後天的な要素によって人間の同一性は決定されてゆくのだ。たとえ遺伝子が同一であっても、異なった個性と人格を持った人間が生まれることは、一卵性双生児で経験ずみではないか。

生命倫理の観点から

一九九七年二月、イギリスの科学雑誌『ネイチャー』の表紙に、クローン羊ドリーのこましゃくれた顔が掲載されてから、「クローン問題」が盛んに議論されるようになった。一九九八年の十二月には、韓国の研究者が、人間のクローン化につながるような核移植をした卵細胞の体外培養に成功し、クローン問題は人間の本質にかかわる問題として改めて注意をひいた。

この間に欧米諸国の一部では、人間のクローン作製につながる研究を禁止ないしは自粛させる法律が制定され、日本でも科学技術会議が自粛案を提出し、文部省が研究者あてに通達を出した。日本では罰則規定があるが外国ではない例が多い。いかにも慌ただしい動きであったが、罰則規定のない申し合わせが、実効を奏するかどうかはわからない。科学の進歩を人為的に止めることはできないのだから、通達があろうとも科学者は何らかの形で研究を進めるだろう。それがどのような形で社会に現われるかについては、研究者自身が予測しコントロールすることはできまい。

それに、クローン技術の人間への応用にはさまざまな有用な面があることも確かだ。気味が悪いとか、背徳的という単純な情緒的な拒否反応だけで根拠のない反対を表明しても、科学者は何らかの形で研究を進めるであろう。科学者の自粛にまかせておけないのだとしたら、いまこそこの問題について、市民、哲学者、宗教者を含めて真剣に考え、感情論ではない本質的で根拠のある提言をしなければ危険だと私は思う。

クローン人間が実現したとしても、実質的には人間という種の生存が脅かされたり、社会構造が変化したりというような具体的な影響は起こることはあるまい。そんなことが反対の根拠にはなるまい。

そうではなくて、たった一歩でも一度踏み出してしまったら、人間の存在そのものが危うくなるような、重大な思想的な問題が生ずるかもしれないのである。人類がいままで築き上げた人間観、価値観が、ひょっとすると互解してしまうかもしれないほどの重大な危機である。

そういう問題について、研究者や科学者、そして行政にのみ規制の責任を負わせるのは危険でである。生物学者はこれまで遺伝子組換え技術、人間の胚の遺伝子操作などについて、自らの責任で自粛の態勢を守ってきた。いわゆるモラトリアムとしての自己規制である。

しかし、子供を得るために行なわれている胎外受精技術がいま際限なく拡大されて応用されているのをみても、医師や生物学者の良心にすべてをまかせておくことなどすでに無意味であることは明らかである。基礎科学者は、科学の進歩のために研究をするという欲求を捨てることはできまい。ましてやその延長に、すぐれた応用の沃野がみえたとしたら、自己規制の論理などは通用しない。科学の自律的進歩の過程で生ずる問題は、科学者だけではなくて人間すべての責任で解決してゆかなければなるまい。

私は、クローン問題はいますべての人間につきつけられた重い理念の問題だと思う。反対するにしても自粛するにしても、その根拠を自らに明確に問わなければならない。ことに宗教者は、この問題に答えるための努力を始めなければなるまい。

悪魔の科学技術という言葉があるが、それは西欧の理念である。神に対する悪魔。人間のクローン作製が神の摂理にもとるというのは、「神」の存在する西欧のものである。「神」を持たない東洋では、この言い方はそのままでは通用しない。西欧ではさらに、「悪」への意志というもうひとつの危険なテーゼもある。

東洋では何を基準に考えるべきだろうか。中国には「天」という理法があった。天の道にかなうかどうか。しかしその「天」さえ否定してきたのが近代である。

日本では「自然」という概念がある。生殖によらない人間の複製は、まさしく「自然」の理に反する。しかし、これほどまでに自然を破壊し、人工の理念が作り出してきた近代社会が、いまさら「自然」を持ち出して説得力があるだろうか。

くり返すが、この問題は基本的に理念の問題なのである。実際に人間のクローン化が起こったからといって当面何の実害もないだろう。ところが、人間という理念そのものが完全に崩れ去るかも知れないのだ。そのところを、宗教者、哲学者は真剣に考えなければならないだろう。

レディメイドの答えはない。

ゲノムの日常

きのこの世界

秋の北イタリアは茸の季節。アペニン山脈の森にはポルチーニという茸が生える。椎茸を大きくしたほどのイグチの仲間である。

私がクレモナを訪れたころも、取れたてのポルチーニを入れた籠がレストランの入り口に並んでいた。ニンニクの一片を入れたオリーブ油でローストし、白ワインをふりかけたのをあつあつで食べる。何という贅沢であろうか。モンブランの麓の方に行けば、白トリュフが手に入る。幅広のパスタを軽くバターで和え、白トリュフの薄く削ったのをのせる。黒トリュフの退廃的な味に比べると、まるで聖女のように清らかな香りである。思い出すだけで天に昇るような気がする。

日本では松茸の季節。やっぱり国産の松茸は香りが断然違う。松茸ご飯も土瓶蒸しもおいしいが、松葉を焚いてほうろく蒸しにしてスダチを一滴かけた香りは、まさに日本の秋の王者である。

でも私が一番好きなのは、この時季、野山に生えるハツタケやシメジなど、野生の茸である。茸好きの私は、遠い山に住む友人が送ってくれる野の茸で秋の夜長の一献を楽しむ。

でも茸には、なぜこんなに多くの種類があるのだろうか。

形ばかりでなく味も香りも全く違う。果物のような味がするの、花の香りを持っているの、黄色いの、赤いの、黒いの。そして茸には猛毒を持っているのもある。

どうしてこんなに色々な茸があるのかというと、遺伝子が違うからである。独特の香りを作る遺伝子、茸特有のおいしいアミノ酸を合成する遺伝子、そして毒素を作る遺伝子。傘の形や色を決めているのも、茸が持っているいくつもの遺伝子である。茸の特徴の一つは、この途方もない多様性である。世界には何千種あるのだろうか。

一つの生物種が持っている遺伝子の一セットをゲノムという。難しい話をするつもりはないが、茸にもゲノムがある。それも二セットの遺伝子がいっしょになってゲノムを構成しているらしい。それぞれのセットが数十ないし数百種類もの違ったタイプを持つ。その組み合わせだから、理論上数万種類もの変種を作ることが可能だという。

それが長い生命の歴史の中で、安定した組み合わせのゲノムを持つ菌となって、いまある形の茸を作り出しているのだ。菌の細胞が分裂して糸状の菌糸となって、木や枯れ草の中で成長する。ザーッと一雨来ると、伸びた菌糸が集合して茸になって育つ。茸は胞子を持ち子孫を撒き散らす。

でも菌糸がどうして茸を作るのか、その詳細な仕組みなどはわかっていない。それがわからないから、松茸やトリュフなど多くの茸がまだ人工的に栽培できない。

でもそのおかげで、季節の喜びが味わえるのだ。茸だけはその季節、そしてその地方に行かなければ味わうことができない。遺伝子工学などを使って、春先にも栽培松茸がコンビニに並ぶようなことにならないのを願っている。

茸の研究は、世界各国で進められているが、まだまだわからないことが多い。人間のゲノムの解析は急ピッチで進められ、ついこの間ほとんど完成したという宣言がなされた。私は専門家ではないが、茸のゲノムが解読されたという報告はない。依然として神秘の生命体なのだ。

枯れ木や落ち葉のような一見栄養素のないものに寄生して、あっという間に大きくなる。「無から有を生ずる」といった人がいるが、そんな気がする。茸の成分には、免疫力を高めたり、神経系を興奮させるなどの未知の働きが隠されているらしい。この方面での研究も今後盛んになるだろう。

でも何よりも、茸がどうしてこんな多様性を作ってきたか、茸を含む菌界が地球環境をどう動かしてきたかの解明は、生命体の神秘やこれからの環境問題を解く大切な入り口になるであろう。そう思いながら、おまけとして秋の茸の醍醐味を味わった。

ゲノムって何

二〇〇〇年六月二十六日、アメリカのクリントン大統領と英国のブレア首相が、テレビの記者会見で、「ヒトゲノム計画」がほぼ完了したことを世界に向かって宣言した。両大国の首脳がわざわざ共同で記者会見をしたというのだから、よほど大変なことに違いない。

そうはいっても、ヒトゲノム計画とは何かとか、それがどうして大変なことなのかなどはなかなか一般の人にはわからない。月探索のアポロ計画の成功のようには、簡単には理解できないのだ。

私が「ゲノムの日常」などという標題をつけたのは、別に「ゲノム」についての解説をしようと思ったわけではない。それがどんな形で私たちの「日常」にかかわっているかをお話ししたいと思ったのである。すでに紹介した菌のふしぎな世界などは、まさに「ゲノムの日常」なのである。今日はもう少し立ち入って、ゲノムのことをお話ししておきたい。それが私たちの日常にどうかかわってくるのか。

ゲノムというのは、人間や犬、コオロギ、アマガエル、メダカなどの動物種や、イネ、チューリップ、イチョウなどの植物種、大腸菌、インフルエンザウイルス、シイタケ菌や、水虫を起こす白癬菌などの微生物、それぞれの生物種が持っている遺伝子の一セットのことをいう。したがってヒトゲノムというのは、人間を人間たらしめている遺伝子のセットを指している。

ヒトゲノム計画は、人間の遺伝子の構造をすべて解明するという大事業である。日米欧の科学者が共同して進めてきた巨大プロジェクトである。ヒトゲノムとひとことでいうが、それは三〇億を超える分子の文字で書かれた生命の情報文書である。今回の宣言は、その文字の並びのおおよそを、コンピューターの記憶装置に読み込んだということに過ぎない。これで人間の生命現象がすべてわかったというわけではない。

たとえば「大蔵経」という大部のお経を、全部写経したとしても、お経の内容をすべて理解したことにはならない。それを精読し、細部に至るまで解釈してはじめて、大蔵経のありがたさがわかるのである。

コンピューターに移したゲノム情報のうちで、十分に理解されている部分はきわめて少ない。たかだか一〇パーセント程度といわれる。しかしそれだけでも、人間の生命活動のきわめて重要な部分を、分子のレベルで説明できるようになったのである。いろいろな病気が、どの遺伝子のどんな変化で引き起こされるかが突き止められた。でも高血圧とか糖尿病のような、いくつもの遺伝子が複合して起こすような病気については、解明はまだこれからである。ましてや、人間の行動様式とか、容貌の美醜などを決めている遺伝子がわかるのは、まだまだ先のことである。

しかし、このあたりまで解明が進んだところで、将来ゲノムの情報が私たちの日常にどんな形で影響を与えるかについて、ある程度の推察ができるようになった。これから解明は加速度的に進むのだから、いまのうちに考えておかなければならないことが沢山ある。

ゲノムの中には、私たち人間の生命活動のしくみがすべて書き込まれているはずである。精読することによって、さまざまな病気の成り立ちがわかる。どんな遺伝子のタイプを持っているかが前もってわかれば、適切な予防の仕方もわかるし、それぞれのタイプに応じた治療法も見つかる。いずれは遺伝子を直接修理することもできるようになるだろう。そういう希望から、研究は急ピッチで進んでいる。

しかしゲノムの中には、知力や筋力、性格や体格、才能や容貌などを決めている遺伝子も含まれているはずだ。人の親は、我が子によりよい性質を与えたいと願うだろう。病気から素質に至るまで、人間の生命情報のすべてがゲノムに含まれているとすれば、今後それらが、限りない人間の欲望の対象になるわけである。

ゲノムは、私たちの日常から離れた遠い世界のものではなくなった。ではどんなことが迫っているのか。いっしょにゲノムの風景を眺めてみよう。

ゲノムと人権

今年〔二〇〇〇年〕の春、西アフリカのカメルーンを旅行した時のことである。

初めて行った国では、私は必ず市場と小学校に行く。この時も、首都ヤウンデの小学校を訪れた。

案内してくれた医学生の母校はちょうど昼休み時で、生徒たちが校庭にあふれていた。私たちは、あっという間に半ズボンの上に白いシャツを着た小学生たちに取り囲まれた。いうまでもなく全部黒人の子供たちだ。

カメラを向けると、我れ先にとレンズに向かって飛び込んで来る。恥ずかしがったりする子供はいない。

そのとき私は、子供たちの中に一人の肌の白い少年がいるのに気づいた。髪も金髪に近い。真っ黒な子供たちの中だから、いや応なく目立つ。皮膚の色素を作る遺伝子の変異で生まれたアルビノ（白子）である。どこの国にもこんな子供は生まれてくる。時にはいじめの対象になる。でもこの子はよほどの腕白らしく、前方の子供をひじで押し分けながら、頭の上に折り重なるようにして私のカメラに向かって突進してきた。

肌の色が黄色い日本人はここでは珍しいらしく、子供たちは次々に私に握手を求めた。白い子も私の手を握って、休む間もなく歓声をあげて、一団となって校庭の隅の鉄棒の方に走って行った。私は子供たちにもみくちゃにされながら、彼らを観察した。皮膚の色が白いのに、子供たちはこの子を特別扱いしていなかった。白い少年も、黒い子供たちと一団となって遊んでいる。そんな風景に私は感動した。

同じ大陸にある南アフリカ共和国では、白人による激しい黒人差別がつい最近まで続いていた。アメリカでさえも、黒人の人権が完全に認められたのは、一九六四年の公民権法成立の後である。

それなのにこの黒人の国の子供の社会では、肌の白い子供が差別を受けている様子は全くなかった。

遺伝子の変異による皮膚の色の違いなどが、差別の対象になる理由はどこにもない。そんなことは誰でも知っている。同じ人間なのだから、一人ひとりの持つわずかな身体上の差異で差別する理由などないはずだ。

それはゲノムの問題なのだ。人間は誰もがヒトゲノムという普遍的なものを持って生まれてきた。ゲノムの中には、それぞれの人間の個別性を決めている数多くの遺伝子も含まれている。普遍性と個別性、その両方によって人間という生命体が作り出されているのだ。

そうだとすると、人間のゲノムは基本的人権のようなものではないか。基本的人権というのは、人間が生まれながらにして持ち、何ぴともそれを侵害することができないものと規定されている。ゲノムの方も、人間のすべてが生まれながらにして持ち、誰も変更することができない。

皮膚の色や顔貌《かおかたち》などの身体的な差異は、もともとゲノムの中に含まれている多型性の遺伝子の表われに過ぎない。そんなもので差別してきたことがいかに愚かしいことであったかを、ゲノムの解析はいま明確に教えている。同じように、ゲノムに含まれるいくつかの遺伝子の変化で起こされた身体的障害を差別視する根拠などは全くない。

一方、ゲノムの普遍性という観点から考えると、民族性や国民性を超えた共通の人間性の基礎をそこに求めることができるはずである。宗教や習俗の差などはゲノムの普遍性から考えると、ずっとマイナーなものに過ぎない。血で血を洗う殺戮を繰り返すほどの理由にはなるまい。ゲノムの個別性と普遍性を尊重することこそ、基本的人権を守る基礎であると私は思っている。また逆に、基本的人権を守るという大原則から、ゲノムの尊厳性をも守ってゆくべきなのだ。

アフリカの子供たちは、先進国の大人たちがとうに忘れていたこの事実を、学校生活の一風景の中で思い出させてくれた。私は歓声をあげて走り去る少年たちの一団の背中に、もう一度シャッターを向けた。

カメルーンの小学生と言葉

カメルーンで訪問したその小学校は、英語で教育をしていた。西アフリカではフランス語を公用語にしている国が多いが、カメルーンでは英語とフランス語の両方が公用語である。二百もある現地語のほかに、子供たちは英語かフランス語か、その両方を話す。

小学校は学年ごとに別の教室で授業している。校長先生は、私たちを二年生のクラスに連れて行った。高い窓から斜めに光が射し込むだけの暗い土間である。私たちが入って行くと、何十という眼がいっせいにこちらを向いた。

子供たちは立ち上がって「グッド・モーニング・サー」と挨拶した。私も教壇に立たされて、「私は日本から来ました。とても遠い国です。皆さんは日本を知っていますか」と訊ねた。誰も知っている者はいなかった。

でも私がびっくりしたのは、子供たちがしっかりした英語を喋ることだった。発音は正統的なキングズイングリッシュ。子供同士や家庭では部族の言葉を喋っているのに、教室ではみごとな英語を操っている。日本の高校生よりはるかに上手であった。

私はその時、言葉を覚えるためのゲノムの働きについて考えた。ゲノムの中には言葉を操る遺伝子があるはずである。どこに行っても、人類は教えられなくても言葉を操る。言葉を操る遺伝子があるからだ。

でも赤ちゃんは喋れない。まだその遺伝子が働いていないからだ。幼児期になると急速に言葉を覚え、小学生ぐらいになると正確に操れるようになる。言葉を覚える遺伝子が働き出すためだ。だからこの時期に教えれば、外国語だって自国語と同じように喋れるようになる。

しかし、中学・高校生ぐらいになって外国語を始めたのでは、小学生のように完璧には覚えない。大人になってからでは、まず絶対に母国語のようには話せない。それは言葉を覚える遺伝子が働きを止めてしまうからであろう。私は流暢な英語を喋っている子供たちを見ながら、ゲノムの側から教育を考えてみたらどうかと思った。

数を数えるのも人類共通の行為である。算数も子供のころ教えなければ、一生身につかない。昔の人は「読み書きそろばん」といったが、小児期に発動する言葉や数を操る遺伝子の重要性を見抜いた教育だったと思う。

中央教育審議会で答申した「個性を育てる教育」とか、「創造性を高める教育」などというのは、初等教育ではなくて、もっと後で必要になるのではないかと思う。思春期に入ると、いろいろなホルモンの遺伝子が活発に働き出す。異性に対するあこがれや、漠然とした人生への不安なども現われる。新しい遺伝子が働き出したからであろう。この中等教育の時期こそ子供の可能性を拡大し、個性と創造性を引き出す好機なのではないだろうか。

しかし日本では、この時期に受験戦争が始まり、働き始めた新たな遺伝子の可能性を制限してしまう。文系と理系に分けて、決められたことだけしか勉強させない。本当は、文系志望でも宇宙の始めに思いを致すはずだし、理系の受験生も異性にあこがれたり、人生に悩みを持つはずである。でもそんなことは無視されて、ひたすら与えられた勉強に励まなければならない。ゲノムに含まれていた無限の可能性は、実現の機会を逸してしまう。

ゲノムの解析が一応の完成をみた現在、ゲノムが包含するさまざまな可能性を考えてみることも必要ではないだろうか。もちろん、言葉の遺伝子や数の遺伝子が、いま正確に決定されているわけではない。しかし、人間の一生を遺伝子の自己実現の過程とみなすことによって、子供の教育や環境を考えることもできるのではないかと思う。限りない人間の欲望でゲノムを食い物にするのではなくて、三五億年の生命の歴史を秘めたゲノムから、虚心に学ぶことも必要なのではないだろうか。

今年限りの桜に会わん

花見んと群れつつ人の来るのみぞ
あたら桜の咎《とが》にはありける

西行

花の季節は心が浮き立つ。今年限りの花を眺めなくてはと、つい足が花の名所に向かう。にぎやかな花見客を迷惑に思う西行の庵《いおり》に、老桜の精が現れて、自らの咎を申し開き、春の名残の舞を舞う能「西行桜」。そこで謡われるのが冒頭の歌である。隠棲《いんせい》して一人花を愛《め》でるのを妨げる群集も、桜があまりにも美しくはかないためであろう。

東京の花見は落花狼藉《ろうぜき》で、風流とは程遠い。

湯島に住んでいたころ、車椅子を押してもらって上野公園に花を見に行った。カラオケを全開にして大声で歌う。酒に酔ってドンチャン騒ぎをする。西行が「あたら桜の咎」と詠んだ気持ちがわかる。

告白するが、私は桜が好きではない。あの愚劣な花見の宴だけでなく、単調に一斉に咲いては、あっという間に散ってしまう染井吉野の花などを、いいと思って眺めたことがない。いいのは山桜や薄墨桜だ。染井吉野は、なんだか不健康な感じがする。なぜだろうか。

やはり若いころ、友人と京都の桜の名所「哲学の道」を歩いたことがある。まさに満開、能「鞍馬天狗」に「咲きも残らず散りも始めず」と謡われたとおりだね、などと話しながら花のトンネルの中を通り抜けていった。

ふと気づくと、開いた花弁の中心に潜んだ、幾千の瞳に見つめられているような錯覚に捉われて話が途切れた。私たちの会話の声さえ、びっしりと幾重にも重なった重い花房の奥に、吸い込まれてシーンと静まり返った。私たちは、いつの間にか桜の吐く重い空気に押し潰されていた。

満開の桜にはそんな妖《あや》しい力がある。「桜の樹の下には屍体が埋まっている」といったのは梶井基次郎であった。桜の妖気を感じ取ったからであろう。西行も「花の下にて　春死なん」と詠んだ。

桜のように潔く散るのを夢見た、特攻隊の青年もいた。桜を忠君愛国のシンボルとして、若者を戦場へ追いやった苦い思い出もある。老い先短い老人の私も、桜の咲くころになると死をしきりに思う。桜には妖しい死のにおいがする。なぜだろうか。

生物学的に考える。

思えば桜は、花の数が咲き過ぎである。こんなに咲く必要はあるまいと思う。花は植物の生殖器である。こんなに生殖器があるのは異常である。しかもこの花は子孫を残す能力がない。染井吉野は実を結ばない。不毛なのだ。不妊の生殖器が、こんなにもびっしりと付いているのは、いかにも不気味である。何かセックス過剰なくせに、少子化になった最近の若者を思い出させる。

それに桜は匂いが薄い。まるで水のような実在感のない匂いがそこはかとなく漂う。それには他の春の花のように、生命が溢れ出したような力がない。死のにおいをかぎ当てても不自然ではない。

染井吉野を殖やすには接木をするしかない。染井吉野は、もともとは全部一本の変異株から人工的に作られたクローン生物なのである。全部が同じ遺伝子を持つ故に、自家不稔《ふねん》性といって受精できないのだ。クローン植物だから、桜前線が近づくと忠実に一斉に花が開く。人間は自分が作り出したクローン植物の不毛な花を眺めて、ドンチャン騒ぎをする。何だか空しい気がする。

そうは言いながらも、花が終わるころになると淋しくてたまらなくなる。来年はこの花を眺めることができるだろうか。散りかけの花には、満開の花にはない風情がある。私もあまり御託《ごたく》を並べていないで、「また来ん春」に会うことを祈るとしようか。

〈解説〉

自然・生命・人間を考えるために

中村桂子

人間を生きものとして考える時代

自然・生命・人間について考える時の切り口の役割は、長い間、哲学や宗教が果してきました。そのような歴史の中で、二十世紀に入ってから、科学がその役割を果すようになってきたように思います。まず、活躍したのはヴェルナー・ハイゼンベルク、ニールス・ボーア、エルヴィン・シュレディンガーなどの物理学者でした。単に自然を数式で表現するという自然科学の枠を越えて、自然とはなにか、生命とはなにか、人間とはなにかという本質を問う議論を盛んに行ないました。ハイゼンベルクとボーアが若い頃にヨットを楽しみながら行なった会話では、意識の場をどこに求めるかという問いを物理学から宗教にまで広がる視野の中で語り合っており、とても魅力的です。ニュートン力学に対して、量子力学には温度やエントロピーという統計的な概念がつけ加えられましたが、本質的に物理法則ですべてが語られることに変わりはありません。しかし、人間を含む生命体はこれでは説明しきれず、新しい法則が必要だというのが彼らの思いでした。そこで、それは量子力学を含むような包括的法則になるのだろうか、それとも生物に特有の法則があるのだろうかという議論になるわけです。科学は、一つ一つの現象の解明によって新しい知識を加える作業から成りますが、その成果は、新しいコンセプトを出したりパラダイムを変えたりすることにつながることもあります。つまり、世界観をつくるものでもあるのです。

ボーアたちの思考と議論は、生命とは何かという問いから、分子生物学と呼ばれる新しい生物学を創出しました。分子生物学は、遺伝・発生・免疫・進化など、生物特有の現象を、DNAを始めとするさまざまな分子のはたらきとして解明し、二十世紀後半から現在にかけて多くの発見をしました。もっとも、個別の現象はすべて物理学の中で語られるという段階ではありますが、DNAという具体的な物質が生命体の普遍性・多様性・個別性をつなぐことになり、以来、生物学は生きものという実体を解明するだけでなく生命とは何かを考える学問になったと言えます。

ここで起きた大きなパラダイム変化は、人間が生物学の対象になったということです。そこで江上不二夫東大名誉教授が生物学の統合だけでなく、人文・社会科学も含む生命科学という新分野を生み出したのは、一九七〇年のことでした。一方、医学と生物学もつながり、米国の科学界はこれをライフサイエンスと名付けました。その中で、医学としての重要性と生きものを知るうえでの興味とが直接重なる「免疫」が、中心課題の一つになったのは当然です。

基礎医学の研究者であると同時に、医学を越えた幅広い知識と本質を問う心を持つ真の科学者である多田先生が、このような科学の歴史を踏まえて、「自己と非自己」というテーマに向き合われたのは自然のなりゆきでしょう。そこで書かれた『免疫の意味論』（青土社、一九九三年）は、生命科学の研究者はもちろん、多くの人に影響を与えた歴史に残る本と言えます。その後その内容を嚙み砕いて語ったのが『免疫・「自己」と「非自己」の科学』（NHK出版、二〇〇一年）です。ここで、生物研究の場にいる者として語っておかなければならないのは、多田先生の免疫学研究の中で重要な意味を持っていた、抗原特異的サプレッサーT細胞の機能を担う分子は、解明されることなく終ったということです。科学は実体を捉えるところから始まりますので、その意味でこの事実は認識しておかなければなりません。多田先生もこのことは充分承知しておられ、むしろ研究者として超一級のパラドックスに出会えたことを幸運と語っておられました。近年、坂口志文阪大教授によって、生後三日目のマウスの胸腺をとると免疫細胞が自己を攻撃するという現象に注目し、免疫を抑制する阻害性T細胞に特有のCD4という表面分子が解明され、免疫系全体の中での抑制の姿が明確に見えてきました。このような経緯を書いたのは、決して多田先生のお仕事を否定的に見てのことではありません。

ニュートンが、自分は偉人の肩に乗って新しい世界を見たと言っているように、科学の世界は先人の仕事を踏まえて積み重ねていくものであり、それを乗り越えていくことが大切です。多田先生の『免疫の意味論』のすばらしさを知るには、このような科学的事実を踏まえておくことが大切だと思うのです。当時明らかにされた免疫のしくみを基本に、アレルギーやがんなどにまで広げて、自己と非自己について行なわれた先生の考察は魅力的です。これらは、生命現象の本質に関わると同時に、日常の関心でもあり、生命科学の研究者を超えて多くの人を惹きつけました。

免疫を通して見る「自己」

今回のコレクションでも、第1巻は免疫を通して見る自己が主題になります。そしてそれを語る始まりは、フランスの女性発生生物学者ニコル・ルドゥアランのニワトリとウズラの卵を用いた実験です。詳細は本文を読んでいただくとして、この実験は、孵卵二、三日目のウズラ胚にできている中脳胞の一部を切り取り、同じ時期のニワトリ胚の中脳胞に移植するというものです。こうして生れたウズラの脳をもつニワトリはウズラの鳴き方をするのです。しかも鳴く時の首の振り方もウズラと同じというのですから、なんとも興味深い話です。ただ、このヒナは生後十数日で死んでしまうので、本格的な行動観察はできません。ニワトリの免疫系が、ウズラの脳を拒絶するのです。ここで多田先生は「ニワトリの中には、自分の行動様式を決定する脳の『自己』と、身体の全体性を監視している免疫系の『自己』が共存していたのだが、免疫系にとっては身体の一部にすぎない脳は、身体の『自己』の全体性からみれば異物と判断され排除されてしまったのである」と語ります。ところで、ウズラの神経管をニワトリに移植する時に、やがてウズラの「胸腺」になる原基を同時に移植すると、ウズラの細胞が自己の一部として認められ、一生キメラとして生きます。そこで、『自己』と『非自己』の識別、そして『非自己』に対応する反応性の獲得は、すべて胸腺という密室の中で行なわれている」と多田先生は指摘されます。日常私たちは、脳こそ自己を支配していると考えますが、生命科学は免疫という身体的自己の規定がもつ意味を明確に打ち出しました。そして胸腺という成長と共に消失する、通常は注目されない臓器が、自己の規定にとって重要という新しい視点を出したのです。ここから免疫の抑制・阻害も見えてきました。

第I部では、このような免疫を巡る物語が、情熱的にしかし静かに語られていきます。その中で、解剖学・生理学が壮麗な石のドームであり、細菌学や病理学が堅固な木の家であるとすれば、「免疫学はいわば天幕ばりのサーカス小屋のようなものである」と例えているところに、研究者としての実感がこもっていてとても面白いと思いました。「その天幕の下の千のブランコはゆれ動き、千人のブランコ乗りたちは巧妙に一つのブランコから他のブランコに乗り移ろうとしている」。サーカスの演技で喝采をあびるには、「無作法でかつ柔軟な思考」が必要だと多田先生は分析します。そして、その演技はスマートさによってかろうじて堕落と退廃からまぬがれているとも。新しい学問である免疫学は、思いきり柔軟に考え、しかし考え抜いたうえでスマートに進めることが重要なのです。ダイナミックな学問のありようを求める気持がサーカスという思いがけない比喩で表現されていて、さすがです。そのダイナミズムの中には、真理は一つなのだろうかという問い、つまり、学問には多数の真理を容認する流動性があってよいのではないかという見方も入っています。生きものを見つめていると、このような気持になることがよくあります。絶対の真理という言葉を基盤にしてきた科学に対して、ブランコからブランコへと移りながら昇っていくような学問のありようを、今、生物学全体が必要としているのになかなかそうはなりません。免疫学を通して語られた多田先生の学問観を今後に生かしていきたいと思います。

生命体という「超システム」

本書の解説として、どうしても取り上げなければならないのが「超《スーパー》システム」です。科学は、自然を機械として捉え、要素に還元してその構造と機能を解明することで理解を進めてきました。生命体についても同じことです。ところで近年、そのような研究の進展に伴なって、個別の現象だけでなく、全体をシステムとして捉えて理解することが必要になってきました。機械も複雑になればシステムとしての理解を求めますし、生命体がシステムであることは誰の眼にも明らかです。そこで、システムとしての理解をどのようにするかについて多くの研究者が考え始めた時、多田先生は、「高次の生命体としての個体が成立する過程を『超システム』とみる」として「超《スーパー》」をつけた新しい言葉を生み出されたのです。「超《スーパー》」とは何だろう、そこにどのような意味がこめられているのだろう。そのような疑問に対して「遺伝的プログラムというDNAで書かれた情報が多様な細胞に時間と共に発現しながら、さらにそれを越えて『自己』を持つ上の階層である個体になっていく創発的な過程を捉える時、生命体は超システムである」と先生は解説されます。ここには二つの重要な特徴が示されています。一つは、階層性をもつシステムができ上っていく過程（時間）をもつことです。第二は、ＤＮＡに書かれた情報によって要素を創出しながら自己組織化していくことです。

でき上ったシステムを解析するのでなく、生成過程を見ることにより、生命体は単なるシステムでなく超システムとして捉えられるというわけです。生きものは、個体としてみても、全体としてみても、「生成する」という特徴があります。それが機械と異なるところです。個体の始まりは受精卵という一つの細胞であり、それが分裂を重ねると共に変化をし、人間の場合であれば二〇〇種ほどの体細胞から成る個体ができ上るのです。生命体全体の始まりも細胞です。三十八億年前の地球の海に現存生物の祖先となる細胞が生れ、以来分裂と変化を重ねることで多様な種を生み出してきたという事実を踏まえれば、でき上る過程を見ることが生命体を知ることであるとはすぐにわかります。自分を作る要素を自分でつくるというのも機械にはない特徴です。この違いに「超《スーパー》」という言葉をあてた多田先生の思いはよくわかります。実は同じ頃、私は『自己創出する生命』（ちくま学芸文庫）を著し、まさに同じことを考えました。自己創出という生命体独自の性質に眼を向ける点は同じですが、私の場合、ゲノムに注目してそこに誌《しる》された時間と関係を読み解くことで、多様性、歴史性、階層性、全体性、個別性、創発性などを理解しようとしたのです。そこで生命誌という新しい知を創出したのです。

まさに同じ時に同じことを求めたのは、決して偶然ではありません。時代であり、学問の流れです。「細胞がいかに精緻な分子機械として機能しているかは身をもって知っているつもりである」。まったくその通りです。これが明確にわかってきたからこそ、次の段階を求めたいと思っているのです。足元がしっかりしていなければ、次の一歩を踏み出すことはできません。多田先生は免疫、私はゲノムと切り口は異なりますが、「生命の『技法』が基本的に機械を超えた部分を持っているという認識」がこれからの科学を支えると考えたところは同じだと思っています。これは恐らく多くの生命科学者が思っていることではないでしょうか。そして、「もう一度設問をたてなおして、機械を超える生命の『技法』にまで言及し、解析の対象として位置づけ、内在するルールを考えてみよう」という多田先生の呼びかけには大きな意味があります。ただ多田先生はまだこれは試論であると書かれており、先生亡き今、私たちがこれを具体的に進めていく他ありません。

先生の提案の一つは、「言語の成立、都市の形成、民族や国家の生成、経済や企業の発展など、さまざまな文化現象」の中に生命活動と共通する「技法」を読みとろうということです。脳梗塞で倒れられてからの二〇〇七年に「自然科学とリベラルアーツを統合する会」を設立・主宰されたのも、このような思いの具体化でしょう。これらの活動については他の巻で解説されると思いますのでここでは触れませんが、自ら小鼓を打たれ、能作者として活躍なさるという確たる軸を持って始められた活動が、先生亡き後も明確な方向を示すものへと展開していくことを、生命の技法に強い関心を抱く者として願っています。私は当面「生命誌」という形で生命の技法を探りたいと思っています。決して先が見えているわけではありませんが、さまざまな方面から技法を探ることが大事なのではないでしょうか。

科学者ならではのエッセイの魅力

ところで、この国ではなぜか科学を専門にする人間は、特別な存在と見られがちです。おいしい食事やお酒を楽しみ、音楽を聴き、展覧会に足を運ぶという日常は、科学とは無関係に見られます。そんなはずがないのはあたりまえ。多田先生のエッセイは、科学者の日常の楽しみ（それも上質な）を伝える役割をしてくれます。しかも、とても内容豊富な心に沁みる文で。例えば、「初めて行った国では必ず市場と小学校に行く」という選択は興味深いものです。恐らくその国の基本を知るには、日常そのものである市場と子どもたちの教育の場へ行くのがよいということでしょう。なるほどと思います。西アフリカのカメルーンの小学校では、一人だけ肌の白い少年がいるのに気づき、それをゲノムの普遍性と個別性への話につなげます。このような時こそ、現代科学の社会にとっての役割が生かされなければなりません。もちろん、ゲノム解析をもとに病因となる遺伝子を探したり、そこから創薬をするなど、技術としての社会貢献も重要です。けれども今この時の科学の役割を考えると、それと同じくらい、いやそれ以上に、ゲノム解析の結果、地球上のすべての人は、二〇万年ほど前にアフリカのサバンナで暮らしていた一万人足らずの人を祖先としている仲間であることが明らかになったという事実が重要です。「宗教や習俗の差などはゲノムの普遍性から考えるとマイナーなものに過ぎない。血で血を洗う殺戮を繰り返すほどの理由にはなるまい」という先生の言葉は、私の思いに重なります。思想や宗教でなく、事実として語れるところが科学の強みであり、科学者にはこれを発信していく役割があります。本書の魅力的なエッセイがその役割を果していることは言うまでもありません。晩年に書かれたエッセイは、老い、病い、死などがテーマになってきますが、基本には科学があり、ていねいな分析の上に一人の人間としての思いをのせていく文になっています。このような文が、生きることがお金や権力に振り回されている現在の社会のありようを変える力になって欲しいと願いながら、一つ一つのエッセイを読みました。

今思うことは、先生がもういらっしゃらない無念さです。科学は日々変化し、それを基本に新しいことを考えていくことができます。今先生がいらしたら、この研究成果を踏まえてどんな考えを出されただろう、そう思うことがよくあります。そして、同じ思いを持ち続けてきた一人として、自然・生命・人間というテーマを考え続けようと思うのです。なかなかよい知恵が出ないことに悩みながら。

なかむら・けいこ　一九三六年生。東京大学大学院生物化学博士課程修了。理学博士。JT生命誌研究館館長。生命誌。主な著作に、『自己創出する生命――普遍と個の物語』（ちくま学芸文庫）『生命誌とは何か』（講談社学術文庫）『絵巻とマンダラで読む生命誌』（青土社）他。

〈解説〉

多田富雄の意味論

吉川浩満

世界的免疫学者にして能作者、詩人、そして珠玉の随筆を残した文筆家……多田富雄という存在の広さと深みをいったいどう説明すればよいのだろうか。それは生命科学が長足の発展を遂げた二十世紀が生んだ偉大な科学者たち――J・B・S・ホールデン、コンラート・ローレンツ、フランシス・クリック、リチャード・ドーキンス――に比肩すべきものだ。ひと握りの優れた科学者のうちでもさらにひと握りの偉大な科学者、その仕事が専門領域だけでなく広く一般社会にも影響を及ぼした偉大な科学者の系譜である。あまりに巨大であるがゆえに、浅学非才な若輩者がその全貌をひとことで表そうとすれば、超人とか巨人とか万能人とか、月並みな言葉しか出てこない。そこで本稿では、長年その仕事から刺激を受けてきた私淑者の視点から、彼の残した仕事がもちうる意義を三つのレヴェルに分けて論じてみたい。

あいまいな免疫系の私――多田免疫論の意味論

私が多田富雄の仕事に出会ったのは一九九三年、多くの読者もそうだろうと思うが、最初の一般向け著作『免疫の意味論』（青土社）によってであった。それまでなんとなく知っているつもりだった免疫というものが、おそろしく精妙でパラドックスに満ちた仕組みと働きをもつシステムであること。そして免疫的自己というものが、そのような仕組みと働きのうえで成り立つファジーな存在であること。ご多分に漏れず、目から鱗が落ちるような読書体験だった。

「自己」と「非自己」は、互いに曖昧につながっている。それにもかかわらず「自己」の同一性は、その時々で保たれている。その「自己」も、時とともに変貌する。／行為の集合としての「自己」。その行為を規定しているのは、内的および外的環境のみである。／免疫系は、この危険なバランスの上に成立している。その条件主義的行為を越えるプリンシプルがあるわけではない。しかし、それゆえにこそ免疫は、超《スーパー》システムとしての生命を理解するためのすぐれた素材なのである[1]。

多田免疫論が示唆する自己のイメージは、ここに圧縮されたかたちで示されているように、三つの特徴をもつ。すなわち、ファジーな自己（非自己と連続している自己）、行為としての自己（モノではなくコトとしての自己）、超システムとしての自己（上位の原理なしに自己創出する自己）。いずれも近代思想が前提としてきた自己概念に刷新を迫るものだ。

ある研究会で出会った哲学研究者の友人は、『免疫の意味論』からインスピレーションを得て、カント哲学における「自己とはなにか」を再考するという研究に従事していた。たしかに、十八世紀の大哲学者イマヌエル・カントを頂点とする近代思想の自己概念が、現代の生命観、とりわけ多田免疫論で示された自己概念を用いていかにアップデートされうるか、これは興味深い課題である（ご興味のある方は〝田中聡「生命体はなぜ超越論的判断を必要とするか」〟で検索されたい）。

この一事をもってしても、多田免疫論には世界的な意義があるはずなのだが、必ずしもよく理解されてきたとは言いがたい。象徴的であったのは、多田が友人の免疫学者たちとウンベルト・エーコら記号学者を集めて一九八六年に企画開催した研究会「免疫の記号論」が失敗（本人曰く）に終わったこと、[2]『免疫の意味論』の英訳がオックスフォード大学出版局で検討されながらも実現しなかったことだ。[3]当時の欧米のエスタブリッシュメントには、その超領域的・脱近代的なモチーフが受け入れがたかったのかもしれない。

だが、いまでは潮目が変わっている。おそらく多田の仕事とは独立に、幾人かの有力な思想家たちが免疫系に目を向けているところだ。たとえば、フランス現代思想の首領的存在であったジャック・デリダは晩年、自己免疫の観点から民主制政体を再考しようとしていた。[4]あるいは、現在のイタリア思想界を牽引するロベルト・エスポジトもまた独自の免疫論を展開している。[5]多田の長年の愛読者としては、それみたことかと憎まれ口のひとつも叩きたくなるというものだが、それを彼らにぶつけるのは酷というものだろう。多田の目論見が少しばかり時代に先駆けすぎていたということである。

そう考えると、『多田富雄コレクション』に容易にアクセスすることのできる日本の読書人は有利な立場にいるといえるのではないだろうか。今後の応答と継承に期待したい。

超システムとしての生命——多田生命論の意味論

著名な動物行動学者で「利己的な遺伝子」の提唱者リチャード・ドーキンスは、次のように述べている。

私は科学とその「普及」とを明確に分離しないほうがよいと思っている。これまでは専門的な文献の中にしかでてこなかったアイディアを、くわしく解説するのは、むずかしい仕事である。それには洞察にあふれた新しいことばのひねりとか、啓示に富んだたとえを必要とするだろう。もし、ことばやたとえの新奇さを十分に追求するならば、ついには新しい見方に到達するだろう。そして、新しい見方というものは、私が今さっき論じたように、それ自体として科学に対する独創的な貢献となりうる。アインシュタインはけっしてつまらない普及家ではなかった。そして、私は、彼の生き生きとしたたとえは、あとの人々を助けたという以上のものであったのではないかと、しばしば思ったことがある。それらは彼の創造的な天才を燃えたたせもしたのではなかろうか？(6)

多田富雄は、免疫学の専門領域において世界的な業績をあげただけでなく、そのインプリケーションを一般社会に向けて解き明かすことにも心血を注いだ。彼こそ、アインシュタインやドーキンス自身がそうであったように、「新しい見方」の提示によって専門家だけでなく我々素人にも大きな示唆を与えた偉大な科学者のひとりである。専門家の職務には必ずしも啓蒙家の役割は求められていない。しかし、多田の才気は専門家の殻に閉じこもることを潔しとしなかったのである。

実際、社会に対して「新しい見方」を提示することは、それだけで「科学に対する独創的な貢献」である。我々の社会は、その時々の科学的成果に見合った世界観を必要とするからだ。多田は、自身もその発展に多いに貢献した最新の免疫学の成果に見合った生命観を、我々の社会にインストールしてくれたのである。

超《スーパー》システムは、したがって、通常の工学的システムと違って目的を持たない。自分を構成する要素自身を作り出し、その要素間の関係まで作り出しながら動的に発展してゆくシステムという意味で超《スーパー》システムという造語ができた(7)。

超システムと命名された多田の生命論は、自分を構成する要素を自分で創りだすという点で工学的システムを超えている。これは従来の機械論的な生命論に対する代案であり、二十世紀の生命科学の発展に見合った、生命の新たな定義である。そしてこの「新しい見方」は、多田が本書で敷衍するように、免疫系だけでなく脳神経系、また都市や言語、制度といった非生物をも一貫して理解することを可能にするのである。

これを、先に引用したドーキンスの進化理論と対比させてみると興味深い。多田は、生物個体を遺伝子複製のための分子的機械とみなすドーキンスの進化理論にしばしば批判的に言及した。しかし私は、ドーキンスの進化理論と多田の免疫論は必ずしも対立するものではないと考えている。

言語学の分野に、統語論と意味論というものがある。統語論は言葉の配列を研究する。それに対して意味論は、そのようにしてできた言葉がコミュニケーションにおいてもつ意味を研究する。つまり、こう考えてみてはどうだろうかということだ。ドーキンスの進化理論は遺伝子の配列という観点からみた生命の統語論であり、多田の免疫論は環境における生物個体の行為を探る生命の意味論であると。両者が相容れることはないが、さりとて対立することもない。これらは異なった観点からする生命論なのである。その意味で、多田が自らの主著に対して『免疫の意味論』『生命の意味論』というように「意味論」というタイトルを与えたことは、まことに慧眼というほかない。

ちなみに、この点についても日本の読書人にはアドヴァンテージがある。一九八〇年代末から数年間のうちに、新たな時代を告げる生命論のマニフェストというべき三冊の名著が相次いで刊行された。養老孟司『唯脳論』、中村桂子『自己創出する生命』、そしてこの『免疫の意味論』である。あれから四半世紀、そろそろ根本的なアップデートに期待したいところだ。前記三冊はまたとない足場となるだろう。

ともあれ、二十世紀後半以降の生命科学の発展は、リチャード・ドーキンスと多田富雄という二人の偉大な科学者を通して、生命に対する二つの「新しい見方」を我々の社会に授けたといえるのではないだろうか。生命の統語論と意味論というかたちで、いわば直交する二つの軸、どちらも欠かせない二つの観点を現代社会は得たのである。

自然科学とリベラルアーツ——多田流統合の意味論

多田富雄が能の実作者、小鼓の演奏家、そして随筆の名手でもあったことは、よく知られているとおりである。それだけでなく、晩年には「自然科学とリベラルアーツを統合する会（INSLA）」を設立するなどして、自然科学と人文・芸術の統合のために精力的に活動した。とうてい科学者の余技と片付けることのできないその情熱は、いったいどこから来たのだろうか。少なくともいえるのは、リベラルアーツに対する多田のコミットメントは、彼自身の生命論と深いところで結びついているということだ。

多田の新作能、たとえば脳死を主題とした『無明の井』、朝鮮半島からの強制連行を主題とした『望恨歌』、広島の被爆を主題とした『原爆忌』といった作品群がモチーフとしているのは、人びとにとってまったくの偶然にすぎない事象が、どうしたわけか彼らの身の上に降りかかり、そして逃れがたい必然となってその後の人生を縛りつけていく次第である。こうした偶然の必然化という事態を、我々の先人たちは運命と呼んできた。古典ギリシャにはじまる西洋の悲劇が描いてきたのも、多田富雄が新作能を通して描きだそうとしたのも、この運命というモチーフにほかならない。

多田の著作に親しんだ読者ならば、免疫学的な自己はすべて、そうした意味でおのれの運命をもつということを知っているだろう。イモリの胚では重力の関係で上下が決まり、細胞の不揃いが生じる。カエルの卵細胞では、どちらが腹になり背中になるかは、精子が偶然どちら側に突入するかによって決まる。あるいは、幹細胞は胸腺に偶然流れ着くことでT細胞という免疫細胞になる。超システムとしての免疫学的自己は、そのようにして偶然を必然へと転化させながら、つまりは運命を引き受けながら自らを創りあげていくのである。

多田が批判した機械論的世界観においては、運命という概念が意味をもつ余地はない。おそらくそこには芸術やリベラルアーツが存在する余地もないだろう。すべての事象が法則と目的の予定調和に溶け込むことになるからだ。しかし、多田がいうとおり、幸か不幸か世界はそうなっていない。多田のリベラルアーツ実践は、彼のこうした生命観・世界観を表現する、もうひとつの方法だったのではないだろうか。

では、多田が夢見た自然科学とリベラルアーツの統合という理念についてはどうか。彼は「自然科学とリベラルアーツを統合する会」においてこう述べている。

ここでは、科学の成果を、広い意味での「人文」の目で眺め、それを言葉で訴えるだけでなく、芸術、文化の活動とつなげて発信することを考えています。／また文化現象を最新の科学の目で見直し、新しい視点を創造することも大事な活動です。／そうすることによって、現代の問題を「より深い」、「より広い」、「より遠い」視野を持った複眼的思考を基に、再構築したいというのがこの会を作った理由です。(8)

多田の意を汲めば、統合という言葉をあまり杓子定規に考える必要はないだろうと思う。たとえば大学の学部再編などによって両者を単に短絡させたところで詮無いことだろう。それこそ生物個体が細胞をさまざまな器官へと分化させるように、学問や芸術も社会の複雑化にともなってさまざまに分化していく。大事なことは、多田がまさに身をもって示したように、両者に通底する固有の運命をつかみとり、それを表現へともたらすことだ。科学の成果をリベラルアーツの目で眺め、文化現象を科学の目で眺めるという複眼的思考の意義はそこにある。

このような偉大な精神を、我々はどのように受け継いでいけばよいのだろうか。文学者の埴谷雄高はかつて、自らをドストエフスキーからバトンを受け取ったリレーランナーのようなものだと公言し、その活動を「精神のリレー」と呼んだ。代表作の『死霊』が未完に終わったとしても、読者がそれを引き継げばよいのだと。[9] 我々もまた多田の偉業を前にして、ドストエフスキーを前にした埴谷と同じ立場にいるのではないだろうか。多田富雄という一個の卓越した超システムが我々に残したバトンを拾いあげること。そして、ほんの一部でもよいから、いま一個の超システムとして「精神のリレー」を試みること。どんな組織や制度よりも、まずはこの一事からすべてがはじまるのだと思う。

注

（1）多田富雄『免疫の意味論』青土社、一九九三年、二三一―二三二頁。

（2）多田富雄・養老孟司「免疫学はハードの時代、しかし……」『生命へのまなざし――多田富雄対談集』青土社、一九九五年、一〇二頁。会の記録は次の書物に収められている。Sercarz, E.E., Celada, F., Mitchison, N., Tada, T. Eds., *The Semiotics of Cellular Communication in the Immune System*, Springer Verlarg, 1988.

（3）中村桂子・多田富雄「対談 スーパーシステムとゲノムの認識学」『生命をめぐる対話』大和書房、一九九九年、一八一頁。永田和宏・樋口覚「多田富雄の軌跡」『現代思想』二〇一〇年七月号、一一四頁。

（4）ジャック・デリダ『ならず者たち』鵜飼哲・高橋哲哉訳、みすず書房、二〇〇九年。

（5）ロベルト・エスポジト『近代政治の脱構築――共同体・免疫・生政治』岡田温司訳、講談社選書メチエ、二〇〇九年。

（6）リチャード・ドーキンス『利己的な遺伝子 増補新装版』日高敏隆・岸由二・羽田節子・垂水雄二訳、紀伊國屋書店、二〇〇六年、xviii 頁。

（7）本書二三〇―二三一頁。
（8）多田富雄「ＩＮＳＬＡを通じて――二〇〇七―二〇一〇」藤原書店編集部編『多田富雄の世界』二〇一一年、三五―三六頁。
（9）埴谷雄高ほか『精神のリレー 講演集』河出書房新社、一九七六年。

よしかわ・ひろみつ　一九七二年生。慶應義塾大学総合政策学部卒業。文筆業。主な著作に、『理不尽な進化――遺伝子と運のあいだ』（朝日出版社）『脳がわかれば心がわかるか――脳科学リテラシー養成講座』（山本貴光との共著、太田出版）『問題がモンダイなのだ』（山本との共著、ちくまプリマー新書）他。

初出一覧

＊本コレクションの底本が初出と異なる場合〔　〕内に示す。

Ⅰ　免疫という視座

免疫とは何か――脳の「自己」と身体の「自己」　『免疫・「自己」と「非自己」の科学』ＮＨＫ出版、二〇〇一年（第1章）（原題「脳の「自己」と身体の「自己」」）
免疫の発見――伝染病と人間　『免疫・「自己」と「非自己」の科学』（第2章）（原題「伝染病と人間」）
免疫をめぐる「知」の歴史　『免疫・「自己」と「非自己」の科学』（第4章）（原題「免疫の「知」」）
組織適合抗原と免疫――「私」のバーコード　『免疫・「自己」と「非自己」の科学』（第5章）（原題「私は誰？　私のバーコード――組織適合抗原と免疫」）
免疫の内部世界――胸腺とT細胞　『免疫・「自己」と「非自己」の科学』（第6章）
多様性の起源　『免疫・「自己」と「非自己」の科学』（第7章）
拒否の病理としてのアレルギー　『免疫・「自己」と「非自己」の科学』（第9章）
自己免疫の恐怖　『免疫・「自己」と「非自己」の科学』（第10章）
あいまいな「自己」――移植、がん、妊娠、消化管　『免疫・「自己」と「非自己」の科学』（第11章）
抑制性T細胞の過去と現在　『日本免疫学会会報』vol.11、No.1、日本免疫学会、二〇〇三年四月一日（原題「抑制性T細胞――過去と現在」）
サーカス――免疫学の冒険　『新内科学大系』第57巻A、月報23回、中山書店、一九七五年九月ファジーな自己——行為としての主体　季刊『InterCommunication』二号、NTT出版、一九九二年十月〔『ビルマの鳥の木』新潮文庫、一九九五年〕
生命のアイデンティティー　『仏教』二七号、法藏館、一九九四年四月〔『ビルマの鳥の木』〕
甲虫の多様性、抗体の多様性　『インセクタリゥム』（財）東京動物園協会、一九九四年十一月号〔『独酌余滴』朝日文庫、二〇〇六年〕
都市と生命　『住まいとまち』（財）不動産流通近代化センター、一九九四年七月号〔『ビルマの鳥の木』〕
超システムの生と死　『仏教』四二号、一九九八年一月〔『懐かしい日々の想い』朝日新聞社、二〇〇二年〕

II 「超システム」としての生命

老化——超システムの崩壊　『新潮』新潮社、一九九五年十月号〔『生命の意味論』新潮社、一九九七年（第8章）〕
超システムとしての人間　『新潮』一九九六年三月号〔『生命の意味論』（第10章）〕
「超システム」補遺　『ビオス』一号、哲学書房、一九九五年十月
ペンヘヌウトジウウからの手紙——エジプト古代文字とDNA　『ミクロスコピア』八巻一号、考古堂、一九九一年〔『ビルマの鳥の木』〕
利己的DNA　『未來』未來社、一九九三年十一月号—一九九四年一月号〔『ビルマの鳥の木』〕
手の中の生と死　『季刊　銀花』一〇四号、文化出版局、一九九五年十二月〔『独酌余滴』〕
誕生と老い　『明日の友』一〇二号、婦人之友社、一九九六年初夏〔『独酌余滴』〕
人間の眼と虫の眼　『明日の友』一〇三号、一九九六年夏〔『独酌余滴』〕

落葉と生命　『明日の友』一〇五号、一九九六年冬　『独酌余滴』
真夏の夜の悪夢　『文藝春秋』文藝春秋、一九九八年十月号　『独酌余滴』
死は進化する　『現代』講談社、一九九八年九月号
人権と遺伝子　『部落』部落問題研究所出版部、一九九九年三月号　『独酌余滴』
共生と共死　『中央公論』中央公論社、一九九九年三月号　『独酌余滴』
クローン問題と生命の倫理　『密教メッセージ』No.4、密教21フォーラム、一九九九年四月十五日
『懐かしい日々の想い』
ゲノムの日常　『東京新聞』二〇〇〇年十月二十一日―十一月十八日　『懐かしい日々の想い』
今年限りの桜に会わん　『読売新聞』夕刊、二〇〇八年四月一日

著者紹介

多田富雄（ただ・とみお）

1934年，茨城県結城市生まれ。東京大学名誉教授。専攻・免疫学。元・国際免疫学会連合会長。1959年千葉大学医学部卒業。同大学医学部教授，東京大学医学部教授を歴任。71年，免疫応答を調整するサプレッサー（抑制）T細胞を発表，野口英世記念医学賞，エミール・フォン・ベーリング賞，朝日賞など多数受賞。84年文化功労者。

2001年5月2日，出張先の金沢で脳梗塞に倒れ，右半身麻痺と仮性球麻痺の後遺症で構音障害，嚥下障害となる。

2010年4月21日死去。

著書に『免疫の意味論』（大佛次郎賞）『生命へのまなざし』『落葉隻語　ことばのかたみ』（以上，青土社）『生命の意味論』『脳の中の能舞台』『残夢整理』（以上，新潮社）『独酌余滴』（日本エッセイスト・クラブ賞）『懐かしい日々の想い』（以上，朝日新聞社）『全詩集 歌占』『能の見える風景』『花供養』『詩集 寛容』『多田富雄新作能全集』（以上，藤原書店）『寡黙なる巨人』（小林秀雄賞）『春楡の木陰で』（以上，集英社）など多数。

多田富雄《ただとみお》コレクション（全5巻）
1　自己《じこ》とは何《なに》か――免疫《めんえき》と生命《せいめい》

2017年5月10日　初版第1刷発行©

著　者　多　田　富　雄
発行者　藤　原　良　雄
発行所　株式会社　藤　原　書　店

〒162-0041　東京都新宿区早稲田鶴巻町523
電　話　03（5272）0301
FAX　03（5272）0450
振　替　00160 - 4 - 17013
info@fujiwara-shoten.co.jp

印刷・製本　中央精版印刷

落丁本・乱丁本はお取替えいたします
定価はカバーに表示してあります
Printed in Japan
ISBN978-4-86578-121-2

多田富雄コレクション（全5巻）

四六上製　予各巻330頁平均／口絵2～4頁
予各本体2800円　隔月刊

推薦 **石牟礼道子・梅若玄祥・中村桂子・永田和宏・福岡伸一・松岡正剛・養老孟司**

1 自己とは何か【免疫と生命】　（第1回配本／2017年4月刊）

●多田富雄「免疫論」のインパクトと現代的意味。

Ⅰ 免疫とは何か／免疫の発見／免疫の内部世界／多様性の起源／自己免疫の恐怖／都市と生命／超システムの生と死　Ⅱ 老化―超システムの崩壊／超システムとしての人間／手の中の生と死／人間の眼と虫の眼／死は進化する／人権と遺伝子／共生と共死 ほか　◉解説　**中村桂子・吉川浩満**

ISBN978-4-86578-121-2　344頁　本体2800円＋税

2 生の歓び【食・美・旅】　（予2017年6月刊）

●世界を旅し、生を楽しんだ科学者の、美に対する視線。

Ⅰ 春夏秋冬――能と酒／茸と地方文化／クレモナの納豆作り／集まる所と喰う所　Ⅱ サヴォナローラの旅／ふしぎな能面／キメラの肖像／真贋／ガンダーラの小像　Ⅲ パラヴィチーニ家の晩餐／サンティアゴの雨／チンクエ・テーレの坂道 ほか　◉解説　**池内紀・橋本麻里**

3 人間の復権【リハビリと医療】　（予2017年8月刊）

●脳梗塞からの半身麻痺で、より深化した、「生きること」への問い。

Ⅰ〈詩〉新しい赦しの国／小謡 歩み／寡黙なる巨人／回復する生命／歩キ続ケテ果テニ息ム　Ⅱ 総括、弱者の人権／リハビリ打ち切り問題と医の倫理／介護に現れる人の本性　Ⅲ 死の生物学／引き裂かれた生と死／死のかくも長いプロセス／「老い」断章 ほか　◉解説　**立岩真也・六車由実**

4 死者との対話【能の現代性】　（予2017年10月刊）

●死者の眼差しの伝統芸能から汲み取ったこと、付け加えたこと。

Ⅰ〈詩〉歌占／水の女／OKINA／死者たちの復権　Ⅱ 春の鼓／老女の劇――鏡の虚無／脳の中の能舞台／姨捨／間の構造と発見／白洲さんの心残り／山姥の死　鶴見和子さん　Ⅲ〈新作能〉無明の井／望恨歌／一石仙人／原爆忌／花供養 ほか　◉解説　**赤坂真理・いとうせいこう**

5 寛容と希望【未来へのメッセージ】　（予2017年12月刊）

●科学・医学・芸術の全てを吸収した青春と、次世代に伝えたいこと。

Ⅰ〈詩〉アフガニスタンの朝長／神様は不在／弱法師／見知らぬ少年　Ⅱ わが青春の日和山／指が池／涙の効用／人それぞれの鶏を飼う　Ⅲ 聴診器／人それぞれの時計／生命と科学と美／小林秀雄の読み方　Ⅳ 職業としての医師の変貌／救死という思想／水俣病という「踏み絵」／若き研究者へのメッセージ ほか　〔附〕**年譜・著作一覧**　◉解説　**最相葉月・養老孟司**

＊収録論考のタイトル・内容は変更の可能性があります